Es mi turno

Es mi turno

UN VIAJE EN BUSCA
DE MI VOZ Y MIS RAÍCES

ILIA CALDERÓN

ATRIA ESPAÑOL

Nueva York   Londres   Toronto   Sídney   Nueva Delhi

ATRIA
ESPAÑOL

Un sello de Simon & Schuster, Inc.
1230 Avenida de las Américas
Nueva York, NY 10020

Primera edición en rústica de Atria Español, agosto 2020

ATRIA ESPAÑOL y su colofón son sellos editoriales
de Simon & Schuster, Inc.

Para obtener información respecto a descuentos especiales en ventas al
por mayor, diríjase a Simon & Schuster Special Sales al 1-866-506-1949
o al siguiente correo electrónico: business@simonandschuster.com.

La Oficina de Oradores (Speakers Bureau) de Simon & Schuster puede
presentar autores en cualquiera de sus eventos en vivo. Para obtener
más información o para hacer una reservación para un evento,
llame al Speakers Bureau de Simon & Schuster, 1-866-248-3049
o visite nuestra página web en www.simonspeakers.com.

Impreso en los Estados Unidos de América

3   5   7   9   10   8   6   4

Datos de catalogación de la Biblioteca del Congreso

Names: Calderón, Ilia, 1972– author.
Title: Es mi turno : un viaje en busca de mi voz y mis raíces / Ilia Calderón.
Description: Primera. | Nueva York : Atria Español, 2020.
Identifiers: LCCN 2019057619 (print) | LCCN 2019057620 (ebook) | ISBN
9781982103873 (trade paperback) | ISBN 9781982103880 (ebook)
Subjects: LCSH: Calderón, Ilia, 1972– | Television journalists—
United States—Biography. | Women television journalists—
Biography. | Racially mixed people—United States—Biography.
Classification: LCC PN4874.C2184 A3 2003 (print) | LCC
PN4874.C2184 (ebook) | DDC 070.92 [B]—dc23
LC record available at https://lccn.loc.gov/2019057619
LC ebook record available at https://lccn.loc.gov/2019057620

ISBN 978-1-9821-0387-3
ISBN 978-1-9821-0388-0 (ebook)

A mis niños.
Mi hija, Anna, y mis sobrinos, Luciana, Valeria
y Samuel, y su derecho a soñar.

A Gene por su amor, su paciencia, sus críticas,
su compañía muchas veces en silencio.

Y a todos ustedes a quienes en algún momento
les dió miedo soñar, les dejo mis historias.
No soy nadie excepcional. Solo una mujer que supo
ponerle tamaño a los obstáculos.

Contenido

Contenido

Ante los ojos del odio

Toda mi atención se concentraba en su rostro. Es lo que recuerdo con mejor claridad a más de dos años de nuestro encuentro. Ese rostro que se había enrojecido de furia solo con verme y continuaba alterado, indignado. Los orificios de su nariz se le dilataban con la respiración agitada que intentaba controlar sin mucho éxito. Me respondía rápido, sudoroso, prendido como una mecha, sin dejar hablar a nadie. Y de pronto, lo escuché de sus labios:

—Te vamos a quemar.

Estábamos en medio de la nada, en una zona rural, remota, y en propiedad ajena. Nuestros celulares no tenían cobertura, y el sol comenzaba a caer rápido entre los enormes árboles que nos rodeaban. Árboles que parecían recordarnos que no sería fácil salir de ese claro del bosque si nuestros anfitriones no nos lo permitían. El olor a repelente de mosquitos de mis brazos se mezclaba con el de *whisky* y cigarrillo procedente de la boca de mi interlocutor, mientras la conversación, por momentos, se acaloraba más y más.

—¿Me va a correr de aquí? —acerté a preguntar, recordando las antorchas y la cruz que yacían en la tierra, a varios metros de nosotros.

—No, te vamos a quemar —repitió sin dudar, sin pestañear.

—¿Me va a quemar? ¿Cómo lo va a hacer? —lo corté, entre indignada y asustada.

—No importa cómo, lo dijo Dios —disparó, observando desafiante y con desagrado cada uno de los rasgos de mi cara.

Mi nariz, mis labios, mis pómulos, mi cabello. Aunque por mis venas corren mil y una herencias, todo en mí grita "negra", y mis raíces africanas son incuestionables.

No hay duda: yo, Ilia Calderón Chamat, soy negra. Colombiana, latina, hispana, afrocolombiana, mezclada y todo lo que quieran llamarme o yo prefiera denominarme, pero negra. Con un apellido castellano-judío y otro árabe-sirio, pero simplemente negra a ojos del mundo. Y él, mi furioso interlocutor en ese remoto y desolado paraje de Carolina del Norte, era Chris Barker, el dirigente máximo de la orden de los Leales caballeros blancos del Ku Klux Klan. El mago imperial de esta rama supremacista blanca que se ha propuesto "volver a convertir Estados Unidos en nación blanca y cristiana, fundada en la palabra de Dios".

—No quiere decir que lo hará físicamente… —Su esposa intentó suavizar la tensión.

—Sí, físicamente sí lo haremos —la corrigió veloz, y regresó su mirada y sus palabras afiladas hacia mí—. Estás en mi propiedad ahora.

En efecto, estaba en su propiedad, rodeada de su gente, y en una discusión que ya no tenía marcha atrás. El sol ya se había ocultado por completo. La noche se comía el espacio a nuestro alrededor. Las únicas luces eran las de nuestras cámaras, que apuntaban al hombre que me decía con total frialdad, y con todas las sílabas, que "me iba a quemar".

Sentí miedo, no lo voy a negar. Miedo como nunca. Miedo a que mi suerte ya estuviera escrita. Miedo a no volver a ver a Anna, a Gene, a mi familia. Y miedo a que tantas preguntas que siempre tuve se quedaran esa noche sin contestar.

Mejor me callo; mejor no le pregunto nada más y que su ira no escale, pensé por una milésima de segundo. Sí, el silencio, el sigilo, el mutismo que nos hace invisibles… como hemos hecho por los siglos de los siglos para sobrevivir, y que siempre nos ha funcionado… sí, como aprendí desde pequeña, como nos aconsejaron en la iglesia y en la escuela… callar, caminar de puntitas… *¿O no? ¿O mejor no me callo?* Mi cabeza daba vueltas a velocidad vertiginosa. *¿Mejor le contesto y le digo que es un monstruo, que es un loco, que está enfermo, que está equivocado, que nadie me amenaza de esa manera? ¿Que yo soy un ser humano como él y no tiene derecho a hablarme así?*

Con tanta emoción y confusión mi mente colapsó, sentada frente al odio hecho persona, y a merced de ese odio al cual siempre quise mirar directamente a los ojos, con la esperanza de encontrar tantas otras respuestas que buscaba desde niña: ¿Por qué nos rechazan? ¿Por qué el color de la piel nos define? ¿De dónde nace ese odio? ¿Qué nos une a los seres humanos y qué es lo que tanto nos separa, hasta el punto de repudiarnos de tal modo? Y, la pregunta más apremiante: ¿Cómo había llegado yo hasta aquí, y cómo iba a salir de esta… callando, como siempre, o confrontando?

Porque el silencio tiene un precio. Y, aunque yo lo ignoré durante casi toda mi vida, el silencio, como el odio, el amor, el miedo y el valor, también tiene color.

Es mi
turno

Queroseno en el alma

Cuando odiamos a alguien, odiamos en su imagen algo
que está dentro de nosotros.

Hermann Hesse

—Mira, marchan con la cara destapada —me dijo María Martínez, señalando las imágenes en el monitor de una protesta callejera con tonos extremistas—. Las cosas han cambiado.

Así es como empezó todo esto: con una simple observación de la vicepresidenta de asignaciones de Univision. Porque no era "algo", sino "mucho" lo que había cambiado a nuestro alrededor. Desde las pasadas elecciones presidenciales de 2016, resultaba innegable el resurgimiento del movimiento supremacista blanco y el auge de los crímenes de odio en general. Los titulares de los últimos meses lo atestiguaban: "Hispano golpeado mientras le dicen: regrésate a tu país...", "Hombre en Portland grita insultos racistas antes de matar a dos...", "Estudiante con conexiones supremacistas mata a militar negro en Maryland...".

Aunque siempre ha habido discriminación, aunque esos insultos racistas y xenófobos siempre han ocurrido, hoy alguien con un celular graba una imagen que en minutos tiene una gran difusión. Y gracias a las redes sociales, nos estábamos enterando con más frecuencia de estas noticias que encontraban voces de rechazo en sectores de la sociedad. Las imágenes que María me mostraba no eran las del Ku Klux Klan que habíamos visto años atrás, o que aparecían en libros de historia y en imágenes antiguas. Ahora, estos manifestantes se paseaban orgullosos, relajados, queriendo ser vistos e identificados, sin temor alguno a la ley o a la opinión pública. Ignorar este cambio sería ignorar una nueva realidad, y por eso decidimos profundizar en el tema y compartirlo con nuestra audiencia.

—Los vamos a contactar, a estos que gritan con las banderas confederadas; no sé cómo, pero los vamos a entrevistar. —María se lo propuso a Daniel Coronell, nuestro presidente del departamento de noticias.

Daniel estuvo de acuerdo y ambos me ofrecieron ser parte de este trabajo.

—Solo si lo quieres hacer —me aclaró María, sabiendo que no sería una tarea fácil.

—Sí, acepto. —No dudé ni un instante. Esta sería mi oportunidad, tal vez, para comprender de dónde surgían tantos sentimientos que había presenciado en otros y experimentado en carne propia toda mi vida: el rechazo, el racismo, el odio sin más.

Cuando el racismo no se manifiesta con palabras, es difícil de explicar; y para aquellos que no lo han vivido, resulta difícil de entender. ¿Cómo le reclamas a alguien por la manera de mirarte de arriba abajo, o por esa cara con mezcla de extrañeza y desprecio que ponen cuando te ven en un restaurante? ¿O cuando caminas por una calle y te sonríen forzadamente? ¿Cuando llevas a tus hijos al museo y otros padres tratan de apartar a los suyos entre murmullos?

Probablemente estés leyendo esto y pienses: *¿Por qué Ilia se siente así, si tiene un buen trabajo y reconocimiento en la sociedad?* Porque el que te discrimina se asegura de que, con todo su lenguaje verbal y corporal, te sientas mal, aunque estés rodeada del amor y respeto de los tuyos. Dudo que alguien no haya experimentado en carne propia el rechazo, en sus diferentes formas y niveles. Hablo de esa misma sensación que te invade porque no tienes la última muñeca de moda y tus amiguitas te miran con pena, o porque eres bajito, o tienes una libra de más; porque no eres tan bueno en los deportes y se ríen de ti al llegar último, o porque aprendes de manera diferente a los otros compañeros. Otros se sienten señalados porque son tímidos, o porque tienen alguna discapacidad, o porque sus orientaciones sexuales no son las que su grupo cercano espera. Insisto: esa sensación que yo tengo cuando me miran de reojo en una tienda por mi color, muchos la hemos vivido. La diferencia está en cómo reaccionamos, dependiendo de nuestra personalidad, nuestra educación recibida o historia familiar. Por ejemplo, una persona introvertida no responde igual que una extrovertida, ni de la misma manera, ni en los mismos tiempos o términos. A otros como a mí quizás nos tome años hasta encontrar un espacio donde decir "no más", otros quizá nunca se atrevan a hacerlo.

Porque, aunque yo quise ignorar estos temas durante largo tiempo, especialmente durante mi adolescencia, en el fondo de mi corazón sabía que cada vez que salía de mi entorno, me hacían sentir como una extraña, no importaba dónde fuera. Siempre viviendo en un mundo donde muchos piensan que eres distinto, pero nadie te lo dice de frente. Siempre envuelta en una especie de silencio cómodo y conveniente para algunos, donde "si no se dice, no sucede". Un poco como el institucionalizado *"Don't ask, don't tell"* famoso que aplicaban en las fuerzas armadas de Estados Unidos para no tener que enfrentar las diferentes orientaciones sexuales o identificaciones de género de sus miembros. Yo llevaba décadas de vida aplicando ese *"Don't ask, don't tell"* en mis propias experiencias en torno al color de mi piel y a los rasgos de mi rostro, desde esas miradas por encima del hombro en el colegio hasta los mil productos que me compraba para alisar mi cabello y así tratar de verme como las demás niñas. A pesar de que nunca me quise sentir como una víctima de la discriminación, las balas del rechazo siempre me caían cerca, e incluso me raspaban, aunque me pusiera un chaleco antiproyectiles tratando de ignorar el problema.

Ahora, en pleno apogeo de mi carrera como periodista, en mis años de madurez como mujer y sin planearlo ni analizarlo mucho, me brindaban en mi trabajo esta oportunidad de ponerle el pecho al racismo, de mirarlo de frente, y esta vez no iba a esquivarlo, no iba a recurrir al "no preguntes, no digas", o al "deja que lo haga otro". Algo había cambiado en mí, y no iba a rechazar esta asignación.

Y así fue como se dio este proyecto de entrevistar al líder del nuevo Ku Klux Klan: de manera espontánea, en respuesta a lo que estaba pasando y lo que estábamos sintiendo a nuestro alrededor. No fue, como algunos pensarían, una estrategia para obtener *ratings* ni explotar el drama de Charlottesville, el cual todavía tardaría varias semanas en suceder. Aquellas manifestaciones nacionalistas y los motines tristemente famosos tendrían lugar casi un mes después de esto que aquí cuento. Tampoco fue el color de mi piel la razón por la que me adjudicaron este proyecto. Simplemente yo estaba ahí cuando se planeó, soy periodista y lo quería hacer. Punto. Univision había decidido sentarse a hablar con los líderes de este movimiento porque es un tema relevante que afecta directamente a nuestra comunidad, y por nada más, y tomé la asignación como la pudo haber tomado otro colega. Para Univision siempre ha sido importante informar y educar a la comunidad hispana en Estados Unidos sobre los temas que la afectan, como la inmigración, las elecciones, la economía, la seguridad, la salud. Así como también han ocupado un lugar muy importante en todos los programas las historias de los hispanos que con gran sacrificio trabajan en silencio en los campos y las fábricas para sacar a sus familias adelante, pagar impuestos y enviar a quienes con ansias esperan la llegada de la remesa semanal. Por eso, el tema del nuevo auge que tomaban el racismo y la xenofobia no podía dejarse en el cajón de una mesa de asignaciones. Es nuestra responsabilidad mostrarles quiénes y bajo qué premisas nos atacan.

"Un momento, ¿pero Ilia es negra, y va a ir a reunirse con supremacistas blancos?". Esa pregunta surgió luego, entre algunos miembros del equipo, como era de esperar. Algunos compañeros veían el color de mi piel como un obstáculo, otros como un aliciente para realizar un mejor trabajo. Yo lo veía con cierto temor. El temor a que esos líderes supremacistas accedieran a dejarse entrevistar por Univision, un medio que representa a minorías, pero que me dieran el no a mí, por el color de mi piel más oscuro que el del promedio de los hispanos. Al temor de la negativa a que yo fuera la periodista que los visitara se unía mi temor a profundizar en este tema tan personal para mí. Para prepararme, tendría que repasar y documentarme con imágenes de personas de mi raza golpeadas, insultadas y asesinadas, y eso sería como abrir un cajón de los horrores de esas atrocidades de las que oyes pero no quieres ver.

No lo negaré, duele profesionalmente que te excluyan de un trabajo por circunstancias personales. Un periodista es, ante todo, periodista, y después podemos ser mujeres, blancas, negras, latinas o anglosajonas. Pero primero somos periodistas y así queremos ser vistas.

—No nos hagamos ilusiones, —advirtió María, —esta gente no tiene celulares, solo he localizado un número que nadie contesta, una línea caliente que tienen para sus anuncios. Les dejé mensaje.

¡Y contestaron! Increíblemente, y quién sabe por qué, respondieron y nos dijeron que aceptaban la invitación. María les informó que la reportera sería "Ilia Calderón, hispana de color" y, para sorpresa de todos, no se opusieron. La fecha sería en pocos días, el 26 de julio, y el punto de encuentro Yanceyville, un pueblo de apenas dos mil habitantes en Carolina del Norte, cerca de la frontera con Virginia. La dirección exacta nos la indicarían al llegar.

—Prepárate, porque probablemente te van a insultar mucho y te van a decir la palabra N. —me dijo María, compartiendo una de sus acostumbradas dosis de realismo, mientras yo leía y refrescaba mis conocimientos sobre los derechos civiles, la Constitución, la historia de la esclavitud y todo aquello que pudiera prepararme para lograr una buena entrevista.

Hasta ese momento, lo que yo sabía sobre los grupos supremacistas como el Ku Klux Klan (KKK) lo había aprendido desde lejos, en libros y documentales que había leído o visto durante mi infancia y juventud en Colombia. Fue por medio de la lectura, especialmente en mis años universitarios en Medellín, como descubrí ese mundo y esa etapa de la historia estadounidense: los estragos que causó la esclavitud, la violencia todavía latente contra los afroamericanos en las calles y las grandes luchas políticas y sociales que todo esto desencadenó. En mi escuela primaria en el Chocó, no estudiamos mucho este capítulo americano sobre el sufrimiento y la lucha de las comunidades negras en otros lugares. Por eso, mis maestros en el tema fueron los textos y las novelas de Maya Angelou y Toni Morrison que yo leía por mi cuenta. Pero leerlo era vivirlo en cuerpo ajeno, y estas historias de encapuchados, esclavos en constante fuga y visionarios como Martin Luther King Jr. resonaban lejanas, en muchos casos contadas por Hollywood, de donde nos llegaban películas como *Raíces*, *Amistad* y *El color púrpura*. Yo veía esas escenas donde los personajes se parecían a mí, y vivía y sentía con ellos, mas no dejaban de ser una simple película. Mi realidad en Colombia era, sin duda, otra.

En la época moderna de mi país natal nunca sufrimos un racismo institucionalizado como en Estados Unidos. La esclavitud se abolió en 1851, y aunque la discriminación sigue incrustada en nuestras costumbres, y continúa muy latente, no teníamos leyes en el siglo XX tan radicales como en la Unión Americana, donde la segregación fue legal hasta hace pocas décadas. Por lo tanto, no vivimos un movimiento por los derechos civiles como el proceso que marcó la historia de este país del norte; un movimiento por los derechos por los que todavía se lucha a pesar de los grandes avances ya logrados.

El KKK: un temor y una problemática tan cercana a mí como lejana. Por eso me intrigaba tanto en esos días en los que me documentaba para mi viaje a "la boca del lobo". Cuanto más leía, más me sorprendía que se hablara de esta organización como si ya estuviera muerta, extinta, y como si fuera parte de un capítulo de nuestra historia terminado y zanjado. ¡Pero si esa creencia estaba todavía viva! De hecho, nunca la aniquilaron, y nunca se extinguió. Había permanecido simplemente en mutismo, en ese silencio tan conveniente a veces para sobrevivir, y que todo bando utiliza para salvar el pellejo. Un silencio que estaban usando ahora para reaparecer y crecer de otras maneras inesperadas, casi un siglo después, con el apogeo de los movimientos migratorios.

No hay que ser un académico en el tema para ver que las filosofías xenófobas y supremacistas han resurgido con fuerza en esta segunda década del siglo XXI, y que lo han hecho con las mismas intenciones, pero diferentes métodos: usan la internet para reclutar, no se cubren la cara ni se ocultan, se mezclan hábilmente en la política, apoderándose de descontentos generalizados y adentrándose en territorios populistas, desde Alemania a Francia, y pasando por la actual administración en Washington, donde sus discursos han llegado a los más altos podios. Y, sobre todo, se aprovechan de las concesiones ganadas recientemente por otras minorías para sembrar un nuevo temor: la teoría (infundada) de que más derechos para otros grupos étnicos significan menos derechos para ellos. Esa era su nueva arma y su nuevo motor.

Por todo esto, cuando terminé de tomar mi última nota para acudir a nuestra cita con Chris Barker, me quedó muy claro que no hablaríamos de un pasado histórico de una organización perdida en tiempo pretérito, sino que debatiríamos en presente, y sobre el presente.

Esta era nuestra nueva realidad, mi nueva realidad. Me sentaría frente al heredero de los oscuros ideales de cruces, sogas y antorchas

7

en espera de que alguien las prendiera de nuevo para perpetuar su odio en las nuevas generaciones.

Llegado el día de tan delicada asignación, emprendimos vuelo a Charlotte, la capital de Carolina del Norte. Una vez que aterrizamos, nos hospedamos esa noche en un hotel. De ahí, tendríamos que viajar a la mañana siguiente por carretera durante varias horas. Habíamos alquilado dos vehículos para cargar todo el equipo: cámaras, luces, baterías e infinidad de aparatos; queríamos asegurarnos de que todo saliera a la perfección. En una de las camionetas SUV viajaría María con su esposo, Martín Guzmán, camarógrafo veterano de Univision, y en la otra iría yo, acompañada de otro de nuestros excelentes foto-periodistas, Scott Monaghan.

En la mañana, entre temor y expectativas, desayunamos en silencio en el restaurante del mismo hotel y esperamos, sin nada que hacer, observando los cuadros despersonalizados en las paredes y mirando nuestros teléfonos constantemente, hasta las tres de la tarde, cuando sonó el teléfono de María y nos dieron las últimas instrucciones: deberíamos salir rumbo a Yanceyville. Nos esperarían en el estacionamiento de un restaurante de comida rápida situado en la avenida principal y desde ahí deberíamos seguirlos.

En el camino hicimos recuento de lo vivido y experimentado en el último año y medio desde que el actual presidente, Donald Trump, asumió el poder.

Los ataques verbales en restaurantes y comercios, en parques, escuelas, universidades y en los barrios se habían hecho más latentes. Y no es que acabáramos de descubrir el hilo. Desde siempre los inmigrantes se han sentido rechazados, en toda sociedad y todo país. Rechazados incluso por los descendientes de aquellos otros inmigrantes que llegaron antes que ellos. Hijos y nietos de inmigrantes totalmente integrados, y que hasta renegaron del idioma de sus ancestros para integrarse completamente en su nuevo entorno y camuflarse hasta pasar desapercibidos. Hoy, con el ambiente enrarecido por el momento político y con una comunidad compleja, diversa y con diferentes visiones, encontrábamos voces de rechazo dentro y fuera de nosotros mismos. Suena extraño, ¿verdad? A algunos negros que tuvieron oportunidades y viven mejor les cuesta entender al que vive en los proyectos de vivienda, sus necesidades, su inconformidad y su hartazgo. A algunos inmigrantes nacidos acá les cuesta entender a quienes recién llegan en balsa o cruzan el río o el desierto arriesgando sus vidas.

Ahora, más que nunca, parecía que unos y otros, sin excepción alguna, se sentían con derecho de juzgar al vecino. Se había levantado la veda de caza: permitido disparar en Twitter a todo lo que se moviera.

Al llegar a Yanceyville también se respiraba esta hostilidad, o tal vez era mi imaginación. Las calles sin gente, los negocios de pueblo de paso, todo me resultaba extraño. Recuerdo que había obras en medio de la avenida principal y, al bajar la velocidad, alcancé a ver a uno de los trabajadores enfundado en su chaleco fluorescente y casco. Era un joven alto, con abundantes rastas, piel negra como la noche y ojos azul intenso. *Mezclado*, pensé, con ironía, remontándome a la historia de esos estados antiguamente segregados de los que tanto hemos leído.

En el estacionamiento del restaurante, de nuevo nos tocó esperar, esta vez cerca de una hora, sin bajarnos de nuestros autos, antes de que nuestros anfitriones dieran señales de vida. ¿Qué tal si se trató de una broma? Las dudas nos asaltaban. ¿Y si nos tomaron el pelo?

—Van a venir, créanme lo que les digo, van a venir. —María nos tranquilizaba, como siempre, en control de la situación.

Y, como por arte de magia, apareció el carro, un sedán plateado viejito. Dentro iban dos mujeres vestidas con camisas negras decoradas con parches de banderas e insignias. Yo las vi perfectamente, pero ellas a mí no. Los vidrios de mi camioneta eran un poco oscuros.

María se bajó, intercambió algunas palabras con ellas, regresó a su camioneta, y nos hizo señales de que las siguiéramos.

La carretera era recta, interminable, como lo son siempre los caminos que no sabes dónde conducen. En las orillas, todo era verde y llano, con bosques frondosos de tanto en tanto. El paisaje de esa América agrícola y minera, de esa Carolina en la que no se libraron grandes batallas durante la Guerra Civil, pero que fue la que más soldados confederados envió al frente para defender la práctica de esclavitud, esa incomprensible necesidad de tener a alguien sometido a sus voluntades.

Mi corazón latía a mil por hora, mi respiración se aceleraba y miraba mi celular, mientras Scott trataba de hablarme de otros temas: su esposa, sus hijos y sus experiencias en coberturas difíciles como esta.

Otra mirada más a mi teléfono y decidí hacer una llamada para calmar los nervios.

—Gene, nos estamos quedando sin señal —fue lo primero que le dije a mi esposo al ver que cada vez teníamos menos cobertura en nuestros teléfonos.

—No me está gustando nada esto, Ilia —me respondió, más preocupado por mí que yo misma—. Estoy viendo el mapa, y por lo que me dices, están en una zona muy alejada. Avísame en cuanto salgas, y no hagan nada que los ponga en riesgo. Recuerda lo que te dije: ellos no están jugando.

Esa corta llamada me devolvió un poco la tranquilidad. Su voz firme y sus palabras de apoyo me hicieron recordar que es un excelente padre para Anna, y que si algo me llegara a suceder, mi hija no podía quedar en mejores manos. ¡Tantas cosas se cruzaron por mi cabeza! Al final había ido a ese viaje consciente de que yo podía ser elemento de discordia, pero pudo más mi corazón de periodista, y esa curiosidad de enfrentar lo que toda la vida había esquivado: el racismo.

Justo cuando desapareció la última rayita de nuestros celulares, el auto plateado giró a la derecha y, en un abrir y cerrar de ojos, me encontré de frente con la casa. Una casa de madera diminuta con la bandera confederada ondeando en un asta clavada junto a la entrada. Un perro flaco amarrado a un árbol nos dio la bienvenida con ladridos poco amistosos. Junto a la casita principal había otra vivienda que no parecía habitada, llena de trastos viejos y con techo a punto de colapsar.

Ya eran las cinco de la tarde y, aunque era verano, pronto oscurecería. Yo me quedé en el auto repasando mis notas, llenándome de valor y repitiéndome a mí misma la razón por la que estaba ahí. Mis ojos se perdían en la bandera confederada, ondulándose ante el poco viento que soplaba. Ese pedazo de tela descolorido me recordaba la razón que me había traído hasta esta casa. A más de siglo y medio de la Guerra Civil, ese símbolo seguía acarreando una carga que, de alguna manera, nos seguía dividiendo.

Cuando bajaron de los autos, María les dijo a nuestros anfitriones que me estaba preparando y haciendo llamadas, mientras Martín y Scott tomaban imágenes de los alrededores. Mi experimentada productora entraba y salía de la vivienda, midiendo espacios con la mirada. Las habitaciones eran tan pequeñas que resultaría imposible que nuestro equipo de tres cámaras y luces cupiera ahí.

—Nos vamos —me dijo Scott, entrando de regreso al auto—. Tenemos que seguirlos hasta un campo en la parte de atrás porque aquí no cabemos.

Mientras manejábamos por un sendero entre los árboles, Scott me contaba cómo estaba el ambiente.

—A mí me tratan de traidor porque hablo un poco de español, y a Martín lo intentaron intimidar por mexicano, y les tuve que decir que era mi *brother*.

—¿Y? —pregunté sin ocultar mi ansiedad.

—Lo dejaron en paz, pero a ti, prepárate porque te van a insultar más que a él. — Scott no se anduvo con rodeos y prefirió prepararme para lo que me esperaba—. No quiero ni repetir las palabras que le dedicaron a Martín.

En silencio, mientras recorríamos los seis acres de la propiedad, le agradecí su sinceridad. Nunca me ha gustado que me oculten la verdad, o que suavicen las historias. No me gusta que me echen cuenticos; prefiero ser directa aunque me esté metiendo en la boca del lobo. Y para allá íbamos en caravana, siguiendo a nuestros anfitriones hasta el fondo del bosque.

Al llegar a un pequeño claro, los autos se detuvieron y todos bajaron, menos yo. Mientras María decidía dónde colocar las sillas y las luces, y Scott y Martín sacaban cables y cámaras, me dediqué a observarlos con más detenimiento. Ahí estaba Christopher Barker, el líder principal que se sentaría conmigo para la entrevista, con otro de sus colegas del Klan. Su esposa, Amanda, conversaba con Wendy, la otra mujer que la había acompañado a buscarnos al restaurante. En total eran dos parejas de la misma edad y de apariencia similar: dos hombres y dos mujeres de entre cuarenta y cincuenta años, blancos, tres de ellos con algo de sobrepeso, vestidos modestamente con *jeans* y camisas negras que parecían ser el uniforme del grupo. Junto a ellos caminaban despistados, como en su propio mundo, dos jovencitos flacos y desgarbados que deduje eran los dos hijos de los Barker. Aunque estaban lejos de mí, podía apreciar los rostros de los adultos que delataban hábitos poco saludables. De hecho, pronto aparecieron los cigarrillos, uno tras otro, y el *whisky*.

De repente, alguien me tocó la ventana y casi me muero del susto. Por un segundo sentí un frío que recorrió mi cuerpo seguido de un cosquilleo, como cuando todas tus terminales nerviosas dan la señal de alerta ante el peligro. Bajé el vidrio para no parecer grosera.

—Hola, ¿cómo estás, necesitas algo? —Era Wendy, la otra mujer, y me saludó con amabilidad, sin atisbo de sorpresa o rechazo al verme.

—No, estoy bien, gracias, muchas gracias —le respondí, observando sus ojos, sus rasgos sufridos pero dulces, su cabello desarreglado.

Toda su apariencia me decía que no la había tenido fácil en esta vida, que posiblemente estaba donde estaba porque creía que era lo único a lo que podía aspirar, y por esa necesidad que tenemos todos de pertenecer a algo, aunque sea a un grupo como el KKK. En muchas ocasiones, en medio de la pobreza más sórdida, formar parte de una agrupación, sin importar el propósito, es lo único que nos puede rescatar de nuestras miserias. Lo he visto en el fenómeno de las pandillas, donde los niños solo quieren ser parte de algo, ser alguien e importarle a alguien, aunque sea a un asesino o a un tirano.

O, ¿quién sabe? Tal vez Wendy estaba ahí simplemente por amor, complaciendo al hombre con el que compartía sus días. Definitivamente, la dulce mujer que se asomaba por la ventana de mi auto con curiosidad no era una ideóloga, ni una fanática, ni sintió la necesidad de insultarme al ver quién era yo.

—Me llamo Ilia Calderón, mucho gusto y gracias por recibirnos. —Quise corresponderle con la misma amabilidad que ella me había dedicado.

—Ilia, qué bonito nombre. ¿Quieres un poco de agua? —Intrigada, la mujer continuaba con la plática.

—No, gracias. —Estaba claro que yo no iba a tomar nada en estas circunstancias. Ni siquiera el vaso de agua que se le brinda honorablemente al enemigo.

Finalmente, María me hizo una señal y supe que era hora de empezar. Había llegado el momento de confrontar al odio. Me rocié los brazos con repelente, porque por esos parajes y al caer la tarde, los mosquitos abundan. Abrí la puerta del carro y caminé despacio hacia el círculo iluminado con nuestras luces en medio del claro. Eran aproximadamente las seis de la tarde y el sol comenzaba a bajar rápidamente entre los árboles altísimos. El único ruido que se escuchaba era el de los grillos —cientos, miles de grillos invisibles— mientras todos los presentes se habían quedado en silencio, mudos, mirándome. De inmediato me di cuenta: ¡los demás no sabían que yo era negra! ¡Pero si María les dijo por teléfono!

—*Hi, my name is* Ilia Calderón —me presenté y me senté en la silla vacía frente a Christopher y Amanda.

Así es como había llegado yo hasta esta situación de la que tendría que salir airosa, fuera como fuera. Y así es como vi su cara de cerca por primera vez. Esa cara que es difícil olvidar, porque nadie, en mis más de cuarenta años de vida, me había mirado de ese modo. Al principio, no fue un odio como el que yo había imaginado. Su expresión era más bien de fría indiferencia, como quien mira a alguien a quien cree inferior, o a un ser insignificante que no le inspira más que un poco de repugnancia. Esa actitud me impresionó mucho y un escalofrío recorrió rápidamente todos los rincones de mi cuerpo. Ante sus ojos yo no llegaba ni siquiera a ser humano que mereciera su odio directo; yo era una "cosa", un ser sin alma que solo despertaba su desprecio. El odio apasionado y más real comenzó a manifestarse después, cuando yo, "la cosa" o el ser sin alma, empecé a hablar y a incomodarlo con preguntas. Para ciertas personas, los seres inferiores deben callar y vivir en el silencio. Y yo empecé a hablar, y eso no gustó. Christopher Barker, el mago imperial de los Leales caballeros blancos, sentado junto a su esposa, Amanda, en "su casa", no iba a permitir que una persona negra le fuera a cuestionar sus creencias frente a las cámaras.

—Nunca me dijo que iba a traer una negra a mi propiedad —fue lo primero que le reclamó a María.

—Sí, les dije: "una mujer hispana de color". — María intentó calmarlo y recordarle la conversación telefónica que tuvieron.

—Sí, sí, nos lo dijo —corroboró Amanda, quien se mostraba un poco menos hostil, y hasta parecía disfrutar de la atención que estaba recibiendo y la tensión que se acumulaba por momentos.

—Pensé que quería decir de color como todos ustedes —insistió el hombre, indignado, haciendo referencia al cabello oscuro y tez más o menos clara de María, que encajan con la imagen que esperan de un latino aquellos que ignoran nuestra diversidad.

Tras superar el *shock* inicial de mi "negritud", y con un acento sureño muy pronunciado, Chris Barker accedió a comenzar la entrevista y a responder a mis preguntas. Las cámaras ya estaban grabando, y nos aclaró que esa propiedad donde estábamos, rodeada de pueblos mineros, pertenecía al KKK, que se había mudado a vivir a ella porque en la ciudad era víctima de constantes robos y de la inseguridad que habían traído los inmigrantes y otras razas. Amanda negó rotundamente que fueran un grupo de odio, o violento, e inmediatamente Chris mencionó la Biblia para justificar sus prácticas y creencias.

Me impresionó que para todo citaban pasajes bíblicos de memoria, interpretándolos de manera que les dieran licencia para rechazar o discriminar a quienes no fueran de raza blanca aria. Cuando le mencioné la Constitución, que otorga los mismos derechos a toda persona ante la ley, me contestó de nuevo con la Biblia, su máximo libro, y que en ella Dios pedía amar y respetar a su vecino, pero no a los de otras razas y lugares. Que Jesús era blanco, y había pruebas irrefutables en la Biblioteca del Congreso de los Estados Unidos. Que Jesús no era judío, y que odiaba a los judíos e incluso les daba palizas. Que ellos extienden el brazo izquierdo en su saludo, no el derecho como los Nazis. Que odian a los judíos porque mataron a Cristo. Que la mayoría de los crímenes raciales son cometidos por negros contra blancos. Que Trump es un cobarde, millonario gracias a su padre, y es otro "Bill Clinton" que no va a cumplir con nada de lo que promete. Que negros drogadictos fueron los que votaron y eligieron a Obama.

Que los famosos faraones fueron blancos y los blancos fueron los que construyeron las pirámides del desierto y todas las grandes obras de la humanidad. Que la Biblia advierte "se sentarán a tu mesa, mirarán a tu mujer con lujuria y quemarán tus ciudades", y que por eso no comparten el pan con los negros. Que el KKK jamás ha ahorcado a ninguna persona de color, que eso es pura leyenda, y que la Biblia les dice que ellos, los blancos de Israel, hebreos pero no judíos, son el verdadero pueblo elegido del que habla el Antiguo Testamento. Y, para terminar, que los inmigrantes llegamos a quitarles el trabajo a ellos, los blancos, y que nos van a correr de este país.

—¿Y cómo me vas a correr de aquí? —Después de escuchar semejante avalancha de teorías descabelladas, quise tratar de entender sus razones.

En este punto, se prendió la mecha, y se desencadenó esa escena que ya describí en el prólogo de este relato y que, lamentablemente, iba a hacer titulares y dar la vuelta al mundo:

—No, te vamos a quemar —me dijo mirándome fijamente a los ojos, sin un atisbo de duda sobre lo que acababa de decir.

—¿Me van a quemar? ¿Cómo van a hacer? —Con el corazón en un puño, tuve que aguantar la respiración, porque todo dentro de mí se sacudía. Sin embargo, seguí preguntando, fingiendo que su amenaza no me asustaba—: ¿Y qué vas a hacer con once millones de inmigrantes?

—Ya nos deshicimos de seis millones de judíos, once millones no serán nada.

¡Ahí estaba! El odio puro y directo en sus ojos. Y yo había decidido seguir hablando, seguir preguntando y no dar marcha atrás. ¿Silencio o voz? Preferí dejar fluir mi voz, aunque eso le molestara. Porque ya no nos separaba distancia alguna, yo ya no era ese ser que no llegaba a "humano", y por tanto ya me había convertido en una amenaza para él.

Porque solo se puede odiar a otro de tu misma especie, a quien se puede defender y te puede demostrar que estás equivocado, y Barker, por mucho que intentó evitarlo al principio, ya me había ascendido a ser humano y había dado rienda suelta a todo su odio contenido durante décadas y generaciones hacia mí y quienes son como yo. Ese era el odio en estado puro que yo siempre había querido ver de cerca, motivada por la necesidad de encontrar respuestas. Ese odio sin rodeos, sin hipocresías sociales, ni corrección política, ni miradas de reojo, ni excusas, ni diplomacia alguna. Ese odio que yo sabía e intuía desde pequeña que existía pero que jamás había visto así, brutalmente de frente, sin disfrazar.

—No, no dice que lo va a hacer físicamente —intercedió su esposa, para suavizar las palabras más horribles que jamás alguien me ha dedicado.

—Sí, lo digo físicamente —la corrigió, veloz, para regresar sus ojos hacia mí—. Estás sentada en mi propiedad ahora.

—Sí, es tu propiedad, y entiendo que probablemente yo soy la primera persona negra en tu propiedad —yo continuaba cuestionándolo pausadamente, para no dejar que la situación se saliera de control, pero a la vez fiel a mi decisión de no silenciarme ante el temor.

—Lo que sea, para mí tú eres una *nigger*, eso es todo. —Barker tocó fondo, y me lanzó la palabra prohibida.

¡*Nigger*! María abrió los ojos y se tapó la boca aterrada, Scott y Martín se indignaron y yo por dentro también, pero mi cara permaneció seria y templada, mis ojos fijos en su cara. Sentí unas ganas inmensas y un arrebato de dejar salir a la Ilia respondona y contestataria de la adolescencia, pero yo no quería ser la que perdiera el control en esta situación. Su esposa le pidió que cuidara lo que decía, pero Barker no retrocedió y fue quien perdió los estribos y amenazó con cortar la entrevista en dos ocasiones en las que se levantaba enfurecido, fumaba unas caladas de cigarrillo y regresaba a la silla, frente a la cámara, todavía más alterado, para continuar disparándome más y más insultos en cuanto tenía oportunidad. Pronto pasé a ser una *dummy*, tonta, y *retarded*, retrasada. El líder máximo del nuevo KKK ya no ocultaba sus sentimientos racistas más puros.

—Mira tus ojos, y mira los míos —me desafiaba cada vez con más ira—. Soy más superior de lo que tú jamás serás.

—Lo siento enojado —le dije, intentando profundizar más en ese odio—. Cuando me mira, ¿qué ve?

—La veo, y veo a los suyos todo el tiempo, y lo que me molesta es que esta propiedad me la cedió el Klan. He estado aquí veinte años y nunca habíamos tenido un negro o como te quieras llamar. Par mí tú eres una *mongrel*.

¡*Mongrel*! Ese era el insulto más atroz que usaban en los tiempos de esclavitud para referirse a los mestizos, a los mezclados como yo, a quienes consideraban engendros físicamente inferiores, una abominación de la naturaleza, en contra de las leyes de Dios. Y eso es lo que él veía cuando me miraba: una aberración. ¿Qué podía esperar después de esto? Ellos eran seis, contando los dos hijos adolescentes de los Barker, y nosotros éramos cuatro. Estábamos en su territorio, sin señal en nuestros teléfonos ni vecinos que pudieran venir a socorrernos. Si tenían armas y uno de ellos se dejaba llevar por un impulso, no habría nada que hacer. Este pequeño claro en el bosque, en algún lugar de Carolina del Norte, sería lo último que verían mis ojos. Otra vez el frío y el cosquilleo en la piel me recordaban que podría haber peligro cerca. *Yo sería la primera en caer,* pensé al recordar que habían traído varios contenedores de queroseno para la ceremonia que luego iban a llevar a cabo en la oscuridad. ¿Serán capaces de hacerme daño? Dudaba, mientras se me hacía un nudo en la garganta. Por fuera, mi lenguaje corporal y la firmeza en mi rostro eran mis únicas armas de defensa.

Miré al cielo, y vi que ya había anochecido completamente. Era consciente de que Scott y Martín me iban a proteger si Barker se me abalanzaba, o si alguno de los otros presentes intentaba hacerme daño, pero fue el poder de convencimiento de María quien, como una leona con un gran instinto de protección para los suyos, me daba confianza. María me guiaba con los ojos: "Vas bien, está todo bien, no temas". Y yo me agarré a ese pensamiento para no derrumbarme. Fue el poder de la palabra y la presencia de esta increíble mujer y compañera lo que me inyectó el valor que por momentos necesitaba.

Sin tentar mucho a la suerte, pero fiel a mi decisión de no callar, pasé de pregunta en pregunta, y solo recibí más y más insultos, y cuando mis ojos se cruzaron con los de María, supe que habíamos llegado al final. Era mejor dar la entrevista por terminada. No valía la pena echarle más leña al fuego, aunque esta expresión suene muy macabra dicha en este contexto.

Los mosquitos, enormes y persistentes, zumbaban fuertemente en nuestros oídos, el olor a cigarrillos y repelente me provocaba náuseas, pero la fiesta no acababa aquí. Todavía no podía subirme al carro, cantar victoria y sentirme a salvo. Barker y sus acólitos iban a permitirnos grabar el inquietante y misterioso ritual de la cruz que los distingue desde que el KKK se fundara en 1865.

Sin dejar de mirarme de reojo, y mientras Amanda hablaba sin parar, todavía emocionada por tanta atención ante las cámaras, Barker se puso su túnica morada del mago imperial y su capucha en forma de cono. James Spears, el esposo de Wendy, sería el oficiante de la ceremonia, ataviado de rojo, según la jerarquía del Klan. Los dos adolescentes y las dos mujeres también se vistieron y encapucharon. A ellos les correspondía el color blanco.

Primero, rociaron la cruz de madera envuelta en una soga con el queroseno de uno de los contenedores de plástico que habían traído. Luego, la levantaron, empapada en el combustible y la clavaron en la tierra. Era una cruz enorme, que bien podía soportar el peso de una persona.

—Nosotros no "quemamos" la cruz, la iluminamos, la encendemos para alejar la oscuridad y honrar a Dios —me aclaró, muy pragmático y reconciliador James, el sacerdote de la noche, a pesar de que la mirada de Barker, a través de los dos hoyos en su capucha, no me daba tregua.

Acto seguido, prendieron sus antorchas y formaron un círculo alrededor de la cruz a la vez que recitaban su liturgia y repetían: "Por Dios, por la raza, por la nación, por el Ku Klux Klan".

Yo me mantuve a un lado, intentando descifrar lo que hacían. Solo quería vivirlo de cerca para poder contarlo. Esa imagen me recordaba los temidos ritos del KKK de los que había leído. El fuego, las hogueras… y ahí estaba una negra siendo testigo de ese momento que ensalza las atrocidades cometidas contra un pueblo. Sentí unas ganas inmensas de llorar. Aunque yo estaba ahí cumpliendo con mi labor, esa noche las sensaciones eran tantas y tan intensas que me resultaba difícil no perderme de nuevo en terreno personal y en la amenaza de Barker: te vamos a quemar. Mirando esa cruz alzada, ardiendo en medio del bosque, me resultó inevitable pensar en todos aquellos seres humanos, personas de otras razas y otros colores, orientaciones y religiones, que perdieron la vida de esta manera tan cruel.

Por unos instantes, y en plena ceremonia, el queroseno, los mosquitos, la pobreza y el bosque, me transportaron lejos; me hicieron viajar, cruzando un mar de recuerdos, hacia una tierra muy diferente, a miles de millas de distancia, en la que yo no era extranjera ni odiada. Una tierra verde como esta, en la que la pobreza no era triste, el olor a queroseno significaba hogar, dulce hogar, y mi piel no era ni extraña ni despreciada.

Es la tierra a la que debo dirigirme si quiero encontrar todas esas respuestas a las preguntas que este intenso encuentro en la calurosa noche de Yanceyville despertó en mí. Unas preguntas que me han acompañado desde siempre, en lo más profundo de mi corazón, pero que ahora, con lo que está sucediendo a nuestro alrededor a nivel político y social, y en el momento de mi vida en el que estoy, debo enfrentar y no acallar.

Aunque me incomode un poco, porque no me gusta, ni me interesa victimizarme, es hora de echar marcha atrás y revisar, paso a paso, vivencia a vivencia, cuándo y cómo el silencio apagó nuestra música interna y se tiñó de negro.

2

Así bailamos en el Chocó

Yo también quiero pintar,
pintar a un santo negro.

    "Tío Guachupecito", canción popular afrocolombiana

—Hija, la luz, que te vas a quedar ciega. —Mi madre entraba a esa enorme cocina en esa enorme casa de madera donde todo crujía y rechinaba a cada paso, y me ayudaba a poner el queroseno y prender la lámpara.

Rodeada de esa luz azul y naranja, terminaba las últimas páginas de mi tarea y luego me iba a acostar a una de las ocho habitaciones que había en el piso superior.

Así de sencilla era la vida en Istmina, el pueblo que me vio nacer. Sin electricidad en las casas, ni alumbrado público, sin grandes carreteras ni autopistas, ni otras comodidades básicas que el resto del planeta ya disfrutaba en los setenta. Cuando para unos el olor a queroseno podía despertar miedos y peligros, para mí, era el combustible que alimentaba la lectura, la imaginación y mis sueños de llegar a ser alguien en la vida. Cuando para otros el carbón era algo sucio, para mí significaba ropa limpia, como la camisa de mi uniforme escolar que dejaba impecable la plancha de carbón que usábamos en casa. Cuando otros cruzaban sus ríos por modernos puentes y verdaderas obras de ingeniería, yo cruzaba el mío, el río San Juan, en lancha o en canoa, para ir a la escuela cada mañana y regresar con el ardiente sol de la tarde.

Istmina es una contracción coloquial de "istmo de minas". Es una diminuta ciudad situada en el territorio colombiano que comparte frontera con Panamá. Somos región minera, selvática, de eterna primavera y verano, y miles de días húmedos que hacen de nuestro departamento, el Chocó, "la tierra de siempre llover". De hecho, contamos con las más altas tasas de precipitaciones del mundo. Uno de nuestros pueblos, Tutunendo, figura en varias publicaciones como uno de los lugares más lluviosos del planeta. La capital, Quibdó, nos queda a setenta y cinco kilómetros, y estábamos tan aislados y era tan difícil llegar hasta nosotros, que durante décadas ni lo bueno ni lo malo del resto del país nos afectaba. Tal vez por eso, tres siglos atrás, cuando algunos esclavos africanos lograron la libertad en Cartagena de Indias, decidieron emprender rumbo hacia la costa del Pacífico y asentarse en esta región tan remota y dejada de la mano de Dios y del hombre blanco; región de paisaje exuberante que les recordaba a su madre tierra. Un lugar de selva espesa donde solo un cuerpo fuerte sobrevive a las enfermedades propias de la manigua. Allí, una vez que se abolió la esclavitud en todo el territorio nacional, estos hombres recién liberados fundaron sus propias poblaciones, a su aire y a su ritmo, entre las curiosas miradas de los miembros de comunidades y tribus indígenas que salían de los bosques aún más profundos para intercambiarles pesca y caza, y luego desaparecer de nuevo entre los árboles de esta selva tropical.

Así es como mi tierra, el Chocó, y tantos otros departamentos costeros, pasaron a convertirse en "el secreto mejor guardado de Colombia". ¿Que hay negros colombianos? Creo que escucharé esa pregunta con tono de exclamación hasta el día en el que parta de este mundo, al igual que continúan escuchándola a diario nuestros vecinos peruanos, ecuatorianos, hondureños y mexicanos. Somos muchas y variadas las comunidades en el litoral del Pacífico y del Atlántico que provenimos de aquellos hombres y mujeres que fueron arrastrados en contra de su voluntad hasta el nuevo continente. Colombia es uno de los países suramericanos con más población afrodescendiente, junto a Brasil y Venezuela. La sangre africana está latente en las calles y costumbres de muchas de las ciudades más relevantes del país, como Cartagena, Cali, Barranquilla o Medellín. Aún así, esa negritud apenas la muestran en la televisión. Sin embargo, en nuestros tradicionales asentamientos siempre hemos vivido la africanidad con pasión. Es imposible no percatarse de nuestra música de tambores y percusión, nuestros bailes alegres y arrebatados con movimientos de caderas y piernas que aprendemos desde niños, los peinados de trenzas que han estado siempre presentes y que cada vez les roban más espacio a los pelos estirados con productos químicos.

Somos más de cinco millones de afrocolombianos, y comprendemos más del diez por ciento de la población total, pero estas son estadísticas que nadie lee ni parece prestarles atención. Esos datos tampoco nos importaban mucho en Istmina, donde, en nuestro pequeño mundo, ser negro no era "nada del otro mundo" ni estadística que considerar.

Todo era muy normal a mi alrededor, y todo tenía sentido: desde ese olor a queroseno en las noches que significaba familia reunida, tarea hecha y hora de irse a la cama, hasta el fuerte aroma a jabón de pasta azul con el que lavábamos la ropa en el río cuando el rústico acueducto que abastecía a todo el pueblo se quedaba sin gota de agua. Junto a la quebrada de San Pablo, los cinco mil vecinos vivíamos de la misma manera, fuéramos ricos o pobres. Ni las constantes inundaciones ni las terribles sequías entendían de estatus sociales. Así era mi Macondo personal, donde las calles las pavimentaban con cemento porque el alquitrán se nos derretía como helado de chocolate en los meses estivales, y donde nuestros contactos más cercanos con la gran civilización eran Medellín y Cali, ciudades a las que solo podíamos llegar volando por encima de la selva con avioncitos de doble hélice, porque la carretera era, y continúa siendo, un abismo a lo desconocido. Un camino tortuoso que miles siguen utilizando cuando el dinero no alcanza para un boleto de aerolínea. No en vano el gran maestro Gabriel García Márquez llamó a esa ruta mal asfaltada "pura especulación cartográfica" y "carretera más teórica que real".

El gran García Márquez también les dedicó unas palabras a aquellos aviones que desafiaban tormentas, montañas y selvas a la hora de aterrizar, llamándolos "puente aéreo salvador, cuyos tripulantes tienen el mismo espíritu intrépido de los primeros colonos". Dentro de esos viejos aparatos, que terminarían trayendo una gran desgracia a mi familia, solo cabíamos una veintena de asustados pasajeros que hacíamos todo el viaje en silencio, pensando que lo que nos mantenía en el aire eran nuestros rezos y no los motores y el combustible.

En ese mundo tan aislado como "normal", yo pasaba los días callejeando, entre docenas de amigos, sintiéndome precisamente normal y libre de problemas. Desde que amanecía hasta que anochecía, mi vida transcurría por esas callejuelas estrechas por las que apenas pasaba algún que otro *jeep* antiguo o los típicos buses de escalera, a los que nosotros llamamos líneas, y que estaban totalmente abiertos por un lado. Solo el paso de las "líneas" nos interrumpía nuestro juego favorito, al que llamábamos "la golosa", y lo practicábamos en medio de la vía con las tapitas de las botellas de gaseosa. Entre juego y juego, también me gustaba hablar con los loquitos del pueblo y visitar a las familias que vivían al otro lado de la quebrada, en el barrio de San Agustín, al que llamábamos El Alambique, porque desde siempre era donde fabricaban licor artesanal casero, dentro de esas casitas de madera con techos de zinc y suelos de tierra batida. Casitas desde las cuales, en las noches de velorio, me llegaban las voces de mujeres cantando *alabaos* a muertos adultos y *gualíes* a los que partían de este mundo siendo menores de edad.

En este paisaje de carencia generalizada, me iba dando cuenta de que no vivíamos bajo las mismas condiciones, y que unos pasaban más necesidades que otros. En mis excursiones a la quebrada, procuraba llevar a esas otras familias del Alambique latas de comida, bolsas de frijoles y ropa que sacaba a escondidas de mi casa. Muchas de esas niñas iban a mi escuela y llegaban a clase con los zapatos llenos de agujeros, o a veces arrastrando las suelas despegadas. A la hora del recreo, todos jugábamos juntos, y cuando llegaban las sequías también nos bañábamos juntos en una quebrada que separaba a nuestros barrios y a la vez nos unía en nuestros juegos.

Con el tiempo, llegó la electricidad a algunas de las casas, y fue todo un acontecimiento. Doña Blanquita, una vecina que disfrutaba de mejores finanzas que el resto de las familias de mi calle, pudo comprar un generador eléctrico inmenso y nos pasaba un cable dos o tres veces por semana. ¡Ya podíamos leer hasta más tarde y ver la televisión unas horas! El resto de los días, volvíamos a nuestras lámparas de queroseno o simplemente nos íbamos a dormir en cuanto oscurecía. Si el sueño no llegaba, nos poníamos a echar cuentos, a veces de miedo, todos reunidos en un mismo cuarto.

Recuerdo que el único vecino que no podía darse el nuevo lujo de tener luz ni siquiera tres días a la semana era Miguel Antonio. Don Miguel enviudó joven y quedó con cinco niñas y un varón a su cargo. Su esposa murió dando a luz a la que fue su quinta hija. Para dar de comer a tantas bocas, don Miguel vendía periódicos en la calle y trabajaba en lo que podía. Aun así, apenas le alcanzaba para velas, y su casa siempre estaba a oscuras. Mi mamá y los demás vecinos se turnaban para compartir una olla de comida caliente con los seis pollitos. Los vecinos, al pasar, para que los esperara con su periódico, le gritaban: "¡Ya voy, Toño!". Y así le quedó el apodo: don Ya-Voy-Toño.

—¡Muchacha, le voy a decir a tu abuelo! —me regañaba don

Es mi turno

Miguel desde su puestecito callejero en el portal de las escaleras de su casa, siempre que me veía hacer alguna travesura.

Y como las travesuras se repetían con frecuencia, nos escapábamos todos los amigos al río para que no nos castigaran. Allá, las únicas que nos observaban con ojos divertidos eran las pícaras *mazamorreras* que sacaban oro con bateas en el agua. Ataviadas con sus coloridas ropas y pañuelos en la cabeza y sus miles de arrugas en el rostro, pasaban largas horas encorvadas, con los pies en el agua y el cigarrillo sin filtro en la boca, moviéndolo hábilmente solo con los labios. Fumaban sin cesar, sin usar las manos, siempre ocupadas en menear la batea de una manera especial para separar la arena de cualquier pedacito de oro o platino que las aguas del río San Juan arrastraran hacia el sur. A este eterno agitar de la bandeja redonda de madera lo llamaban *mazamorreo*, y siempre iba acompañado de canciones de antepasados esclavizados que todavía recuerdo: "Aunque mi amo me mate, a la mina no voy, yo no quiero morirme en un socavón". Al atardecer, todas se encaminaban al pueblo a pesar lo que las aguas les hubieran regalado, que siempre era escaso. Las básculas que usaban, viejas y oxidadas, no medían en gramos, sino en granos de maíz. Tantas pepitas de oro equivalían a tantos granos. Un método poco exacto y muy improvisado, pero así eran nuestras vidas de imprecisas y espontáneas. Con lo que nos dejó la historia y lo que nos brindaba la madre naturaleza, hacíamos maravillas.

Creo que fue un día en el río, viendo a las señoras *mazamorrear*, donde me di cuenta de otra ciencia que no fallaba. Una ciencia mucho más exacta que los granos de maíz: cuanto más duros eran los trabajos, más oscura era la piel de quienes los desempeñaban. En Istmina era normal ser negro o ser blanco, era normal ser mezclado o ser indígena, y así me sentía yo: normal. Pero también era normal que el color nos ordenara por gremios y labores.

Sin ir más lejos, los emberá, con su piel rojiza y su cabello negro lacio, eran los encargados de traernos la caza y la pesca desde el interior de los bosques. Llegaban una o dos veces por semana en grupos y, sin cruzar muchas palabras, intercambiaban pescado y algún armadillo por medicinas, azúcar o cualquier otra cosa que necesitaran del pueblo. Los hombres solo vestían con el típico guayuco, que apenas les cubría sus partes, y las mujeres se envolvían con una simple paruma en la cintura, dejando sus pechos al aire, cubiertos en algunos casos por las largas cabelleras o inmensos collares que elaboraban con semillas. Los emberá son chocoanos desde el principio de los tiempos. Se calcula que sobreviven 42.000 en toda Colombia, según documenta el Ministerio de Cultura. Algunos de ellos decidieron dejar la selva, y en los pueblos y ciudades se les asignaron sus propios oficios. Por ejemplo, a las mujeres emberá las contrataban en las cocinas, y de inmediato pasaban a limpiar pisos junto a las negras campesinas en casas de blancos, negros y mezclados. Los indígenas eran los olvidados dentro de los olvidados. Aún siento que los chocoanos estamos en deuda con ellos, deuda de inclusión y de hacerlos más visibles. Al final compartimos la misma tierra, el mismo abandono y las mismas necesidades de justicia y oportunidades.

Pero blancos o negros, mezclados o indígenas, todos esperábamos con igual impaciencia el momento más señalado del año: las fiestas en honor a la Virgen de las Mercedes, patrona de Istmina, que se celebra cada año entre el dieciséis y el veinticuatro de septiembre. Durante ocho días, el pueblo entero estalla en música y color. En aquellos años, comenzábamos con las alboradas, en las que nos levantábamos en las primeras horas de la madrugada para rezarle a la virgen en una pequeña procesión por las calles.

—Arriba, perezosas —nos despertaba mi mamá antes de que saliera el primer rayo de sol—, si no, no las dejo ir de fiesta en la noche.

Con los ojos todavía hinchados de dormir, íbamos a un barrio distinto cada mañana a entregar la bandera y la imagen de la Virgen de las Mercedes, entre el murmullo arrullador de las devotas que recitaban el rosario sin parar ni a tomar aire.

Lo divertido comenzaba al mediodía, con la primera comparsa de niños, en la que salíamos todos disfrazados en grupo a bailar por las calles. Acompañados de la chirimía —un grupo que tocaba un clarinete, un tambor, una tuba, un platillo y un tambor de redoble— mis pies volaban al ritmo de los sonidos típicos de mi tierra. A las cuatro de la tarde, iniciaba la primera comparsa de adultos y el gran desfile. Una simple volqueta de construcción era la base para montar encima la carroza decorada, y todo el pueblo bailaba detrás. Bum, bum, bum, el latido de ese tambor tan africano retumbaba en mi pecho hasta la noche, cuando terminaba el desfile y comenzaba la verbena del barrio. Con una planta eléctrica que prestaba algún vecino, conectaban un par de bafles y un par de luces, y no faltaba quien aportara un viejo tocadiscos cuando el grupo de chirimía tomaba un descanso. Las canciones de moda, principalmente de salsa, se apoderaban de la calle y bailábamos todos con todos, coreando las letras de Héctor Lavoe, la Sonora Ponceña, el Gran Combo y más éxitos radiales que nos llegaban de Puerto Rico.

Bailar, bailar, bailar. Unos bailaban en parejas, otros en grupo y no faltaba el que bailaba solo, en un rincón, soñando con algún amor perdido o algún amor por llegar. El baile era nuestra manera de expresarnos, nuestro verdadero idioma. En esas noches de verbena contábamos, sin querer, todo lo que nos había sucedido ese año. Unas parejas bailaban un tanto separadas, a dos palmos uno del otro, pues su matrimonio no andaba bien. Otras, muy pegaditas, intentando ser perdonadas por algo que habían hecho. Otros danzaban con sus bebés en brazos, agradeciéndole a la vida por ese nuevo miembro de la familia. Ese era nuestro verdadero idioma en el Chocó: el baile. Bailando lo decíamos todo. Y tan grabado se me quedó este lenguaje del cuerpo que, hasta el día de hoy, si no bailo me siento amordazada, muda e incomprendida.

Bailando en esas verbenas en medio de los valles y de las montañas éramos todos verdaderamente iguales, porque todos le poníamos por igual el alma y la vida a cada paso. Bailando, como se baila en el Chocó, los pobres ya no éramos tan pobres, ni los negros tan negros, ni los blancos tan blancos.

Después del duro trabajo en las minas, los mosquitos y el calor, las calles llenas de hoyos y las carreteras intransitables, nuestra pobreza no se teñía de odio como sucede en otros rincones del mundo. Simplemente se tornaba más llevadera.

¡Cómo imaginarme que fuera de esas montañas y valles existía un mundo en el que ni bailando se entendía la gente! Un mundo en el que la música no sonaba fuerte porque el silencio que nos imponían para sobrevivir se la comía.

Lo único que nos faltaba en ese ruidoso y musical Chocó, que a mis ojos lucía casi perfecto, eran oportunidades. Por lo demás, esa tierra llena de carencias era un verdadero paraíso para una niña como yo. Cierto que, una vez que la infancia quedara atrás, no había mucho por lo que soñar ni luchar. El único futuro al que podíamos aspirar era a ser maestro, o abrir un negocito en casa y vender lo que pudiéramos, o trabajar en alguna oficina gubernamental olvidada. Si tus padres se doblaban el lomo trabajando, y no tenías muchos hermanos entre los que repartir, y además le pedían un préstamo abrumador a los usureros de turno, serías de los afortunados porque tendrías la oportunidad de salir a estudiar a la gran ciudad.

"Oportunidades", la palabra mágica en todo este viaje en el tiempo, a través de mi vida y mis experiencias. Y para encontrarlas, yo también me tendría que ir muy lejos, en uno de esos avioncitos que tan poco nos gustaban a los chocoanos, rumbo a esas tierras donde nuestra música no sonaba tan fuerte. Pero antes de partir, el Chocó me tenía que enseñar unas cuantas lecciones más, de esas que se quedan contigo toda la vida.

3.

Café, raíces y sangre

Macondo, más que un lugar del mundo,
es un estado de ánimo.

Gabriel García Márquez, *El olor de la guayaba* (1982)

Dicen que una casa es tan valiosa como la gente que la habita, y tan fuerte como sus cimientos. Y la casa donde yo me crie no se apoyaba solo en esos enormes guayacanes que la elevaban sobre el río. Sus dos pilares más fuertes eran, sin duda, mi mamá y mi abuelo: doña Ana Beatriz Chamat García y don Carlos Alberto Chamat Figueroa.

En Istmina, todas las tiendas estaban en la llamada Calle del Comercio, y allí se encontraba la pequeña librería y papelería de mi abuelo, con una bodega detrás, que daba a la quebrada San Pablo, y un cuartito donde él dormía. En la segunda planta de la propiedad, la que sobresalía colgando sobre las aguas de la quebrada, sujetada por los altos postes de guayacán, estaban la cocina y las ocho habitaciones que se mecían al compás del rechinar de los suelos y de las paredes, todo construido de madera.

Cada vez que el río desataba su furia, alimentado por las incesantes lluvias, teníamos que subir todas nuestras pertenencias deprisa, del primer piso al segundo: libros, mercancía, sillas, mesas, lámparas, la ropa y la cama de mi abuelito. Las crecidas del río San Juan me llegaban hasta la cintura, y cuando las aguas retrocedían, nos tocaba limpiar el lodo y volver a empezar, como si nada hubiera sucedido.

Porque mientras nuestros dos pilares estuvieran presentes, ni la peor de las tragedias nos hacía tambalear.

En la casa, además de mi abuelo y mi mamá, vivían conmigo mis dos hermanas, Lizbeth y Beatriz, que son unos años menores que yo, y mi prima Flor. A Flor la crio mi abuela desde niña y luego, cuando faltó la abuela, mi mamá se hizo cargo de ella; así fue como se convirtió en mi hermana mayor. En cuanto a mi padre, su presencia fue siempre distante, y después del divorcio desaparecería de nuestras vidas. Con el tiempo, a la familia de sangre le añadimos a las niñas que venían del campo a estudiar a Istmina y se hospedaban con nosotros. Unas iban, otras venían, y mi madre les brindaba techo y comida en la enorme casa sobre la quebrada siempre y cuando no dejaran la escuela. Todas esas estudiantes de familias campesinas continúan hasta el día de hoy en contacto con mi familia, pero fueron dos los que jamás se fueron: Rubiela, quien se graduó de una licenciatura en la universidad, y William, hermano de Rubiela y el único varón, quien terminó la carrera de contable y vive todavía en Istmina con mi mamá, en su papel de "el hijo que se queda". Si me preguntan cuántos hermanos tengo, siempre dudo: dos, tres… ¡no, cuatro, cinco! Porque para ser familia, lo menos importante es la sangre. Aunque la sangre de los Chamat tiene mucha historia que contar, y personajes que presentar.

Primero empezaré por mi madre, quien resume su largo linaje de nombres y apellidos en dos sílabas: Betty. No necesita más título de presentación, porque le sobran personalidad y carácter. Betty es muy disciplinada, y como madre, siempre estuvo presente en cada instante de nuestras vidas, y lo sigue estando ahora, aunque vivamos en diferentes países. Cuando éramos pequeños, nunca permitió que los momentos difíciles que vivió junto a mi padre nos robaran ni un instante de su tiempo, ni de su cariño, ni de su atención. Betty, aunque lo estaba pasando mal en su matrimonio, nos ayudaba a hacer las tareas y nos llevaba a las fiestas de cumpleaños de los amigos, no se perdía ni una reunión con nuestros maestros y revisaba personalmente nuestra ropa y comidas todos los días.

Lo regañona tampoco se le ha quitado con los años. A Betty le tocó ser la autoridad, a falta de padre presente, y eso, unido a su fuerte carácter, resultaba explosivo. Durante mi adolescencia chocaríamos mucho. Era como si nos miráramos en un espejo: las dos igual de testarudas, firmes y con los argumentos siempre a mano para desarmar al contrincante. Si yo no me callaba frente a ella explicándole las razones de esta o aquella travesura, doña Betty mucho menos. Betty estudió Pedagogía y ejerció de maestra durante muchas décadas en Istmina. Sin embargo, los años le habían otorgado otro título: un doctorado de experta en supervivencia, y nos podía dar clases de vida a todos.

Doña Betty con poco hacía mucho, los dramas familiares más horrendos los reducía hasta que desaparecieran, y nunca permitió que la ofendieran ni que nadie ofendiera a ninguno de nosotros. Era y es una mujer tan práctica y fuerte que si no le celebramos su cumpleaños con velitas y regalitos, no le molesta; si en Navidad no todo es perfecto en la casa, o no ponemos árbol, no le importa. ¡Y eso también lo heredé yo! No nos perdemos en mínimos detalles.

A doña Betty, si te la quieres ganar, tienes que estudiar duro, trabajar con ética y demostrar lo mucho que la quieres con acciones, no con tarjetitas de Hallmark. El orgullo y el amor propio que creo que yo poseo se lo debo a ella, que me enseñó, entre regaños y castigos, a quererme tal y como soy, sin sentimentalismos ni grandes dramas emocionales.

Doña Betty, además de todas esas enseñanzas, me dejó otra lección, posiblemente mucho más valiosa, y la que más me ayudaría en la vida que estaba a punto de emprender y en la carrera que luego elegiría. Mi madre me enseñó desde muy pequeña a nunca sentirme víctima, ni siquiera cuando los que te rodean te quieren ver como tal. Hasta el día de hoy me disgusta esa palabra en cualquier contexto que se use.

Con tres hijas propias y tantas otras niñas que llegaban a vivir a nuestra casa, no había tiempo para criar "víctimas de nada", ni mujeres débiles. Tampoco había tiempo para ir tonteando. Si mi madre nos veía asomadas en el enorme balcón que daba a la calle, sobre la papelería, siempre nos repetía esta frase: "La mujer tiene que ser como la violeta: mientras menos se muestra, más apreciada y más buscada es".

Doña Betty quería asegurarse de que ninguna de nosotras se le descarriara, ni terminara creyéndose las bobadas que ponían en las novelas, en las que enamorar al galán era el objetivo mientras que a ninguna de las protagonistas se le ocurría ir a la escuela.

Y, si a mi mamá le tocó el papel de policía y forjadora de caracteres, a mi abuelo le tocó el de dulce educador. Mis momentos mágicos con don Carlos comenzaban muy temprano, cuando apenas despuntaba el sol. Minutos antes de las cinco, se ponía a calentar el agua para su café. Después mi abuelo salía puntual hacia el mercado para comprar la carne fresca recién picada y el pescado que luego se prepararía para el almuerzo y la cena. Si era sábado, iba a por el plátano, la papa, la yuca y el arroz para abastecernos toda la semana.

A su regreso, el olor del café seguía inundando los rincones, y todos estábamos ya en pie, corriendo por los pasillos, alistándonos para empezar el día. El desayuno consistía casi siempre en lo mismo, y siempre lo devorábamos con el mismo entusiasmo: colada de avena con pan, o con plátano frito delgadito, queso frito y el cafecito que no podía faltar ni siquiera para los niños. Si me preguntan a qué edad tomé mi primer sorbo de café, no lo recuerdo. Solo sé que fue junto a mi abuelo, en esa cocina enorme, mientras lo escuchaba darnos sus consejos o pedirnos que le arrancáramos canas, un trabajo por el que nos pagaba unos centavitos.

Don Carlos sabía que, una vez que nos fuéramos a la escuela, a jugar o a trabajar, ya no nos veía hasta la tarde, así que repartía sus lecciones a esas horas tempranas, alrededor de la mesa siempre llena. Mientras todas ayudábamos a servir los platos, nos hablaba apasionadamente de temas variados. Era un gran maestro.

Algunas mañanas las dedicaba al ahorro y su importancia en la vida, otras al trabajo y cómo nos valida ante el mundo y, algunos días, en esas madrugadas frescas, todavía iluminadas por las lamparitas de queroseno, nos hablaba de hombres, novios, relaciones y de cuidarnos y valorarnos como mujeres. Mi abuelo, junto con la avena, el queso frito y el plátano, nos regalaba otros tres ingredientes en esos desayunos deliciosos que me acompañan en el recuerdo hasta el día de hoy: honestidad, responsabilidad y respeto.

El resto del día, don Carlos Chamat era más bien callado; siempre educado y amable con todo el mundo, pero reservado. Jamás protestó por la actitud de mi padre hacia él, que dejaba mucho que desear. Simplemente esperó pacientemente a que se fuera de nuestras vidas para seguir apoyando a su hija mayor y a sus nietas. Una vez que desapareció su yerno, él continuó como siempre, paciente y amoroso, ayudándonos a terminar las tareas de la escuela, mientras atendía a sus clientes en la papelería.

—Mire, don Carlos, es que el niño necesita estos dos libros, pero ahora no se los puedo pagar… —le decía en voz baja alguna vecina, para que nadie supiera de sus penas.

—Usted no se preocupe, lléveselos y luego vemos —le respondía igual de discreto, y el crédito quedaba apuntado en una libretica debajo del mostrador.

Cuando las señoras se iban, nos enseñaba a envolver regalos y a etiquetar mercancía, a ordenar cuadernos en las estanterías y a sacar de las cajas los útiles escolares para la venta. Con el tiempo, también nos enseñó que la mitad de esos números rojos que anotaba ceremoniosamente en la libreta secreta jamás los cobraría. Simplemente los tachaba y pasaba la página. Si le pagaban, bien, y si no, también. Su corazón era como un borrador gigante, generoso, que borraba deudas a quienes tenían que elegir entre comida o material escolar.

Mi abuelo, a pesar de estar siempre rodeado de tanta gente, era muy solitario. Desde que enviudó, sólo se dedicaba a nosotros y al negocio, y luego se retiraba a su cuartito a descansar. Mi abuela Ilia falleció pocos meses antes de que yo naciera. Murió junto a su hija Jenny Petrona en un accidente, a bordo de uno de esos aviones que tanto nos aterraban, pero que, junto a la peligrosa carretera, eran nuestro único contacto con el mundo exterior.

Después de la tragedia, mi mamá fue la única que se quedó a vivir con él, en esa casa que había levantado con mi abuela y en la que habían criado a todos sus hijos. A la papelería terminarían poniéndole el nombre de Jenny, en honor a mi difunta tía, y a mí me bautizaron con el de su adorada esposa, Ilia. Me cuentan que don Carlos, después de esta gran tragedia, ya nunca fue el mismo. Tal vez por eso era hombre de conversaciones cortas y largos silencios. El dolor lo acompañaba en cada recuerdo.

—Mija, usted tiene el mismo carácter de su abuela —me decía, pensativo, cuando me veía hablar con los clientes—. Sacó de ella la determinación y la seguridad con la que lo hace todo, y lo mucho que impone con su presencia.

Ahora que recuerdo, en esos desayunos maravillosos en los que dejaba sus penas a un lado y conversaba a gusto, mi abuelo también nos contaba infinidad de historias de sus seis hijos, y de cómo, después de enviudar, con ayuda de mi madre, que era la mayor, logró sacar a todos adelante. Mi tío Óscar se hizo médico en la Universidad Nacional en Bogotá, mi tía Aleyda, química farmacéutica en la Universidad de Antioquia en Medellín, Alberto se licenció en idiomas en la Universidad del Quindío en Armenia y Alexis se hizo ingeniero civil en la Universidad Nacional de Medellín. Ninguno de ellos regresó, con la excepción de Óscar, quien trabajó por unos años en Istmina al comienzo de su ejercicio profesional como médico, para luego radicarse definitivamente en Ibagué. Al final, todos decidieron hacer sus vidas lejos del Chocó, en otros rincones del país, donde se enamoraron y formaron sus familias.

A don Carlos no le faltaban proezas ni logros que contar de sus hijos ni de su difunta y amada esposa, pero había un tema que nunca incluía en sus lecciones de madrugada. Poco nos hablaba de sus padres, de sus abuelos o de su infancia. Poco sé de los antiguos Chamat. Solo me consta que su papá, Alberto Chamat, se fue de la casa, dejando a mi bisabuela Celsa sola con sus dos hijos, él y su hermano Óscar.

Con los años, unos familiares pudieron confeccionar un árbol genealógico más o menos acertado, y por eso sé que mi abuelo era hijo de padre sirio y madre afrocolombiana. Mi abuela Ilia era de padre negro y madre mestiza, y su tez lucía más oscura que la de mi abuelo, en quien la herencia árabe era innegable.

Con estos datos, no es de extrañar que en nuestra familia sea difícil predecir a quién se va a parecer el bebé que viene en camino. Entre primos y tíos, entre hermanas y hermanos, los rasgos son tan variados que no tiene sentido compararnos. Y, de hecho, nunca lo hicimos. Los que provienen de familias multirraciales me van a entender: estamos tan orgullosos de pertenecer a tantas y diferentes herencias que no hay una sola que nos emocione en especial. A mi abuelo, como a las otras personas de descendencia árabe, algunos lo llamaban "turco", y a mí me gustaba, como me gustaba escuchar las historias sobre mi abuela Ilia y su imponente negritud. Toc, toc, toc, sonaban sus tacones al entrar a la iglesia y, sin voltear, todos sabían que era doña Ilia.

Algunos de mis tíos son casi blancos, y otros de rasgos muy africanos. Tengo primas hermanas que parecen sacadas del desierto de

Jordania, como mi prima Marien, y mi hermana Beatriz es de piel tan clara que no siempre creen que sea afrocolombiana. Lo más curioso es que nunca nos dimos cuenta de que éramos diferentes entre nosotros mismos porque los mayores nos trataban a todos igual. Nunca escuché hablar de colores y rangos en las fiestas y reuniones familiares. Jamás oí eso de: "Ah, mira, tu prima salió más blanquita", o "Tu primo se ve más mezclado".

Aunque tengo que confesar que los Chamat, como el resto del planeta, teníamos una sola obsesión, una gran debilidad racial: el pelo. ¡Eso sí que era cuestión de guerra!

—Quiero que se vean impecables —nos decía mi mamá cada mañana, entre fuertes estirones y decenas de productos que me ponía para lograr que mi mata rebelde, africana y crespa, luciera perfecta en una cola imposible.

—Mira tu prima qué bien peinada, mira tu hermana con esa trenza. —La cantaleta no solo sonaba en mi casa, sino en todos los hogares de Istmina, y en todos los del Chocó.

El peinadito más popular, con el que todas las madres nos torturaban, era el de la raya más recta y centrada jamás vista que partía la melena en dos, luego dos colas agarradas con dos cauchitos tan tensos que no podíamos ni pestañear, para terminar esas colas en sendas trenzas atadas con otros cauchitos en las puntas, sin que quedara un pelo libre. ¡Ni uno!

Afortunadamente, el drama chocoano del cabello solo me afectó en mi temprana adolescencia, cuando salí del Chocó y me enfrenté a un ejército de niñas de pelo lacio, largo y sedoso, en la blanca Medellín. Pero pronto superé este trauma, y desde jovencita empecé a dejármelo crespo cuando me provocaba, algo que les molestaba a mi mamá y a mi tía. Cuando me convenía, me lo alisaba. Hasta la fecha me peino como me resulta más cómodo, sin dramas. Para mí, ahora es más fácil llevarlo liso para el trabajo, porque me toma menos tiempo alisarlo que peinar los rizos; y así lo llevo, sin complejos escondidos. Tengo claro que mi negritud no depende ni del color con que me lo tiño, ni del corte que elijo, ni de las ondas que me dejo.

Pero, aparte de la pesadilla del cabello, el asunto racial nunca nos quitó el sueño a los Chamat. Estábamos acostumbrados a ser simplemente Chamat, los de la papelería Jenny, los de la Calle del Comercio, los hijos y nietos de don Carlos. Y con eso nos bastaba.

Durante mi niñez, mi abuelo, el patriarca, se volvería a enamorar. Esta vez lo haría de una mujer un poco más joven que él, que tenía un hijo adulto que andaba en malos pasos. Una mañana, envalentonado por las drogas, el joven quiso matarlo, celoso de que su madre ya no le diera dinero para su vicio. Mi abuelo alzó el brazo y alcanzó a detener el machete que iba derecho a su cuello. El filo metálico le rebanó la carne y le quebró los huesos del antebrazo. El hijo de la novia huyó asustado, gritando por todo el pueblo, "¡Maté a Carlos Chamat!", mientras llevaban a mi abuelito al único hospital que había en Istmina.

La noticia se regó como la pólvora: "A don Carlos Chamat casi lo matan, y se está desangrando". Los vecinos, uno a uno, y sin que nadie los llamara, comenzaron a llegar a la puerta del centro médico a ofrecer su regalo de vida. Fueron tantos los donantes de sangre que es imposible recordar todos sus nombres y agradecéselo. Sangre blanca, negra, mezclada, indígena y hasta árabe de algunas familias libanesas que también son parte de la historia de Istmina. Todas se unieron en un mismo intento. Una vez que lograron detener la hemorragia y estabilizarlo a base de transfusiones, lo volaron en avión-ambulancia a Medellín, donde le pudieron salvar el brazo y la vida tras una larga operación.

Esa no era su hora, y no sería hasta varios años después cuando don Carlos se despediría de este mundo. Mi viejito padecía de arterioesclerosis, fumaba y no cuidaba lo que comía, así que la implacable enfermedad empezó a apretar a su enorme y noble corazón hasta que dejó de latir. Yo lo alcancé a ver justo cuando se lo estaba llevando la ambulancia en el que sería su último viaje al hospital. Allí, junto a su lecho, le escuché decir: "Díganle a Ilia que se vaya, díganle que se vaya". Pronto nos dimos cuenta de que se refería a mi abuela, y no a mí. En sus sueños, su amada esposa había regresado a buscarlo. Él, a sus setenta y siete años, no se quería ir todavía, aferrado a lo poco que le quedaba de vida y aferrado a su sueño de vernos realizadas y graduadas de la universidad. Una vez que lo subieron en la camilla para meterlo en la ambulancia, le abracé sus piernas y él me acarició torpemente la cabeza. Sus últimas palabras fueron: "Voy a estar bien, mijita".

El 21 de mayo de 1989, con la muerte de don Carlos Chamat, el mundo se derrumbó para todos nosotros. Hasta hoy, es la pérdida más grande que he tenido en mi vida y el vacío más profundo que he sentido en mi corazón. A mí, que era todavía una adolescente a punto de terminar la secundaria, me resultaba imposible imaginarme la vida sin él.

Han pasado más de treinta años desde su partida, y cuando he regresado a Istmina, me encuentro a alguien que me vuelve a contar la historia del machete y los celos, y que siempre termina su relato con estas emotivas palabras: "Y entonces yo le doné sangre ese mismo día". La sangre de toda Istmina en una sola, como pacto sellado para recordarnos que todos, sin excepción, somos mezclados, de un modo u otro, porque todos somos chocoanos.

Para nosotros, "mezclado" no significa mestizo, mulato o simplemente blanco y negro. La mezcla es algo mucho más grande, más rico y complejo, que llevamos con mucho orgullo. Con tanto orgullo y tanto honor como el que sintió don Carlos al regresar de sus operaciones al pueblo, con un poquito de la sangre de cada vecino en su cuerpo.

Al morir mi abuelo, la Papelería Jenny pasó a manos de mi mamá, y recientemente la terminaría comprando William, nuestro hermano del alma, quien luego la traspasaría a otro local y le cambiaría el nombre a Papelería Doña Betty. Pero, de una manera u otra, la saga y la mezcla siguen en el pueblo, donde mi árbol genealógico continúa echando raíces como los guayacanes que soportaban la vieja casa de madera, clavados en las aguas del río.

Sin embargo, esas raíces y esas mezclas no bastarían para anclarme, por muy ricas y profundas que fueran y que todavía son.

—Mamá, me voy a Medellín —le dije a doña Betty al cumplir los diez años y terminar la primaria—. Quiero seguir estudiando en la ciudad.

Yo tenía claro que las grandes oportunidades había que salir a buscarlas, y a mí ni el rico olor a café en las mañanas ni esa enorme casa de madera donde la vida tenía tanto sentido me iban a retener. Sabía que todo eso me lo llevaría en mi corazón donde fuera, pero que era tiempo de emprender vuelo.

Claro que tal vez no estaba tan preparada como yo creía para enfrentar al mundo exterior, donde el café se vende en sobrecitos instantáneos, el ladrillo sustituye a la madera y a nadie le importa quién sea tu abuelo ni la sangre que corre por tus venas.

4.

Caballo negro

Ahora comprendes
por qué mi cabeza no se inclina.

Maya Angelou, "Mujer fenomenal"

El vacío en el estómago no me dejaba ni tragar saliva, y no era precisamente por los botes que dábamos en el avión, en plena turbulencia. Esa sensación tan desagradable comenzó ya en la mañana, cuando emprendimos camino al aeropuerto de la vecina Condoto, por esa carretera de curvas y piedras, para tomar el vuelo que me llevaría a mi nueva vida.

"No quiero estudiar en el pedagógico para ser maestra, ni en los bachilleratos vocacionales para ser secretaria o modista". Le imploré a mi madre. Esas eran las pocas opciones que había en Istmina, y a mí ninguna me llamaba la atención. Mi corazón curioso soñaba con otras aventuras, y a mi familia no le quedó más alternativa que ceder e inscribirme en una secundaria en Medellín. En el Chocó, tierra abandonada por el estado y a la que se le asignan pocos recursos que terminan siendo saqueados por los corruptos, la calidad de la educación se veía afectada enormemente. En cambio en Medellín cursaría un bachillerato regular que me ofrecería mejores bases académicas para entrar luego en la universidad. Todavía no sabía qué carrera me gustaba, ni a qué me dedicaría de grande, pero intuía que sería algo diferente. Estaba segura de que mi vocación no se aproximaba a ninguno de los estudios que impartían en mi querido pueblo.

En Medellín, viviría con mi tía Aleyda, hermana de mi mamá. Era mi tía más cercana, con la que yo tenía más confianza. Pero ni su imagen esperándome con los brazos abiertos, junto a mis cuatro primos y su esposo, me calmó esa sensación de vacío que jamás había sentido antes. Desde la ventanilla del avión, mirando los bosques y ríos que tapizaban mi querido Chocó, quería que el aparato diera una vuelta de ciento ochenta grados, como en las películas, y regresara al aeropuerto de Mandinga, desde el que habíamos despegado. Mi mamá, a mi lado, permanecía en silencio. Su hija mayor se le iba, ¡y todavía era una niña! Doña Betty respetaba mi decisión, aunque le doliera. ¡Las dos éramos igual de firmes y testarudas! Y al final, como en muchas familias de escasos recursos, la esperanza se pone en el hijo mayor, y esa era yo.

Al llegar a nuestro destino, la desazón se duplicó. ¡Cómo iba yo a despertar cada día lejos de mi abuelo! De repente, aquella casa de madera, sus olores y sus ruidos, me hicieron mucha falta. Desde el queroseno al café, hasta la libertad de poder salir a la calle a jugar sin miedo a que te atropellara un carro. En la nueva ciudad extrañaría hasta los regaños de mi mamá. ¡Y qué decir de la música y las fiestas! En Medellín, pronto descubriría que las únicas fiestas eran las de cumpleaños, donde sonaba el *rock* de los ochenta cantado en inglés, mientras yo me moría por dar unos pasitos de salsa.

En toda mi vida, solo he vuelto a sentir dos veces más ese vacío en mi alma, y una sería, como dije, muchos años después, cuando perdimos a mi abuelo para siempre. El tercer gran vacío se presentaría cuando le tuve que decir adiós a Colombia para mudarme a un nuevo país.

Por suerte, en aquel primer gran viaje a Medellín, mi mamá se quedó conmigo unos días para comprarme los uniformes, los libros y todo el material que me habían pedido en el nuevo colegio. La mañana antes de irse, me dejó dinero en un sobre y acordó con mi tía que le enviaría una cantidad mensual para cubrir mis gastos.

Al verla partir, el vacío se convirtió en angustia. ¡Quién me mandó hacerme la valiente! ¡Con lo feliz que vivía yo nadando en mi río San Juan y recorriendo mis calles de arriba abajo! Esa angustia que sentía ascendió al grado de desolación cuando pisé por primera vez el Colegio de la Presentación, un centro católico de muy buena reputación regido por monjas estrictas, y en el que yo sería la única alumna negra, o mezclada. Creo que había otra en el último curso, pero pronto se graduó y se fue. Entre tanto nuevo rostro, mis ojitos de niña solo se fijaban en la diferencia del cabello: todas mis compañeritas lucían melenas largas y lisas, ondeando al viento, mientras yo tenía que seguir con mis moñitos, trenzas y colas, que yo misma tuve que aprender a hacer cada mañana. En mi nuevo colegio, las reglas de presentación personal eran muy exigentes, y no aceptaban cabezas desaliñadas.

Con una jardinera azul oscuro, de falda y pechera pegadas, camisa blanca y medias azul oscuro, llegué mi primer día, y no pasé desapercibida. Mi color, mi estatura mucho más alta que la media y el acné que empezaba a aflorar en mi rostro no me ayudaron para nada. "La nueva" no solo era nueva, sino negra, grandota y con granos. ¡Lo que hubiera dado por volver a esa casa sobre la quebrada y a los constantes regaños de mi madre! Ni el peor de los momentos en mi querida Istmina se podía comparar a esos primeros días de sexto grado en la gran ciudad, entre tantas niñas a quienes yo les recordaba a las empleadas que tenían en casa. Si yo ya era callada y medio reservada por naturaleza, aunque nadie me lo crea ahora, durante ese primer año en Medellín me volví doblemente introvertida. Nadie me hablaba en el salón, y yo no sabía si era por ser la nueva, por ser diferente o porque yo misma me refugiaba en mi silencio tímido. Un silencio recién estrenado para mí. Por instinto, creo que todos aprendemos que el mutismo, en cierta manera, nos protege en entornos donde nos sentimos en peligro, como hacen las gacelas en la selva para no caer en las garras del león. ¡Qué curioso! Nosotros, los humanos, recurrimos inconscientemente a este mismo silencio que nos salva el pellejo pero que a la larga nos hace daño. Y yo, en mi uniforme escolar, iba a adoptar los pasos de gacela; así, calladita, observaría y vigilaría, mientras descubría quiénes serían mis verdaderas amigas.

Pero ni ese silencio que nos hace casi invisibles logró salvarme de alguna que otra mirada, cuchicheo o algún que otro desprecio que yo intentaba ignorar.

Tal y como me había enseñado mi mamá, no iba a ser víctima de ninguna situación, aunque otros se empeñaran. No me iba a rendir porque, podría ser la única negra en esa escuela, pero más allá de los muros del colegio, en las ocupadas calles de Medellín, yo no era la única que luchaba por ganarse las oportunidades. Esas benditas oportunidades que yo misma había llegado a buscar desde tan lejos.

Cada mañana, en el trayecto a la escuela, subida en una camioneta con un conductor que recogía a seis o siete niñas más para llevarnos puntuales a clase, yo observaba atenta la ciudad: del barrio de clase media donde vivíamos, de calles amplias y edificios de ladrillos naranjas, con viviendas arriba y algunos con tiendas de barrio abajo, pasábamos a las enormes avenidas bordeadas de casas gigantescas, carros lujosos y vigilantes en algunas de las puertas. En ambos barrios veía a las señoras blancas bien vestidas y a las señoras de servicio, nanas y empleadas del hogar, que eran como yo: negras, mezcladas, mestizas y algunas de piel blanca que venían del campo, donde también carecían de oportunidades.

En cada parada de la camioneta, intentaba fijarme en los rostros de todas esas mujeres que caminaban desde temprano con los uniformes bien planchados, arrastrando pesadas cestas de la compra o empujando carritos de bebés. Mi juego consistía en intentar adivinar de dónde venían: ella es del Chocó, ella del norte de Antioquia, ella de la costa Atlántica. Seguro que para mis compañeras, todavía adormiladas en la camioneta rumbo a la escuela, todas se veían iguales. Para mí, cada una era especial y diferente, y me preguntaba si extrañaban tanto como yo sus casas de madera, el olor a café, las verbenas de sus pueblos y el alboroto de la chirimía.

Por suerte pronto hice un par de aliadas en clase que me ayudaron a sentirme un poco más como en casa. Daisy y Giomar eran mellizas, muy estudiosas, directas y poco amigas de participar en esos típicos grupitos de niñas que se forman en las escuelas. Las dos hermanas eran tan fuertes de carácter como yo, pero calmadas y serenas. Las tres organizamos un pequeño equipo de estudio en el que ellas estudiaban más que yo. Después se nos unieron nuevas compañeras, de personalidad más rebelde, como la mía: las hermanas Mónica y Olga Marcela, y la siempre divertida Ángela. Entre las cuatro construimos una amistad sincera que perdura hasta el día de hoy.

Para mi grupo, yo era simplemente Ilia, pero para muchas otras niñas en la escuela, aunque nunca me lo decían, podía leer en sus ojos que yo nunca pasaría de ser "la negra" o, en el mejor de los casos, "la provinciana".

Bueno, hubo una alumna que sí me lo dijo fuerte y a la cara, y jamás se me olvidó. Fue la primera vez que alguien me insultó por ser quien soy y como soy. Creo que, como toda primera vez, jamás se olvida, por mucho que la queramos minimizar o quitarle importancia. Es como la primera vez que te dicen que Santa Claus no existe, o la primera vez que te sacan un diente, o la primera vez que te deja un noviecito. Duele, y algo frágil se rompe para siempre dentro de ti. En mi caso, lo que se rompió fue la inocencia de creer que, aunque lo pensaran, nunca me lo iban a decir con palabras, como muchos años después me lo diría Chris Barker desde su bastión del Ku Klux Klan. Como escribió Maya Angelou: "La gente olvidará lo que dijiste, olvidará lo que hiciste, pero nunca olvidará lo que le hiciste sentir". Y lo que esta niña me hizo sentir dejaría una marca imborrable en mi memoria.

Ese día, recuerdo que estábamos en la fila de actos cívicos, en las escaleras del patio de recreo del colegio donde había un almendro inmenso que nos daba sombra. Yo pasaba para formarme en mi puesto, y la escuché perfectamente:

—¡Uff, negro ni mi caballo!

La estudiante que lo dijo acompañó su comentario con un brinco hacia atrás, como si yo la fuera a rozar y a contagiar de alguna enfermedad mortal.

Me sentí mal, muy mal, y por un segundo no supe si seguir caminando o voltearme a verla. Rápido, reaccioné y continué hacia adelante, ignorando por completo lo que acababa de escuchar. *Esta pobre niña...* fue lo único que me vino a la mente, y preferí no decir nada. La muchacha del comentario funesto tenía diecisiete años, y era mucho más alta que yo. ¡A mis once recién cumplidos, y siendo la chica nueva, tenía todas las de perder!

Con la cabeza en alto y haciéndome la sorda, me puse en la fila con las niñas de mi clase y no le conté a nadie lo que me había ocurrido.

A la mañana siguiente, otra vez en esa camioneta que paraba de tanto en tanto para recoger a las otras estudiantes en ruta al colegio, volví a fijarme en las empleadas domésticas que entraban y salían, afanosas, de las tiendas y de las mansiones. *Seguro que eso que me dijo lo escuchó en su casa,* pensé, sin poder olvidar las palabras de la grandulona. Había algo dentro de esos hogares conservadores que me decía que muchos en esa ciudad nos veían como diferentes, y eso me hacía sentir muy sola. *Para qué le voy a contar esto a mi mamá, si está tan lejos, y se va a preocupar*, me dije, dispuesta a pasar página y no rendirme. *Además, qué más puede hacer; bastante se está sacrificando ella para que yo pueda estudiar aquí.* De esta manera, decidí cargar este sentimiento solita y en privado.

En los siguientes cinco años que permanecí en el Colegio de la Presentación, debo aclarar que nunca más se repitió una escena como esta. Mi carácter empezó a florecer y, sin duda, me sentí respaldada por mi grupo de buenas amigas. No iba a tolerar que alguien más me dijera algo parecido. Mi manera de caminar y mi actitud en general empezó a cambiar y a comunicar un mensaje muy claro: "Cuidado, conmigo no te metas, seré calladita pero no tonta". Sin embargo, con o sin actitud, siempre estaba presente ese rechazo sutil, difícil de explicar. "No les parés bolas… tan linda y tan inteligente que sos", me animaban Mónica, Olga Marcela, Ángela y las mellizas.

Con los días, lo sucedido aquella mañana en la fila de actos cívicos lo puse a un lado, lo reduje cuanto pude en mi mente, como me había enseñado mi mamá a hacer con todos los dramas en nuestras vidas. Lo metí en un cajón, en ese cajón del silencio, y le resté importancia. Durante muchos años me mentí a mí misma, y hablaría de la discriminación como si nunca me hubiera afectado a mí directamente. Siempre pensé que quien discrimina tiene un problema, pero me tomó largo tiempo comprender que el problema también es de quien es discriminado y no reacciona.

En mi defensa, alegaré que no había donde ir a quejarse en aquellos años. ¿A las monjas? ¿A las mamás de las otras niñas? Hoy es distinto. Si te sientes acosado tienes donde acudir, tienes quien te escuche y quien te respalde; tu voz tiene un eco. Además, en ese momento yo pensaba que Medellín era su territorio y mi tierra quedaba lejos. Como si fuera una extranjera en mi propio país. Quienes han inmigrado o se han mudado de un pueblo a la gran ciudad me van a entender. Sin embargo, por ironías de la vida, sería Medellín la ciudad que luego me regalaría mi primera gran oportunidad, y que me aceptaría tal como soy dentro de todos esos hogares que tan inhóspitos me resultaron en esos primeros años.

Pero hasta que el mundo cambiara, y durante ese primer curso de secundaria en Medellín, recién estrenada la década de los ochenta, me enfoqué en seguir los cánones de "buena niña": no te quejes, no los escuches, no lo cuentes, no los enfrentes. Tanto lo reduces y lo entierras en tu cabeza, que te crees que nunca sucedió. Luego, en el futuro, mientras avanzaba en mi profesión, me preguntarían: "¿Has sufrido discriminación?". Mi respuesta siempre sería: "No, yo no, nunca, nada grave, solo cosas anecdóticas". Hoy, como mujer adulta que soy, ya me atrevo a enfrentar y sopesar las consecuencias que una mala palabra o una mala mirada pueden ocasionar en nuestros corazones y en la sociedad. Hoy, ese cajón del silencio ya se abrió para mí, y más adelante, en este relato, contaré cómo y por qué.

Ahora, admito que el silencio y ese sutil arte de ignorar y minimizar lo que te hace daño sirve solo hasta que se te rebosa la taza y no puedes más, o hasta que eres madre y explotas, como un día explotaría yo.

Antes, repito, yo evadía, esquivaba. Hoy, lo puedo decir sin temor, le doy la cara al monstruo del odio y lo busco para mirarlo de frente, como busqué a Barker y lo miré a los ojos en esa entrevista con la que empecé mi relato.

Con excepción de este episodio de la niña venenosa y algún que otro más o menos desagradable, mi vida de estudiante en Medellín no era tan mala. En casa de mi tía me cuidaban y me hacían sentir muy querida. Nunca me faltaba nada, y en mis regresos a Istmina, durante las vacaciones, me convertía en "la chica interesante". Llegaba con mis ropas de la ciudad, para la admiración de mis vecinas, y con mis casetes de las nuevas canciones de Menudo. Con botas, camisas bombachas, los *jeans* de Menudo, el labial de Menudo y el bolsito de Menudo, cantábamos todos los éxitos del grupo sensación del momento y hasta nos aprendíamos sus coreografías. El baile, una vez más, nos unía en una gran conversación en la que todos nos entendíamos de maravilla entre calles con hoyos, perros flacos y casitas medio derrumbadas.

Inevitablemente, cuando las vacaciones se terminaban, volvía ese gran vacío a mi pecho, porque llegaba la hora de decirles adiós a mis hermanitas, a mi abuelo y a mi mamá. Sin querer, en ese avión que nunca me gustó y que me sigue dando miedo, mi mente sacaba del olvido aquellas detestables palabras: *negro ni mi caballo*. Yo cerraba los ojos e imaginaba esos caballos de pelo azabache que corrían libres por los valles del Chocó que observaba desde la ventanilla. Corceles negros, salvajes y brillantes como la noche.

Precisamente indomable es como yo regresaría muy pronto a Istmina, para disgusto de mi mamá. Me iban a dar un ultimátum en esa escuela de monjas en la que yo ya había empezado a dar rienda suelta a mi rebeldía. A punto de cumplir mis quince, me disponía a estrenar la etapa más desobediente de mi vida.

5

Rebelde

Si te dan un papel pautado, escribe por detrás.

Juan Ramón Jiménez

—Mamá —llamé a Istmina sin el mínimo remordimiento— tengo que volver al Chocó. Las monjas dicen que no me recibirán el año que viene.

En la mano llevaba la carta que habían enviado del colegio a la casa de mi tía: debido a mi mal comportamiento, no me permitirían renovar mi inscripción, para gran bochorno de mi tía Aleyda, quien fue la que me recomendó en un principio para que me aceptaran en tan solicitada escuela.

—Ilia, estamos en octubre, te queda un mes para la graduación de tu décimo grado. Termina y veremos qué hacemos luego. —Doña Betty intentó inútilmente infundir un poco de sentido común en mi cerebro desatado.

—No, si no me quieren ver más en su colegio pues no vuelvo; me voy para Istmina mañana mismo —me negué rotundamente.

El jueguito se me había terminado. Llevaba meses de pura rebeldía, consumiéndoles la vida a las monjas y a mi tía. Me pegó la adolescencia, ¡y me pegó muy duro! Nunca me gustó que me dijeran lo que debía hacer, y ahora, con las hormonas alteradas, mucho menos.

Había mañanas en las que despertaba y decía, "No voy al colegio", y no iba. No era por vagancia o porque no me gustara estudiar, pues me encantaba. Era porque no me daba la gana, porque me sentía diferente e, irónicamente, indiferente. No me identificaba con nada en mi entorno, donde la mayoría de las estudiantes parecían tan perfectas y obedientes. Tantas reglas me abrumaban, y mis hormonas de adolescente no me daban tregua. En aquel momento no entendía lo que pasaba en mí. Era consciente de que estar en ese colegio era un privilegio académico que muchos desearían tener, pero por muy buen lugar que fuera, no iba con mi personalidad ni satisfacía las preguntas que me hacía sobre Dios, el pecado, el castigo o el hecho de tener que confesarme con los curas y tener que pedir perdón ante otro ser humano que cometía errores como todos.

Todo empezó a molestarme: que si la falda de la jardinera tenía que quedar cuatro dedos por debajo de la rodilla, que si las medias o calcetas tenían que subir hasta la parte inferior de la rodilla, los zapatos solo podían ser azules o negros y la camisa blanca hasta el codo. Y los accesorios de pelo y bolsos no podían ser de ningún color brillante.

A tanta regla, mi rebeldía se ponía a mil. En los cambios de clase me escapaba de la escuela con otra amiga. "Ay, mire, que tenemos que salir a comprar algo para el proyecto de ciencia". Le mentíamos a la dulce portera, la señora María, quien casi siempre nos creía, y así agarrábamos calle. Corríamos libres hasta el centro comercial, y allá paseábamos felices, sin preocupaciones y sin pensar que estábamos haciendo algo malo. Embobadas, mirábamos las vitrinas decoradas con bolsos caros, zapatos de lujo y joyas que jamás soñábamos poder comprar. No llevábamos plata ni tampoco sufríamos por eso. Con mirar e imaginar era suficiente.

Al regresar a clase, dejaba los exámenes en blanco. A la salida, la hermana Javier nos esperaba con el sermón, hecha una fiera, impotente ante este par de niñas "descaradas", como ella nos llamaba. Cuando la portera se ponía avispada y no había manera de burlarla, nos quedábamos en nuestros pupitres, maquinando la travesura de turno: nos poníamos cinta adhesiva roja en las uñas para simular que las llevábamos pintadas con esmalte, algo totalmente prohibido. Con esparadrapo, le subíamos el ruedo a la falta del uniforme para hacerla más corta.

Y esa rebeldía no se limitaba a las horas de colegio. En casa de mi tía Aleyda, también hacía de las mías. Recuerdo la fiesta que me organizaron para celebrar mis quince años, totalmente en contra de mi voluntad. Mi mamá voló expresamente para encargarse de los preparativos, y yo simplemente desaparecí en cuanto tomaron las fotos oficiales con el pastel, al principio de la celebración. Me escapé, así sin más, con mi amigo Germán, y los dejé plantados a todos con globos, comida, música e invitados. Esa fue mi venganza por haber montado esa fiesta que yo no quería. A mí nunca me ha gustado que me celebren, aunque soy la primera en decir sí para celebrar a los demás.

Retar a la autoridad era mi nuevo *modus operandi*, sin motivo aparente, aunque seguro que lo había. Siempre lo hay, simplemente nos cuesta aceptarlo.

Por esa época, mis padres se estaban divorciando, y la noticia me afectaba, a pesar de que doña Betty intentara protegernos y minimizar el impacto en nuestras vidas. Otra vez, el silencio aparecía en casa y en nuestro entorno para evitar hacer las heridas más profundas. Yo, al igual que ella, hacía de cuenta que esa herida inevitable que deja toda separación no me dolía. Hasta el día de hoy me cuesta admitir que nuestra situación familiar, sumada a mi experiencia de "extranjera" en Medellín, más el efecto siempre impredecible de las hormonas, me hicieron tambalear. Tal vez todos estos factores influyeron más de lo que yo calculé.

De regreso al Chocó, y a pesar de la soberbia y testarudez, y del sentimiento de derrota con el que bajé del avión, todo me sabía a gloria: mis calles, mi gente, mi música, mis tradiciones en las que todos bailábamos al mismo son. Vi y sentí la esencia de mi pequeño Macondo más negra que nunca. ¡Jamás me lo había planteado antes, ya que los niños no se plantean esas cosas! Ahora, con ojos nuevos y más adulta, Istmina lucía negra y despampanante. La veía y la sentía negra, como mi piel y mi pelo, y la disfruté en cada fiesta y en cada paseo por sus calles y quebradas. Ni el calor inhumano que pasábamos bajo el techo de zinc, durante el tedioso turno de la tarde en mi nueva escuela del pueblo, ni el profesor Bonilla, director de disciplina, que nos vigilaba sin descanso, lograban amargarme el regreso a casa.

Durante mi infancia nunca me había parado a pensar de qué color era mi vida, porque, como dije, en mi familia tan mezclada no se hablaba de razas. Y en las calles y en los barrios, hasta los pocos blancos que había se sentían negros. Ser negro en el Chocó no era tanto cuestión de piel, sino cuestión de una historia de escasez y abandono compartida. Y yo, a mi feliz regreso, decidí reconectar con mis raíces africanas.

Mi mamá también estaba feliz de tenerme de regreso, a pesar de mis frecuentes desplantes y desafíos. Porque yo quería entrar y salir por la puerta a mi antojo, y que nadie me impusiera horarios ni responsabilidades.

Como aquella primera noche en la que decidí escaparme a la discoteca El Propio. Según las reglas de mi casa, a los diecisiete años todavía no estaba en edad para ir a una discoteca a bailar. Así que no tuve más remedio que volarme. Me fui sin avisar.

Al llegar a la disco, todos me conocían; en su mayoría eran vecinos y amigos de infancia. Uno de ellos se fue temprano y se cruzó con mi mamá por la calle. No tardó en informarle de mi paradero a esas horas, y ella decidió encaminar sus pasos hacia el ruidoso y medio oscuro lugar. La noticia de doña Betty buscando a la hija por dentro del club se regó como la pólvora, y los meseros intentaron advertirme: "Llegó tu mamá, llegó tu mamá". No me dio tiempo de esconderme.

Cuando quise pararme y correr, allí estaba ella, enorme y poderosa, furiosa y ofendida, plantada frente a mí.

—¿Quién te dio permiso para estar acá? —fue todo lo que dijo.

Esas siete palabras y su mirada fulminante fueron suficientes para que yo, con mi cara bien estirada, tragándome la rabia, enfilara hacia la puerta y no me detuviera hasta llegar a casa.

Los castigos llegaron de inmediato: semanas sin salir, suelos que barrer y tardes enteras sin televisión ni visitas a las amigas. Mi mamá nunca recurría a los golpes, y aunque lo hubiera hecho, yo no hubiera claudicado. Esa batalla madre-hija no se iba a solucionar ni con la intervención de las Naciones Unidas. Solo el tiempo y la madurez sellarían el tratado de paz y amor del que hoy disfrutamos las dos como adultas.

En esos días de conflicto bélico familiar, el único que parecía comprender mi rebeldía era mi abuelo, y lo disfruté muchísimo. Seguro que tampoco aprobaba mis arranques, pero sus abrazos y sus palabras surtían buen efecto en mí. "Cálmese mija, yo la entiendo, pero usted también tiene que entender a su mamá", me explicaba con infinita paciencia. "A ella le toca muy duro y quiere hacer de ustedes unas mujeres de bien".

En pleno drama de adolescencia, don Carlos volvió a ser mío, todo mío, durante esas tardes en la papelería, después de la escuela, o en esas conversaciones mágicas del desayuno. Aunque a don Carlos le tocó hacer un poco de padre incluso desde antes de que mi mamá se divorciara, él disfrutaba más siendo abuelo, y como abuelo, nos escuchaba, nos comprendía y jugaba a la perfección su papel de árbitro reconciliador en una casa llena de mujeres.

Esos dos años bellos y revoltosos pasaron rápido, y pronto llegó el principio del verdadero final de mis días en Istmina. En poco tiempo partiría para la universidad, de vuelta a Medellín y al mundo exterior. Solo que en esta ocasión no habría marcha atrás. Todos estábamos creciendo, comenzábamos a volar fuera del nido, y el abuelo entraría en la recta final de su vida.

Además, esta vez Medellín me esperaba con otra canción muy diferente. La misma ciudad en la que me señalaron por ser negra me iba a abrir puertas, precisamente por mi negritud.

6

El tono perfecto

Para mí, el desafío no es ser diferente,
sino ser consecuente.

Joan Jett

—Trabajo social —respondí cuando me preguntaron qué estudios universitarios elegiría.

Me resultó fácil inclinarme por esta carrera que encajaba a la perfección con toda mi inconformidad y rebeldía, y con lo que había aprendido en mi casa: luchar por los más necesitados.

Todavía no estaba segura de mi verdadera vocación, pero al menos tenía claro que sería algo en lo que pudiera ayudar a quienes no son tan afortunados. Nunca dejé de cuestionarme la desigualdad social, desde los emberá a las mazamorreras, a las mestizas y negras que trabajaban como empleadas domésticas y que caminaban por las calles de Medellín.

Siempre veía esa división de mundos, en algunos lugares más acentuada que en otros. Diferencias que me despertaban tanta curiosidad como dudas. Era la realidad de finales de los ochenta y comienzos de los noventa en cualquier ciudad colombiana. Los que nada tenían caminaban hombro con hombro con los que lo tenían todo en exceso, por las mismas aceras y las mismas avenidas. La pregunta era inevitable: ¿Por qué estos tienen comida, educación y salud, y estos otros no?

Comprendo y respeto el hecho de que el que tiene algo en la vida es porque trabaja muy duro, se ha preparado o toma riesgos. Es lo que también me enseñaron en casa: el que tiene es porque se lo gana. Creo ciegamente que el éxito es de quien se lo trabaja, y que no hay que regalar nada. Pero todo ese esfuerzo y esa dedicación jamás darían frutos si no se nos brinda una oportunidad primero. La clave está en las oportunidades que no a todos se les presentan. Yo veía familias enteras que, ni trabajando duro, ni soñando con optimismo, podían aspirar a algo tan básico como el acceso a la escuela o a un doctor.

En aquella década Colombia era, y continúa siendo en el siglo XXI, una sociedad tan clasista como racista. Es un fenómeno que se repite por todo el mundo: la piel parece aclararse con el dinero. ¡Qué tristeza! Clase y raza se enredan en un círculo vicioso: si eres de color, tienes más probabilidades de nacer en un hogar pobre, por lo tanto, tendrás menos oportunidades a tu alcance para hacer dinero y, por lo tanto, permanecerás pobre. Tus hijos nacerán pobres y lo tendrán igual de difícil, y así vuelta a empezar. Como la gallina y el huevo: ¿qué fue primero, la pobreza o la raza? Este extraño baile de clases y oportunidades me inquietaba, y más ahora que ya estudiaba cursos más avanzados en la universidad. ¿Qué nos separa? ¿Qué nos hace tan diferentes?

Esa pregunta se hacía cada vez más presente en mi realidad, con tan solo mirar lo que me rodeaba, y recordando de donde venía yo, de esa tierra donde raza y pobreza se fusionaban en un solo baile.

De la misma manera, me cuestionaba otras cosas, como las reglas que mi familia me imponía para salir o entrar en casa, o las que la sociedad dictaba para ser niña de bien. Tener que ir a reuniones sociales, casarse recién graduada de la universidad, antes de los veinticinco y de blanco, y tener hijos. Mi fuerte carácter ponía en tela de juicio esas y otras normas cómodamente establecidas. Yo sentía que cada persona debía elegir qué hacer en su vida y cuándo, porque todos somos diferentes y tenemos sueños diferentes y expectativas diferentes. No comprendía por qué se empeñaban en aplicar los mismos planes a todos, sin espacio para protestar.

Y ahora, en mi nueva etapa en Medellín, y ante tanta duda y dilema, le correspondió darme hospedaje al hermano menor de mi mamá. ¡Pobres tío Alexis y su esposa Dollys! Bastante tenían con criar a su primogénita todavía bebecita, mi prima Tatiana, como para lidiar conmigo y mis tribulaciones.

Por suerte, yo ya iba camino de los dieciocho, y no era necesario que me vigilaran y cuidaran como a una inocente adolescente. Finalmente, había entendido que, si quería presumir de indomable e independiente, tenía que ser igualmente responsable. Así que continué haciendo lo que quería, pero esta vez sin fallar en los estudios. Ya era muy consciente de lo costosa que resultaba la matrícula de mi universidad y de todos los esfuerzos que hacía mi mamá para pagarla. Doña Betty tuvo que sacar incluso un préstamo para completar la cantidad para que yo me pudiera graduar algún día.

Mis hermanas en Istmina jamás se mostraron celosas porque a mí se me permitió estudiar fuera, mientras ellas se quedaban en las escuelas locales. Siempre les he agradecido que no se quejaran y me apoyaran en todas mis aventuras. Nuestra madre se sacrificó antes y volvía a hacerlo para poder costearme esta carrera en la Universidad Pontificia Bolivariana (UPB), por lo tanto, era hora de poner toda esa rebeldía a trabajar para que doña Betty pudiera respirar un poco más tranquila, y mis queridas hermanitas también. Sin pensarlo, decidí buscarme empleo, y así terminar de pagar yo la deuda que mi mamá había contraído.

Mis primeros trabajos estuvieron relacionados con la ropa y la moda. Medellín es mundialmente conocida por su industria textil, y con la ayuda de una compañera de clase, me fui a una fábrica y compré ropa de bebé que luego enviaba a mi mamá al Chocó para que me la vendiera allá. ¡Este fue mi primer trabajo como gran empresaria!

Pero pronto descubrí que en torno a todas esas fábricas se producían infinidad de catálogos y desfiles para este sector, y que abundaban las agencias de publicidad.

—Ilia ¿por qué no envías tu foto? —me dijo Lilián, otra amiga y compañera de carrera en la facultad—. Mira, a mi amigo bailarín lo han elegido para modelar en una valla. Necesitan a una familia negra, y tú podrías hacer el papel de la mamá.

Sin esperar, envíe una foto y me llamaron de la agencia encargada del proyecto. Allí conocí a Gloria, la dueña, quien de inmediato me ofreció más oportunidades. Los tiempos estaban cambiando. La población de Medellín era cada vez más variada y necesitaban rostros como el mío. ¿Quién lo iba a imaginar? En Istmina, desde luego que nadie.

—¿Modelo? —mi mamá me llamó, sorprendida—. Mija, si a ti te van a decir sonríe y por llevar la contraria vas a llorar. ¡Si te dicen camina para acá, vas a caminar para allá!

—No, mamá, me gusta porque me pagan bien y me deja tiempo para estudiar. Ya me llamaron para algunas pasarelas, no solo para fotografía de vallas publicitarias. — Intenté calmarla.

—No me gusta. Yo trabajo duro para que ustedes vayan a la universidad y se conviertan en verdaderos profesionales. —Mi mamá no sonaba convencida.

Para esta mujer, a quien su madre le enseñó que asomarse al balcón representaba un acto de total frivolidad, era prácticamente imposible esperar que aprobara el modelaje, aunque las empresas para las que trabajaría eran reconocidas marcas en el mundo de los textiles, como Fabricato, Coltejer y otros diseñadores paisas. Con o sin la bendición de doña Betty, estas compañías me siguieron llamando para pequeños proyectos de publicidad y yo los acepté. Modelé muy poquito, lo justo para sacar algo de plata y poder dedicarme a mis estudios universitarios.

Afortunadamente, en Colombia en esa época no se estilaba la talla cero, por lo tanto yo entraba en el canon. Además, veían mi *look* como algo exótico, y les gustaba. ¿Exótica? me preguntaba, confusa. De exótica, yo no tenía nada: las calles estaban llenas de jóvenes como yo, caminando, tomando el bus, limpiando casas, cocinando, cuidando niños. Siempre fuimos parte de esa sociedad; sin embargo, como por arte de magia, estábamos pasando de ser invisibles a ser visibles.

¡Qué irónico! Yo jamás había sido invisible, ni siquiera entre mi gente del Chocó. Desde que tenía diez años, sentía las miradas de la gente allá donde iba. "Mamá, ¿por qué me miran tanto?" le preguntaba a doña Betty, quien me respondía con sus acostumbradas dosis de sinceridad: "Hay una cosa que se llama atracción, y tú la tienes. Cuando estés más grande vas a entender". Y me cambiaba de tema, insistiéndome con que lo importante era que me formara como una gran persona y una mujer fuerte, que eso es lo que los demás tenían que ver en mi. No quería alabar demasiado nuestra apariencia física, ni fomentar el culto a la belleza en casa. Creo que por eso nunca me planteé si yo era bonita o fea, y nunca me sentí especial, aunque mi estatura y mi color no me permitían pasar desapercibida. Tal vez se fijaban en mí, como decía mi abuelo, por el porte y el caminar con determinación que heredé de mi abuela Ilia. Pero, insisto, nunca me importó este asunto. Y en esos días de modelaje, simplemente aproveché mis medidas naturales para ser maniquí de tallaje y para subirme a alguna que otra pasarela.

Después del modelaje, al que me dediqué solo por un par de años, conseguí un empleo en el hospital de la misma UPB donde estudiaba. Necesitaba completar un mínimo de horas de prácticas para poder graduarme a tiempo. Pasé un año evaluando a familias que llegaban para inscribirse en los programas de salud, y visitando semanalmente a grupos comunitarios. Me gustaba, me sentía útil compartiendo y explicando información que podía contribuir a mejorar vidas, hasta que un día me llamó mi prima Mónica.

—Ilia, hay un profesor mío, Lucas, que es jefe de redacción de un noticiero local. Está buscando a alguien para que reemplace a una chica negra que se va a tomar una licencia de unos meses. Me dijo que van a tener un *casting*.

—¿Qué tengo que hacer? —le pregunté, sin muchas esperanzas. ¡Yo ni siquiera estudiaba comunicaciones!

—Aprenderte unos textos de memoria y decirlos bien. —Mónica, que sí cursaba la carrera de Periodismo, me animó y hasta se ofreció a ayudarme a practicar. En casa, metíamos un casete en una grabadora y registrábamos mi voz, leyendo una y otra vez unas noticias, hasta que quedábamos satisfechas con lo que escuchábamos.

—OK, veo que la suplencia es solo para un mes y medio, pero con esa platica podría terminar de pagarme la universidad —me animé, y decidí asistir a una prueba, sin sospechar que mi vida estaba a punto de cambiar para siempre.

Cuando llegué a Quanta Televisión, me invitaron a pasar a un patio donde solo había una mesa de vidrio con patas de metal, de esas típicas de jardín, y una pequeña luz y una cámara. Al rato, llegó Lays Vargas, la directora del noticiero, y me miró de arriba abajo.

—¿Y usted sí es capaz de hacer esto? —me dijo con tono desafiante.

—Por supuesto —le respondí, sin dudarlo ni un instante.

A mí basta que me digan que no puedo para que me atreva y lo haga mejor. Y, por lo visto, a Lays Vargas, quien ya no está entre nosotros, le gustaba la gente que "retaba al reto".

—Esa es la respuesta que necesitaba. Tome, lea —me ordenó, pasándome unos papeles.

Y debí de hacerlo bien, porque a los dos días me llamó Lucas, el jefe de redacción, y me dio la noticia:

—Nos encantó tu *casting*, empiezas a trabajar maña—.

—Listo —le dije sin esperar a que terminara.

Una semana después, Medellín entero vio mi cara en la televisión, en el *Noticiero día* y *noche*, que luego pasaría a llamarse *Hora 13*, porque empezaba a la una de la tarde. Ocupé la silla de Magali Caicedo, presentadora afrocolombiana, también de familia chocoana, departamento que representó en Miss Colombia. Magali se había tomado unas semanas libres para ir a grabar otro proyecto que le ofrecieron, y el canal quería mantener el dúo de presentadora blanca y presentadora negra que tan bien les había funcionado hasta la fecha. Medellín y el país entero estaban cambiando. Miles de almas estaban llegando de las zonas rurales a las grandes ciudades, desplazados de las zonas donde la guerrilla y los paramilitares sembraban la incertidumbre. Todos esos nuevos rostros en busca de un lugar donde vivir y trabajar en paz estaban transformando a nuestro público y sus necesidades.

Así, en medio de esa nueva Medellín, fue como me senté a conducir un noticiero junto a Silvia María Hoyos, una curtida periodista paisa con quien hubo una conexión tan fuerte que hasta el día de hoy seguimos siendo grandes amigas, consultoras y consejeras, aunque sea a distancia.

Por esas épocas, yo llevaba el pelo largo, liso, con fleco, y les pareció acertado. Solo me cambiaron la manera de vestir para que pareciera más adulta, más seria, pues mis veintidós años me delataban. Me ponía nerviosa, me sudaba todo el cuerpo y terminaba con la blusa empapada. Hablar y leer en vivo, frente a esas enormes cámaras y luces cegadoras, no era tan fácil como parecía. Se trataba de un trabajo exigente, intrigante y atrayente. Perfecto para mi espíritu terco, retador y rebelde, aunque por momentos deseé no haberlo aceptado. Yo era, y sigo siendo, tímida, aunque nadie me crea. Pero mi afán por los retos siempre supera a esa timidez de la que nunca me he podido deshacer.

Además, el nuevo mundo que acababa de descubrir casi por casualidad me intrigaba. Curiosamente, en mi incursión al modelaje no sentí vocación alguna, con todo el respeto a esa profesión tan complicada y competitiva. Ahora, tras leer mi primer noticiero, algo me atrajo como un imán. Esa posibilidad de transformar vidas a través de la información me hizo sentir útil. Yo siempre quise ayudar a la comunidad, y esta nueva profesión que se abría ante mis ojos me brindaba precisamente esa gran oportunidad.

—Mi negra hermosa, usted puede con esto y con mucho más. Dele mija, que vamos pa'delante —me animaba mi nueva compañera, Silvia María, arrastrando las *s* con su acento paisa, durante esos primeros días de aprendizaje.

Silvia María se convirtió en mi mejor maestra. Yo ya conocía su trabajo, y admiraba sus informes. Recuerdo verla embarazada, reportando para un noticiero nacional, día y noche, la captura y fuga de Pablo Escobar, junto con el resto de los periodistas acampados frente a la famosa cárcel La Catedral. Ahora quería aprovechar que la tenía a mi lado para absorber sus enseñanzas y consejos, y para escuchar sus puntos de vista llenos de rebeldía y cuestionamientos que se parecían mucho a los míos. No dudaba en pedirle siempre su opinión sobre todo lo que iba aprendiendo. Ella, con su profesionalismo, pero sobre todo con una gran generosidad, nunca se negó a compartir conmigo su experiencia y sus consejos. Entre Silvia María, el profesor Lucas y muchos otros compañeros de redacción, me enseñaron el lenguaje básico del periodismo, y lo demás lo fui aprendiendo a base de golpes y errores, que es como mejor se aprende, y con la fuerza que siempre me da el hecho de enfrentarme a las cosas difíciles sabiendo que me voy a levantar y voy a seguir.

Sin embargo, no todos tenían fe en la nueva, a quien "contrataron por ser negra". El presentador de deportes era un hombre que se mostraba soberbio y arrogante. Llevaba mucho tiempo en ese puesto y era una figura conocida entre los narradores deportivos locales. Lamentablemente, lo que le sobraba de profesional, le faltaba de humanidad.

—A esta negrita le doy cuarenta y cinco días para que la saquen de aquí; no le veo futuro —vaticinó con tan mala suerte que lo despidieron a él antes que a mí.

Nunca me contaron por qué lo corrieron unos meses después. Solo supe que iba a ser reemplazado por Jorge Eliecer Campuzano, uno de los mejores en su oficio, quien pronto se convertiría en otro de mis maestros y gran amigo.

A todo esto, Magali, la presentadora que yo estaba sustituyendo, nunca regresó. En la novela que se había ido a grabar, y por la cual se había ausentado, apareció desnuda en una escena. La gerencia y la directora del noticiero consideraron que había conflicto con la labor informativa, y esa fue la razón que me explicaron cuando me ofrecieron un contrato de trabajo para que me quedara en ese puesto. Les había gustado lo que había hecho durante esas primeras semanas y no harían más *casting*s para encontrar sustituta permanente.

Así es esta profesión de caprichosa y accidentada: unos llegan, otros se van y algunos, los más afortunados, nos quedamos hasta que ustedes, el público, lo decidan, o hasta que nos llegue la hora de apagar las luces.

Obviamente el tono de mi piel me había brindado esa primera oportunidad que todos necesitamos, y una oportunidad aun más grande: la de hacer visible a mi raza, a mi comunidad, para decirle a Medellín que ahí estábamos y siempre habíamos estado.

En la vida hay factores que te abren o te cierran puertas, pero será tu verdadero valor, lo que tú aportes como profesional y como ser humano, lo que luego te afianzará. ¡Por algo dicen que es más difícil mantenerse que llegar!

En mi caso, paradójicamente, el color de mi piel por el cual me miraron por encima del hombro en algunas ocasiones resultó ser mi ficha ganadora para entrarle al juego. La ciudad que me hizo sentir extranjera y extraña cuando era niña, se convirtió en la ciudad que les abrió las puertas a mi futuro, mi vocación y mis sueños de ejercer una verdadera carrera. Medellín y sus televidentes me dieron lo que casi siempre se le niega a mi gente: una oportunidad. Más tarde, insisto, mi futuro en mi recién estrenada carrera lo decidirían mi esfuerzo y mi dedicación, sumados a la intervención de otros grandes maestros y maestras que me guiarían y seguirían brindándome nuevas oportunidades, ante los nuevos tiempos y los nuevos aires.

Como dije, Medellín contaba cada vez con más población afrodescendiente que venía en busca de trabajo desde todos los rincones de Colombia. Muchos llegaban de las zonas bananeras de Antioquia, región de afrodescendientes de donde ya habían salido grandes futbolistas y otras figuras del deporte. Sin embargo, faltaba representación en otros campos, como el periodismo o la política. También faltaba mayor reconocimiento entre aquellos afrodescendientes que se dedicaban a las artes y las letras.

Por lo visto, mi ciudad, la segunda más poblada de toda Colombia, estaba preparada para aceptar presentadores negros. ¿Lo estaría algún día el resto del país y su capital, Bogotá?

Por el momento yo ni me lo planteaba. El mundo de la noticia me fascinaba y me atraía, y quería aprenderlo todo. Pronto me percaté del verdadero poder de la información. Siempre supe que era valiosa, pero ahora lo podía experimentar a otro nivel. La información le da el poder a quien la posee, y distribuirla significaba empoderar a nuestro público. Esta sensación de ser útil a mi comunidad calmaba mi rebeldía y le daba a todo más sentido. Solo quería ser cada día mejor en lo que hacía, seguir aprendiendo, mientras terminaba mis estudios y me graduaba de trabajadora social. No me gusta dejar cabos sueltos, aunque ya vislumbraba que mi servicio y trabajo con la comunidad lo iba a realizar enfrente de una cámara, no detrás de un escritorio.

Presentadora de televisión: una elección que sorprendió a muchos de mis amigos, quienes no esperaban que Ilia, la que no se perdía una fiesta y odiaba los formalismos, la que era medio tímida y no le gustaban las reglas establecidas, ahora apareciera en las pantallas arreglada, muy tiesa y muy maja. Aunque los que me conocían mejor entendieron que finalmente había encontrado dónde canalizar ese espíritu curioso e inconforme con el que tanta lata les daba.

Sorpresas y más sorpresas me esperaban en el camino porque, curiosamente, lo mismo que me facilitó mi primera gran oportunidad, por poco me la niega en la siguiente etapa de mi vida. En esta nueva ocasión, mi tono perfecto no sería tan perfecto para alguien y casi me dejarían fuera de juego por el color de mi piel. Digo "casi" porque el destino no entiende de colores, y lo que es para ti nadie te lo quita, aunque no te inviten a la fiesta y aunque te quedes callado.

7

Este *casting* no es para ti

Suerte es lo que sucede cuando la preparación y
la oportunidad se encuentran y se fusionan.
Seneca

Lo mío fue un verdadero romance. Me enamoré poquito a poquito, con el paso de los días, y pronto supe que sería un amor de estos que duran toda una vida. Yo, la niña rebelde, la que nunca estaba conforme con nada, de repente despertaba feliz, con ganas de llegar corriendo a la redacción, donde, con cada informe, con cada historia y con cada entrevista, me enamoraba más y más… de mi oficio.

Tres grandes amores he tenido en mi vida, y faltaban décadas antes de que los otros dos llegaran a mí. En cambio, para este primer amor, el periodismo, yo ya estaba preparada, y con todas las ganas del mundo de entregarme al cien por ciento. Una profesión se convierte en vocación el día en el que eres tan feliz en el trabajo como en tu casa, y eso me estaba sucediendo.

Con veintidós años recién cumplidos, mi realidad cambió drásticamente. Me seguía fascinando escaparme a fiestas, bailar y disfrutar con los amigos. Sin embargo, había nacido en mí una nueva pasión: llegar a las reuniones editoriales, escuchar a los reporteros debatir el tema del día, investigar, participar y revisar todo lo que me daban para leer. Me tomaba muy en serio cada palabra que tenía que decir al aire, y lo sigo haciendo hasta el día de hoy. Me gusta esa responsabilidad, y no me asusta. Disfruto el complicado trabajo que conlleva informar y empoderar al televidente.

En esos primeros años en Teleantioquia conduciendo *Hora 13*, me fui enamorando también del proceso investigativo. Era fascinante ver cómo de una llamada o de un comentario obteníamos una historia de relevancia para nuestra audiencia. Cuestionar es algo que llevo en la sangre, y si no lo creen, que se lo pregunten a mi querida madre. Ahora había encontrado una profesión donde refutar era aplaudido en vez de castigado, y mi rebeldía ya no era un obstáculo, sino que más bien era algo esperado y aprobado. Aquellas dudas que me planteaba desde niña siempre que veía las noticias, ahora podía exponerlas en persona, en vivo, frente a las cámaras y frente a miles de televidentes que esperaban las respuestas con tanta pasión como yo.

Porque el público colombiano es un público apasionado, involucrado y con una sed de información como pocos otros. Colombia es tierra de buen periodismo. Nuestro contexto histórico y lo vivido en las últimas décadas abonaron el terreno para que se creara una escuela de excelentes periodistas, y para que surgiera un público igualmente exigente, al cual le importaba lo que decías y cómo lo decías y te dejaba saber si estaba de acuerdo o no.

A la redacción nos llegaban cartas y llamadas de nuestros televidentes, y no todas eran para aplaudir mi desempeño. Con estos comentarios fui enriqueciéndome, corrigiendo, depurando, aprendiendo y preparándome más.

Fueron tres años maravillosos, viendo y escuchando a grandes maestros. El periodismo, además de enriquecerme profesional y personalmente, me estaba dando cierta libertad económica. ¡Ya tenía un cheque quincenal! Con lo que ganaba, terminé de pagar la universidad y me compré mi primer carro, un Mazda 323 Coupe blanco de segunda mano. Fui la primera que se compró un auto en mi familia; mis papás nunca fueron dueños de uno. Yo, hasta tuve que tomar un curso para aprender a manejar. ¡Me sentía la reina del mundo, subiendo y bajando del Coupe! Lo que más orgullo me daba, lo que más me llenaba de satisfacción, era que ya podía enviar dinero a Istmina. Ahora era el turno de Lizbeth y Beatriz. Mis hermanas menores tenían que completar sus estudios, y mi mamá era la única que había trabajado hasta entonces para sacarnos adelante.

En cuanto al panorama que vivíamos en esos días en Medellín, recuerdo que no era fácil. Yo comencé en Teleantioquia en junio de 1994, seis meses después de la sonada muerte de Pablo Escobar. El narcotráfico, obviamente, no terminaría con su muerte. El ambiente se sentía tenso, y las preguntas que todos se hacían eran: "¿Qué va a pasar con el negocio? ¿Quién será el sustituto? ¿Quién tomará el mando?". En los autobuses, los taxis, las calles y las cafeterías, la gente se preguntaba: "¿Qué será de todos los sicarios que quedaron sin patrón? ¿Se lanzarán a delinquir por nuestros barrios?". Se respiraba un miedo generalizado. Ese miedo que sentimos cuando le cortan la cabeza a la serpiente y acto seguido comienzan los coletazos.

Medellín había sido el centro de una guerra a tres frentes: entre Escobar; sus enemigos, "los Pepes"; y el propio gobierno. Las voces desde las sombras ofrecían un millón de pesos por cada policía que amaneciera muerto. Eran momentos confusos en los que, para muchos, guardar el silencio era la regla de oro. Otra vez ese silencio tras el que nos ocultábamos cuando sentíamos el peligro cerca. Y, aunque los medios hacíamos eco de las matanzas y de las denuncias y no callábamos, mi interés iba más allá. Yo quería entender y ser capaz de explicar a nuestra audiencia por qué nuestros niños se convertían en sicarios, por qué las carencias nos estaban conduciendo a esta violencia sin fin. Me apasionaba adentrarme en el trasfondo, y así empoderar a mi gente en ese mundo que nada tenía del *glamour* y de la fantasía que ahora vemos en decenas de series y novelas. Viviendo en el Medellín de los noventa, aprendí de primera mano que esa realidad, de fascinante, no tenía nada. Era nuestro pan de cada día, un pan duro y amargo. Con los años el panorama en Colombia cambió gradualmente y, aunque nunca desapareció la problemática por completo, a eso se sumaron otras realidades, como la corrupción que continúa carcomiendo la fibra de nuestra sociedad, y que igualmente cobra vidas, pero de otras maneras. Niños mueren de hambre y sed mientras funcionarios se roban los subsidios alimenticios y se reparten el dinero destinado a sus cuidados y a la educación. O, como el llamado Cartel de la Hemofilia, una alianza criminal que desangró a los pacientes más pobres, apoderándose del dinero destinado a su salud.

Pero en aquellos años, los tiempos eran turbulentos, eran otros, y los colombianos vivíamos en nuestra lucha personal diaria: familia, profesión y trabajo para ganarnos la vida. Casi al final del verano de 1997, después de tres años y unos meses en Teleantioquia, una de esas preocupaciones laborales me llegó, anunciada por mi querida Pilar Vélez quien presentaba otro noticiero en el mismo canal local. Es una mujer de gran nobleza y de fuertes ideales, a quien no le da miedo decir lo que piensa. En ese entonces todavía no éramos grandes amigas, pero tuvo el gesto más generoso conmigo. Con una simple pregunta hizo justicia y me cambió la vida.

—En este *casting* falta alguien —me contaron que protestó, sin temor alguno, en una convocatoria profesional a la que yo no fui invitada.

Pilar, al igual que todas las demás jovencitas que ya trabajaban en periodismo en Medellín, o que deseaban trabajar allí, fueron expresamente convocadas por un gran experto en televisión para asistir a un *casting* decisivo. *CM&*, el noticiero nacional con más audiencia del momento, buscaba una nueva presentadora. Los gerentes decidieron que una de las ciudades donde realizarían la búsqueda sería Medellín, porque Medellín había sido escuela de excelentes periodistas y presentadores, como María Cristina "Tata" Uribe, Félix de Bedout y Paula Jaramillo.

Por cierto, Paula y yo tenemos una historia que se remonta a nuestros años de universidad. Fueron Paula y su novio quienes, casualmente, se detuvieron para socorrerme cuando sufrí un accidente de auto en la carretera que va de Medellín al aeropuerto. Ellos iban manejando justo detrás del vehículo en el que yo viajaba con una amiga y su novio, y que fue impactado por otro conductor a toda velocidad. Es un accidente del cual guardo recuerdo para siempre por la cicatriz de mi frente. El otro recuerdo de ese terrible accidente es que Paula, mi buena samaritana, terminó siendo mi colega de oficio con el paso de los años.

Ahora, para este *casting* en cuestión, compañeras de varias empresas que producían televisión y otras amigas mías habían sido citadas por dicho experto que *CM&* contrató para que organizara las pruebas en cámara.

—Les digo que aquí falta alguien — insistió Pilar con su acostumbrada sinceridad—, aquí falta Ilia Calderón.

El director del *casting* sabía de mi existencia y del trabajo que yo desempeñaba cada día en *Hora 13*. Sin embargo, no me incluyó. Fui la única presentadora de la nueva generación, para ser más precisos, que no fue invitada. Curiosamente, y sobra decirlo, yo también era la única negra. Y no tuve ni tiempo de ofenderme porque no me enteré de que había sido excluida hasta que alguien le puso remedio.

Las palabras de Pilar Vélez surtieron efecto, porque al día siguiente recibí una llamada de Gloria Vecino, asistente personal del señor Yamid Amat, célebre y admirado periodista y director de noticias de *CM&*:

—Señorita Calderón, disculpe el malentendido, y que no pudo llegar al *casting* en Medellín, pero don Yamid pregunta si puede usted venir la semana próxima a Bogotá. Ese mismo día van a venir las otras candidatas finalistas que ya elegieron ayer.

—Por supuesto que puedo —le contesté, otra vez emocionada por el nuevo reto.

Cuando colgué esta llamada de treinta segundos, no lo podía creer. ¿De qué *casting* me estaba hablando? ¿Por qué no me habían llamado? Mas ninguna pregunta podía opacar la emoción de saber que uno de los periodistas más respetados del país me estuviera considerando para una oportunidad laboral. Los nervios se me mezclaron con la ilusión, y se me hizo un nudo en el estómago.

En el avión, camino a la prueba final y decisiva, tuve oportunidad de agradecerle a Pilar Vélez su generoso gesto, porque ella también había quedado entre las tres finalistas. Yo sería la cuarta, y las cuatro íbamos dándonos ánimos unas a otras. Conocer en persona a Yamid suponía un gran acontecimiento. Yamid es toda una leyenda en el mundo del periodismo y su sola presencia imponía respeto. Bajo su tutela se forjaron muchos grandes de la profesión, y su fama de jefe serio, regañón y comprometido lo precedía. Para más emoción, nos citaron en los estudios de *CM&* e íbamos a conocer en persona a los periodistas que admirábamos y que veíamos a diario en el noticiero nacional.

Al aterrizar, nos recogió don Carlitos, el conductor del canal, y nos llevó directamente al set. A nuestra llegada a la sede de *CM&*, nos llevamos una sorpresa. No haríamos la prueba junto a Néstor Morales, el otro presentador. A él lo habían promovido a subdirector de noticias, y en la silla del set estaba sentada otra mujer: Claudia Gurisatti, una reportera joven, relativamente nueva, que no llevaba muchos años al aire, pero que estaba muy preparada para tomar ese liderazgo. Nosotras, las aspirantes a la otra silla vacante y tan codiciada, veníamos a sustituir a María Elvira Arango, quien decidió mudarse fuera del país con su esposo, tras décadas de una exitosa carrera en la televisión colombiana.

Como en casi todos los demás países, en Colombia se usaba la fórmula hombre-mujer en los noticieros, aunque ya se había experimentado un nuevo formato con dos mujeres en el set. Al parecer, al señor Amat le gustaban los retos tanto como a mí. Se transformaba en niño chiquito, emocionado, ante cualquier desafío. Y, esta vez, estaba dispuesto a ofrecerle al público algo nuevo y esperar los resultados. Claudia ya había sido elegida. Faltaba decidir quién sería la otra, la que vendría a llenar ese enorme espacio que dejaba María Elvira con su partida. María Elvira es una periodista crítica y muy respetada. Con su tono suave pero decidido, se mostraba siempre firme. Es elegante, bella, de ojos verdes, tez clara y cabello rubio, como Claudia. *Me jodí, aquí no tengo nada que hacer*, pensé por un momento, abrumada por una ola de dudas. ¡Nunca se había sentado en esa silla una presentadora ni un presentador negro y no sabía si la primera podría ser yo!

Una a una, mis compañeras de Medellín fueron pasando, para ver cómo se veían junto a Claudia, apreciar la química y ver también cómo se defendían leyendo e improvisando. Así son los *castings* de noticias. El contenido importa mucho, pero la televisión es obviamente un medio visual, y siempre se tiene en cuenta cómo te ves al lado de tu compañero o compañera, y si se da o no cierta afinidad de la que el espectador pueda disfrutar. El ojo humano es exigente, y si algo no pega, pues no pega. Yo no sabía si pegaba en este club de primeras ligas, donde todos a mi alrededor eran blancos y armonizaban perfectamente entre ellos. Yo era la muchacha del Chocó, recién aterrizada en pleno baile, para el cual ni invitación le habían enviado.

Cuando llegó mi turno, tomé asiento junto a Claudia, quien me saludó con una sonrisa sincera que yo le correspondí con la misma sinceridad. Su marcado acento valluno me hizo sentir confianza. El Valle del Cauca y el Chocó pertenecen al Pacífico colombiano, y aunque físicamente nos veíamos tan diferentes, teníamos bastantes cosas en común. Esas cosas que solo la selva, las lluvias y los Macondos recónditos y olvidados te enseñan.

Y, por lo visto, esas dos sonrisas de provincias lejanas gustaron, y la química entre las dos traspasó la pantalla, porque en la sala de control y detrás de las cámaras se escuchó una voz:

—¡Uy, esa es!

Yamid, quien observaba desde un rincón un tanto callado, se me acercó y me dijo con mucha amabilidad:

—¿De qué quiere improvisar?

—Del asesinato de Gianni Versace —le respondí sin pensarlo dos veces.

Ese tema lo tenía fresco en mi cabeza. Durante los dos últimos meses, el asesinato y la subsiguiente cacería del asesino del rey de la moda acaparó la escena internacional. Pensé que sería un tema relativamente fácil, pero era una prueba y estaba nerviosa. Lo que tenía que hacer era dejar que Yamid me viera en acción, y que Claudia pudiera interactuar conmigo.

Sabía que lo tenía difícil, por no decir imposible, cada vez que me acordaba de que yo era la única afrocolombiana en todo el set. Pero como dicen por ahí: los pensamientos atraen resultados. Y yo, aun en la duda, repetía en mi cabeza: *¿Oye, qué tal que sí? ¿Y si me escogen? ¿Por qué no?* Empujada por esa chispa de esperanza, de que cosas maravillosas pasan todos los días, improvisé con toda mi pasión y luego leí unos textos que me pusieron en el *teleprompter*, esa maquinita que nos sirve de guía a los presentadores. De nuevo, el reto me motivaba, despertaba mi rebeldía, y esto me daba todavía más fuerzas. Si lo tenía difícil, me gustaba más, y más lo quería lograr.

Creo que tanto lo deseé que hasta Pilar lo presintió, y me dijo cuando nos quedamos a solas:

—El puesto es tuyo, vi las caras de todos y lo puedo asegurar, Ilia, te lo van a dar a ti.

Pilar me sorprendía una vez más con su honestidad y una seguridad en la que no cabían los celos. No obstante, yo quería mantenerme real, quería estar aterrizada en el mundo en el que me tocó vivir.

—No me hago esperanzas, Pilar. Prefiero esperar a que nos comuniquen la decisión —le contesté, mientras esperábamos el vuelo de regreso a Medellín.

Me gusta soñar, pero siempre con un pie en la tierra. Por eso, en ese instante, sentía por dentro que me iban a contratar a mí, pero a la vez ejercía la prudencia. Como mencioné, Colombia nunca había tenido presentadora ni presentador principal de raza negra a nivel nacional. Así de rotundo era el dato, y a mí me gusta fijarme en las referencias, estadísticas y precedentes. Hubo una presentadora afrocolombiana en el segmento de deportes en otro canal, Aura Serna, cuya familia también venía del Chocó, y algunos periodistas que reportaban desde las zonas del Pacífico y el Caribe, pero presentador central, de noticias, no había ni lo hubo antes.

Estábamos a pocos años de completar el siglo XX y Colombia, un país que se jactaba de estar entre los más desarrollados en Latinoamérica, cuyas universidades, arte, literatura e industria resonaban en el mundo entero, nunca había tenido un presentador afrodescendiente.

Sin ir más lejos, Colombia, uno de los principales exportadores mundiales de novelas, junto a México, ni siquiera había tenido una protagonista de piel oscura. Mi país se había dedicado a vender la imagen de la colombiana rubia en los ochenta, y ahora, camino al nuevo siglo, se empezaba a forjar y alimentar el estereotipo de la mujer de piel blanca y cabello negro azabache, con enormes cejas perfectamente arqueadas. Éramos un país ciego a los colores reales. Era una Colombia que quería ser europea, o cuando menos con suaves y románticos tonos árabes, pero ni hablar de África. En las series de televisión, los únicos negros que veíamos encarnaban a personajes de servicio, esclavizados o maleantes. Simplemente nadie escribía historias para nosotros, o papeles en los que nosotros, los más de cuatro millones de afrocolombianos que sumábamos en aquellos años, pudiéramos ser los protagonistas. Nosotros estábamos ahí, y siempre estuvimos, pero permanecíamos invisibles, y nuestras historias no se contaban.

Todos los colombianos leímos *María*, de Jorge Isaacs, novela de nuestra literatura en la que se destaca el amor intenso entre sus dos protagonistas. Pero poca importancia se le da a la historia que hay en el trasfondo, en la que se relatan las luchas tribales en África y la dolorosa compra y venta de hombres y mujeres que fueron esclavizados. Por otro lado, en la televisión, solo recuerdo la telenovela *Azúcar*, en la que presenciamos por primera vez un romance entre una blanca y un negro. Curiosamente, en los programas que nos llegaban de Hollywood, los protagonistas de color encarnaban a miembros de la familia, y no de la servidumbre. Y yo pensaba, *¿Por qué en Colombia no veo familias negras así, con una casa bonita, una mamá glamorosa que asciende profesionalmente y con un buen carro en la puerta?* De nuevo, la falta de oportunidades se repetía hasta en la pantalla, siempre como factor determinante.

Aunque, en este caso, la oportunidad se me iba a presentar en forma de llamada telefónica.

—Oiga, señorita, ¿será que usted se quiere venir a Bogotá y trabajar con nosotros? —Era el gerente de *CM&*, entusiasmado de darme la noticia—. La elegimos a usted después de la prueba, y le podemos ofrecer este salario y estos beneficios. Piénselo y me dice si sí o si no.

—Sí —acerté a responderle, en medio de mi alegría—. ¿Cuándo me necesitan?

—Lo más rápido que pueda, para arrancar con esto. Digamos que la semana que viene.

—Listo. Déjeme despedirme de mi gente aquí, en Medellín, y cuente conmigo —le prometí y colgué, todavía en *shock*.

Sin soltar el teléfono, marqué a mi mamá y a mis hermanas en Istmina.

—No lo puedo creer, Ilia, no lo puedo creer —era lo único que repetía doña Betty, emocionada—. Vas a trabajar con Yamid Amat, y vas a ser la primera presentadora de nuestra raza en noticias nacionales. ¡La primera!

No recuerdo si lloré o si simplemente lloraba por dentro y no derramé ninguna lágrima. Por un lado, mi mente se bloqueaba pensando que era un gran honor ser la primera. Y, sin ánimo de sonar desagradecida ante una oportunidad tan importante, también pensaba, *Estamos casi en el año 2000 y ¿tuvimos que esperar hasta fin de siglo para que esto sucediera? ¿Cuántas niñas mezcladas, negras, mestizas o como las quieran llamar soñaron con esto antes y se prepararon, pero no se les brindó ni siquiera la oportunidad de ir a un* casting?

Es un gran orgullo ser la primera y la vida me brindaría otras dos oportunidades de ser pionera de nuevo. No obstante, mi cabeza cuestionaba este logro, a la vez que lo celebraba, insisto, con infinita gratitud.

Una vez que pasó el momento inicial de euforia y terminé de hablar con mis hermanas y primos, quienes tampoco daban crédito, otros dos sentimientos me invadieron: uno, el de tristeza, porque mi querido abuelo no estaba entre nosotros para celebrar este gran acontecimiento familiar. El otro era el sentimiento de responsabilidad. Aunque siempre me habían atraído los retos y el "más difícil todavía", como los trapecistas en el circo, esta vez el peso era enorme. Muchos estarían a la expectativa para verme el primer día en ese set junto a Claudia Gurisatti, y algunos desearían que yo no estuviera a la altura, para ir y decirle a Yamid: "¿Ves? Te equivocaste".

Hay un dicho horrible que usaban en Colombia, y que todavía lo repiten en las calles y las redes sociales: "Negro que no la hace a la entrada, la hace a la salida". La primera vez que lo oí fue en Medellín, cuando me mudé a los diez años a estudiar con las monjas. Es un concepto que miles de colombianos creían (o todavía creen) cierto: negro que no la jode cuando llega, o no te causa problema al principio, termina jodiéndola al final.

Ahora, yo, la niña rebelde de Istmina, la que nunca le plantó cara a la grandulona que la trató de leprosa en la escuela, a la que las monjas expulsaron por indomable y la que cuestionaba hasta su propia sombra, ¡no la podía joder! Ni a la entrada ni a la salida del noticiero, porque toda Colombia estaría viendo.

Es lo que conlleva ser el primero, a veces no es tan divertido como lo pintan, y mucho menos si te lo pintan de "negro".

Por cierto, nunca crucé camino con el experto en televisión al que Yamid y *CM&* encargaron el famoso *casting* de Medellín. Supongo que se ciñó a las llamadas reglas del *marketing*, de esa ciencia artificial que estudia lo que vende y lo que no vende. A la vez, también soy consciente de que aquellos que están en los puestos clave de cualquier industria u organización pueden marcar la diferencia y lo saben. Solo necesitan armarse de un poco de valor, pensar diferente y no temerle a ser pioneros. Porque no todos van a tener una Pilar Vélez al lado que se queje, levante su voz y los fuerce a tomar decisiones más justas.

Por suerte, Yamid Amat lo hizo, y se atrevió a dejarme participar en un simple *casting*. Una simple y sencilla oportunidad que todos merecemos. Lo demás te lo ganas tú, demostrándole al mundo que puedes. Y yo estaba a pocos días de pasar esa prueba de fuego: la de los televidentes.

8.

Primera vez la primera

En medio de la dificultad reside la oportunidad.

Albert Einstein

—No vamos a anunciar nada sobre la nueva contratación, porque esto no debería ser nada especial —dijo Yamid Amat desde su puesto de jefe del noticiero de *CM&*.

En ese momento de mi vida, la decisión de mi nuevo jefe de no anunciar a los cuatro vientos a la primera presentadora afro en la televisión nacional me pareció muy respetable y acertada. Este logro era tan importante como lo era considerar que la diversidad en nuestras pantallas se convirtiera en una norma, y no en una excepción. Además, esta postura iba totalmente de acuerdo con lo que yo siempre había practicado: no hacer mucho ruido. Quería mantener un cierto silencio para dejar que mi trabajo hablara por mí, y que se me valorara por él y nada más. Un silencio digno, al que muchos negros recurríamos en aquellos años en Colombia si queríamos prosperar en alguna profesión. Solo un puñado de valientes se atrevían a levantar sus voces cada vez que se les negaba una oportunidad. En los noventa, todavía no existía un debate abierto sobre inclusión racial en mi país, y solo con el paso de los años, y luego la llegada de las redes sociales, fue cuando esa regla del "silencio digno" se empezaría a romper. Con el Twitter y el Facebook, esas voces de protesta, que ya existían a niveles académicos y a nivel de calle, finalmente llegaron a los medios masivos de comunicación, y comenzaron las denuncias y el verdadero debate sobre la raza y la discriminación. Pero estábamos en 1997, y ni Yamid ni yo teníamos la certeza de que Colombia estuviera preparada para esta discusión.

Dentro de este contexto, el relanzamiento del noticiero con nuevas caras se mantuvo casi en secreto, mientras yo empezaba a asistir a las reuniones editoriales de *CM&* sigilosamente, como una más, para intentar acoplarme a mis nuevos compañeros y aprender las dinámicas de mi nuevo trabajo.

CM& era una compañía de programación y producción que, como todas las demás, todavía licitaba tiempo en canales del gobierno. La televisión privada estaba a punto de iniciarse en Colombia, y pronto se transformaría el panorama laboral para todos. Llegarían muchos cambios, y Yamid, siempre a la vanguardia, quería empezar con jugada doble: dos mujeres y una de ellas afrocolombiana, una fórmula sin duda innovadora. Y lo quería hacer de manera orgánica, natural. El legendario Amat es un hombre al que no le gustan los grandes aspavientos. Sabe cómo ganarse la lealtad del televidente con naturalidad, práctica que yo también he defendido y adoptado siempre.

Recuerdo la noche de mi debut como si fuera ayer, aunque ya pasaron más de veinte años. Fue en noviembre de 1997, y llegué envuelta en bufandas y chaquetas que acababa de comprar. De mi querido y caluroso Chocó había pasado a vivir en la primaveral Medellín, y ahora, en la fría Bogotá. Mi cuerpo no sabía cómo enfrentar inviernos de verdad. La capital se me hacía oscura, triste y gélida. Los Urapanes, el hotel donde me hospedaron a mi llegada hasta que encontrara apartamento, era gris, y esa mañana, intentando alegrar un poco mi nuevo hábitat, decidí vestir de amarillo. Una chaqueta de un amarillo intenso que guardé durante mucho tiempo, y que terminé regalando luego. ¡No pude elegir un color menos discreto! Había que traer sol a Bogotá.

De nuevo, quería enfrentar el riesgo y el reto directamente, sin camuflarme ni pasar desapercibida. No quería copiar a nadie, ni parecerme a nadie, ni fingir ser quien no era. Yo era Ilia Calderón, hija de doña Betty, hermana de Liz y Beatriz, nieta de don Carlos, el de la papelería de Istmina; yo era la niña del Chocó, donde nos gusta el color. Y así de colorida, y con paso firme, entré a la redacción para preparar el que sería mi primer guión para leer en mi primer noticiero junto a Claudia. Cuando se acercó la hora de la verdad, Yamid me mandó llamar.

—Me la estoy jugando toda con usted, mijita. No se lo digo con ánimo de ponerla nerviosa, porque sé que usted es muy capaz. Nunca la hubiera contratado si no estuviera seguro de sus capacidades. —El gran jefe que había enfrentado miles de desafíos y situaciones extremas en el agresivo mundo de las noticias, sonaba un poco afectado—. Pero le quiero decir que yo no voy a estar aquí; esta noche voy a ver el noticiero desde mi casa. Le deseo suerte. Cuento con usted.

Me dio un abrazo paternal y se fue. ¡Se me cayó el mundo al suelo! Yamid Amat Ruiz, uno de los periodistas más premiados y aplaudidos de Colombia, creador y director de infinidad de programas radiales, que había dirigido periódicos nacionales y era cofundador de *CM&* ¡estaba un poco nervioso!

Fue entonces cuando me di cuenta de que no solo estaba mi carrera en juego, y empecé a preocuparme menos por lo que pensaran de mí, o si yo iba a agradar o no. En el fondo, nunca me importó el qué dirán, ni me sentí menos que nadie, ni me estresé más de lo necesario pensando que me iban a rechazar por ser como soy. Esa noche, mis dudas se centraban en los *ratings*, en los benditos niveles de audiencia y en los anunciantes que acompañaban, mano a mano, a esos numeritos que reflejan con más o menos certeza la cantidad de personas que prefieren verte a ti, y no cambian de canal. No pensé ni tuve recelo de lo que al día siguiente dijeran sobre mí mis colegas de prensa, críticos implacables que rara vez nos dan tregua a nosotros, sus colegas de televisión. Mi cabeza giraba en torno a la parte del negocio, a salvaguardar la reputación de Yamid, los números del noticiero y, por ende, el trabajo de todos mis nuevos compañeros.

Para nosotros, la noticia es una vocación y una pasión; sin embargo, no deja de ser un modo de ganarse la vida, y existe toda una maquinaria de ventas que nos sustenta y nos provee del combustible para poder seguir existiendo. Y ese combustible es el dinero de los anunciantes, el que no quería yo que se agotara tras mi debut.

Yamid ya habría llegado a su casa cuando yo me senté junto a Claudia en ese escritorio perfectamente iluminado y rodeado de cámaras. Mi compañera me daba ánimos y me observaba con una mirada de calma y seguridad, como te miran los que creen en tu capacidad. Como ya me había sucedido en Teleantioquia con Silvia, aquí tenía otra copiloto que no dudaba en guiarme paso a paso como una maestra. Esa noche, Colombia tendría su primera presentadora negra… "¿Y qué? Que se vayan acostumbrando", decía Claudia. A Yamid le gustaba ser pionero, y lo iba a ser desde su casa o desde su oficina. No había marcha atrás.

A dos minutos de empezar la transmisión, me arreglé el pelo, que en esa época usaba muy corto, me acomodé la chaqueta amarilla y, con Yamid, mi familia, mi madre y mi gente del Chocó muy presentes en mis pensamientos, me di valor. La imagen de mi abuelo y lo mucho que él hubiera disfrutado este momento fue lo último que recordé antes de saludar a todo el país y comenzar a leer.

Como siempre sucede cuando estás bajo grandes niveles de concentración, el tiempo vuela, y la media hora se me convirtió en diez minutos. Cuando reaccioné, ya estábamos despidiendo el informativo con la frase oficial del programa: "En *CM&*, la noticia". Yo, con los nervios, lo dije con mi acento más chocoano, cantadito y alargué la *i* final, algo que luego se convirtió en mi sello personal.

Al levantarnos, los aplausos de los compañeros tras cámaras y en producción no se hicieron esperar. La redacción por completo nos aplaudió. Sin saber todavía lo que el mundo exterior pensó de esta nueva aventura, sentí que era una batalla ganada, gracias a todos los presentes. La victoria no era solamente de Claudia y mía. Era de todos ellos, y de Yamid, que debía de estar en casa mordiéndose las uñas.

—Mamá —fue a la primera persona a la que llamé, como siempre que quería escuchar la más dura y honesta crítica—, mamá... ¿estás llorando?

—No, bueno sí, sí, un poco. —Doña Betty, la mujer fuerte a la cual no le gusta mucho el rollo sentimental, se derretía de orgullo y gozo.

No, no puse pie en la luna. No me gané un Pulitzer ni me convertí en Rosa Parks. No cambié el mundo ni desencadené toda una oleada de derechos civiles. Yo no era Oprah, ni Nelson Mandela. Pero en Istmina, y en muchas partes del Chocó, la sensación fue como si Jesse Owens hubiera vuelto a ganar la medalla de oro en los Juegos Olímpicos de 1936. Solo que esta medalla era la de la televisión, y la ganadora era una de los suyos, que hablaba como ellos y se parecía a ellos: "Nuestra presentadora... nuestra niña... nuestra Ilia". Hay cierto placer en la palabra *nuestro* que todos sentimos por igual al decirla, seamos de donde seamos.

A la mañana siguiente desperté en un hotel que ya no lucía tan gris ante mis ojos. Mi habitación se llenó de enormes ramos de flores de todos los colores y el teléfono no dejaba de sonar. Me llovían las invitaciones a programas de radio y entrevistas para revistas que querían saber más de mí. ¿Quién era yo? ¿De dónde había salido? ¿Cuál era mi historia? Yo no entendía muy bien el fenómeno. Tenía claro que era la primera presentadora de noticias nacionales afrodescendiente en Colombia, pero al final solo se trataba de periodismo. Y, al igual que mi madre, no me gustaba esa clase de atención llena de emociones.

Afortunadamente para mí, al regresar a la redacción esa nueva mañana, mi jefe reaccionó como si nada hubiera pasado.

—Bien, mijita, todo salió bien —me dijo sin añadir nada más.

Nunca me dijo que hicimos historia, nunca alabó mi trabajo más que el de Claudia ni perdió tiempo en responder al ruido y los comentarios que venían de la calle. La sensación que Yamid nos dio fue de total normalidad, y se lo agradezco hasta el día de hoy. Él, con su expresión, parecía decirnos a todos: "OK, sigamos, pasamos la primera prueba, vamos a por más".

En los próximos días, mi nuevo director de noticias se concentró en inyectarme más pasión por mi trabajo con sus altos niveles de exigencia, para poder sacar lo mejor de mí. El periodista veterano sabía que era hora de darle una oportunidad a una niña nueva, pero esa niña tenía que estar a la altura del puesto. Lo que no sabía a ciencia cierta era si Colombia estaba realmente preparada para un rostro diferente en horario estelar, o si lo sucedido la noche de antes fue solo producto de la novedad. De eso nos enteraríamos pronto, cuando llegaran los reportes del departamento de ventas.

Y Colombia, en efecto, estaba preparada para ver a una mujer de color hablando de política, economía, salud y otros temas vitales para la ciudadanía. Colombia le había dicho sí a la niña del Chocó para que liderara las noticias junto a su compañera Claudia. Los patrocinadores estaban felices con los *ratings* alcanzados y con la respuesta en las calles. Ahora el nuevo reto en el que teníamos que enfocar nuestros esfuerzos sería demostrar que el talento y el profesionalismo de dos mujeres podía perdurar a través del tiempo.

Dicen que en la televisión, como en muchos otros oficios, eres tan bueno como tu última entrevista o tu última presentación. De la que hiciste ayer, nadie se acuerda. Es un medio efímero, acelerado, tanto que puede parecer hasta desagradecido. Hoy estás arriba y todos te aplauden, y mañana estás abajo porque te despidieron y en dos meses nadie recuerda tu nombre. No es que la audiencia sea ingrata; simplemente es la velocidad a la que vivimos. Los televidentes tienen sus propios problemas, sus propias luchas, y que hoy presente las noticias Fulana o Perengano no les quita el sueño, y así debe ser. No le demos más peso a lo que no pesa. Por eso, en esta profesión que elegí, pronto me percaté de que el éxito y los aplausos de hoy son el gran desafío de mañana. Hoy destacaba por ser la primera mujer de piel oscura y rasgos africanos que llegaba a un puesto como este. Y yo lo agradecía de corazón. No obstante, mañana la lucha continuaba, porque una batalla no gana la guerra, ni hace este mundo más justo.

Esa noche, tras mi segundo noticiero al aire en *CM&*, mi propósito era ser mejor que ayer y echarle más ganas todavía. La puerta de la oportunidad ya estaba abierta, y ahora no podíamos dejar que se cerrara, porque las puertas, igual que se abren, se cierran con cualquier viento que sople. Y el viento soplaba a veces favorablemente, a veces en contra. Igual que llegarían más logros que celebrar en mi carrera, llegarían más *castings* en los que me dejarían fuera.

Ya parecía costumbre no invitar a la chocoana al baile. ¡A mí que tanto me gusta bailar!

9

Este *casting* tampoco

La primera vez es una gracia, la segunda vez es una regla.
Proverbio chino

—Pásame la guía telefónica —me pidió mi amiga Érika, muy decidida—. Voy a llamar para ver si podemos visitar la estación.

—Sí, vamos —nos animó Carolina, la segunda compañera de viaje— llama a las oficinas a ver si nos dejan dar un *tour* por sus estudios.

Habíamos estrenado año y siglo, y con dos de mis mejores amigas decidimos celebrarlo escapándonos de Bogotá. Elegimos Miami para nuestras minivacaciones, y así aprovechar para hacer algunas compras. En el hotel, puse la televisión y me encontré con Telemundo. Como mis amigas estaban estudiando Comunicaciones, nos gustó la idea de visitar un medio hispano en suelo estadounidense, aunque no sabíamos si permitirían curiosos en sus sets. En Colombia veíamos los programas de Telemundo y algunos de Univision, y admirábamos su calidad de producción y la diversidad de historias que contaban a un ritmo distinto al que usábamos en los noticieros de nuestro país. Pero justo cuando íbamos a llamar al canal para solicitar un *tour*, nos avisaron que nuestro taxi ya nos esperaba para ir a cenar, y salimos corriendo. Son de esos golpes del destino caprichoso. Al regresar esa noche se nos olvidó completamente el plan de visitar la popular estación de televisión, y de vuelta a Colombia, mi vida retomó la velocidad acostumbrada: la redacción, entrevistas, grabaciones de segmentos especiales y un arduo trabajo diario para capear el temporal político que vivíamos.

El año 2000 dio inicio de manera intensa; seguían los secuestros y los atentados, y se adelantaban las luego fallidas negociaciones entre el gobierno de Andrés Pastrana Arango y la guerrilla de las FARC, mientras el ELN, la segunda guerrilla, continuaba con su presencia criminal.

Yo ya había cumplido mi tercer año trabajando para *CM&*. Mi nueva compañera de escritorio ya no era Claudia Gurisatti, quien se había ido a RCN. Ahora compartía noticiero con mi querida Pilar Vélez. ¡La misma que se quejó porque no me invitaron al *casting*! Cuando Claudia decidió irse a uno de los nuevos canales privados, por supuesto que yo sugerí a mis jefes que trajeran a Pilar. El universo es así: cuando tú inicias una buena acción, te regresa. Y cuando *CM&* la eligió a ella, supe que esa era su recompensa por su gran generosidad e, indudablemente, por su calidad periodística.

Con Pili (como yo la llamo) logramos crear una imagen consistente en el noticiero nocturno, apoyadas por un equipo increíble de productores y reporteros.

Era también la etapa de mi consolidación como presentadora. Mis reportajes en *Agenda CM&*, nuestra revista semanal, me habían abierto la puerta a los viajes y a entrevistar a nuestra audiencia, al colombiano como yo quien desde sus diferentes regiones estaba aportando al crecimiento de nuestro país. Me fascinaba escuchar y aprender de las historias de nuestros televidentes y poderlas compartir con el resto del país.

Poco a poco, comenzábamos a ver más variedad de razas entre nuestros reporteros, y esto me llenaba de orgullo. No obstante, en las posiciones con más visibilidad en pantalla, el panorama no cambiaba.

¿Hasta cuándo seré yo la única afrodescendiente en una de estas sillas?, me preguntaba con mi acostumbrada inconformidad. ¿Cuándo des-

pertaríamos en Colombia a esa realidad que nos negábamos a ver? Porque ser la primera no debería significar ser la única. Son dos conceptos muy diferentes que no deberían convivir por mucho tiempo, porque al primero en lograr algo en este mundo le gusta celebrar la llegada al podio del segundo y del tercero. Es ley de vida. Sería como amasar una gran fortuna y no tener herederos a quienes dejarles tus logros, tus riquezas. Legado sin nadie a quien legar: este era un sentimiento que se volvería a repetir a lo largo de toda mi carrera, y que volvería a plantearme muy seriamente años después, en otro capítulo muy significativo de mi vida que aquí también contaré.

En Colombia, había talento en todos los estratos sociales y en todas las razas y colores, porque cada vez se abrían más puertas a la educación, y contábamos con profesionales preparados en más campos e industrias. Sin embargo, el país seguía regido por los mismos círculos de poderosos y mandos medios incapaces de tomar decisiones que se salieran de lo establecido. Las grandes oportunidades que marcan la diferencia continuaban estando disponibles solo para ciertos grupos. Los que disfrutaban de las posibilidades de alcanzar sus aspiraciones eran aquellos que tenían acceso a mejores escuelas, mejores puestos de trabajo y a los "maravillosos" contactos con políticos y otros todopoderosos. A las comunidades alejadas no llegaban esas valiosísimas oportunidades y costaba más salir a buscarlas.

Sin ir más lejos, ¿cómo explicarnos que nunca hubiéramos tenido un presidente afrodescendiente en la era moderna? En el pasado, Colombia contó con un presidente mulato, y durante más de siglo y medio, dirigentes, historiadores y maestros lo ocultaron, lo enterraron en el olvido, lejos de nuestros libros de texto. La figura fue Juan José Nieto Gil, mestizo de rasgos africanos, quien llegó a gobernar en 1861 la Confederación Granadina, territorio que hoy en día equivale a Colombia. El blanqueamiento de nuestra historia llegó a tal extremo que, tras su muerte, su retrato se envió a París para que profesionales de la pintura eliminaran los rasgos africanos de su rostro. Luego, ese cuadro terminó escondido en el sótano de algún edificio histórico en Cartagena, envuelto en un manto de vergüenza, hasta que recientemente, Juan Manuel Santos, en sus últimos días de mandato como presidente de la república, ordenó desempolvarlo y colgarlo en la galería presidencial, en la Casa Nariño, junto con los otros retratos de presidentes de nuestra historia. Después de 157 años en el olvido, este hecho reivindicaba su origen y reivindicaba una parte de la historia negra de Colombia.

Juan José Nieto Gil fue el primero y hasta ahora el único. Sin ánimo de compararme con ese gran erudito autodidacta, militar y novelista, yo no quería quedarme sola en esta aventura, como le sucedió a él. Afortunadamente, y a pesar de que se tardarían en llegar, las oportunidades aparecerían de poco en poco para otros compañeros y compañeras periodistas de color en los próximos años, y es algo que celebro hasta la fecha. Cada vez que veo un rostro afrocolombiano nuevo en cámara en mi natal Colombia siento que es una pequeña gran victoria.

Y hablando de oportunidades, otra se me iba a negar de nuevo, por razones que nunca se me explicarían oficialmente.

—Ilia, ¿viste este artículo en el periódico de hace tres días? —Un amigo me pasó el diario arrugado y doblado, señalándome una nota chiquita en la sección de televisión—. ¿A ti no te avisaron?

La nota narraba cómo ejecutivos de Telemundo habían llegado a Bogotá en busca de nuevos presentadores, y convocaron un *casting* entre los principales profesionales del país. Esto ya me resultaba familiar: a mí nadie me había invitado.

—No, nadie me lo dijo —le respondí a mi amigo sin darle más vueltas.

Como siempre, yo optaba por minimizar los dramas y no colgarme el cartel de víctima ante nada. Sin embargo, y aunque me resistiera a aceptarlo, yo era la única afrocolombiana en esas grandes ligas, y casualmente la única excluida. Mi corta pero sólida trayectoria, los *ratings*, mi desempeño y mi popularidad entre los televidentes me hacían candidata cuando menos para la prueba, y el colega periodista que Telemundo contrató para organizar esta nueva convocatoria sabía muy bien todo esto. De vuelta, lo que vende, el *marketing* y las ansias de atinarle a lo que creen que el público quiere me estaban jugando otra mala pasada. ¿O no?

Yo estaba feliz en *CM&*. Ni siquiera pensaba en buscar otro trabajo. Sentía que mi ciclo al servicio del público colombiano no había terminado. Como profesional, estaba viviendo uno de mis mejores momentos, pero la rebelde en mí siempre me pedía más pruebas que superar. Por el momento, el reto de trabajar en noticias en Estados Unidos quedó fuera de mi alcance. Me entristecía y me molestaba que no me hubieran llamado para el *casting* como a los demás, pero también me agradaba la idea de quedarme donde estaba, desempeñando una labor dentro de mi país y para mi gente.

Unos meses después, el destino decidió reabrir este capítulo que yo daba por cerrado, y lo haría de la manera más simple. Regresé de paseo a Miami, en esta ocasión con otra amiga que conocía a Maggie Van de Water, la vicepresidenta de talento de Telemundo.

—¡Ah, no! Ahora sí que me doy el *tour* por los estudios. El año pasado Erika, Carolina y yo no alcanzamos a ir —le dije a mi amiga, y ella llamó y lo arregló todo para que me recibieran.

Entré al edificio de Telemundo sin ninguna esperanza de que me ofrecieran aquella oportunidad perdida en Bogotá. Estaba convencida de que ya habían contratado a alguien para los puestos disponibles hacía muchos meses, y que mi visita sería meramente anecdótica. Aun así, yo quería ver cómo funcionaba en Estados Unidos el mundo de las noticias, cómo trabajaban detrás de las cámaras en un país que ha sido y sigue siendo el referente de los grandes canales informativos. Y la primera sorpresa me la llevé cuando vi a la mismísima Maggie Van de Water esperándome en la entrada para darme la bienvenida.

—¿Tienes trabajo ahora? —fueron sus primeras palabras tras saludarme.

—Sí, presento el noticiero de la noche en el canal uno en Colombia —le expliqué para que quedara claro que solo venía de "turismo profesional".

—Ah, pero fueron a hacer *casting* a Colombia, ¿y no te llamaron? —preguntó intrigada.

—No, no supe hasta tiempo después; son cosas que pasan. —Intenté restarle importancia al asunto.

No quería llegar a la parte incómoda en la que tuviera que hablar de la razón por la cual yo creía que no me habían incluido en esa convocatoria. Después de todo, nadie me explicó oficialmente por qué no se me invitó, y no quería especular frente a esta ejecutiva de la televisión. Acababa de pisar Telemundo y lo último que pretendía era hablar de conjeturas personales, o de que me vieran como la víctima de mis circunstancias. En mis planes solo estaba conocer y aprender un poco de ese mundo profesional tan similar al mío, y a la vez tan diferente.

—Permíteme un segundo. —Maggie cambió su sonrisa por una expresión seria y se dispuso a hacer una llamada—. *Hi*, Joe, tengo aquí frente a mí a la persona que creo que andábamos buscando… No, no, ahora… sí… sé que estás ocupado, pero luego no digas que no te lo dije… tú te lo vas a perder.

No sé qué más le dijo a su interlocutor, porque mi inglés era muy limitado por aquel entonces, pero en menos de cinco minutos, Joe Peyronnin, el vicepresidente de noticias de Telemundo, entró a la oficina donde Maggie me invitó a sentarme.

—¿Qué es lo que me voy a perder? —dijo el hombre sin percatarse que yo estaba ahí, en un rincón, silenciosa, sin saber lo que realmente estaba pasando.

—A ella, deja que te la presente. Se llama Ilia Calderón. —Maggie me señaló con un gesto y me lanzó un guiño.

—¿Trabajas en noticias en Colombia? —me preguntó Joe, a toda velocidad, sin dejar de observarme—. ¿Quieres venir a la reunión editorial? Sígueme.

Así se mueve todo en el mundo del periodismo. Todo va a mil por hora y directo al grano. No hay tiempo para dar muchas vueltas, especialmente cuando se acerca la hora del informativo. El reloj siempre nos corretea, y yo corrí detrás de Joe hacia la junta donde debatirían el orden del día. Joe me pidió mi opinión sobre un par de temas de los que hablaron, y Diana Maldonado, una de las principales productoras, hizo el papel de traductora.

—*Are you interested in casting?* —me preguntó Joe al terminar, y esto sí que lo entendí sin ninguna ayuda.

—Por supuesto —respondí, impulsada no solo por mi pasión, sino por los riesgos y las oportunidades que te presenta la vida.

Joe Peyronin es un curtido periodista que empezó su carrera como productor de la estación local de CBS, luego fue asignado a la Casa Blanca. Ejerció de presidente de Fox News, y luego de vicepresidente de NBC. Con todo este equipaje profesional y aunque no hablara mucho español, Joe entendía muy bien las necesidades de la comunidad inmigrante. Estudioso y observador como ninguno, podía anticipar la nueva dirección que estaba tomando el periodismo hispano en Estados Unidos. Y creo que yo era parte de ese plan que él tenía, porque, sonriendo al escuchar mi firme respuesta, me acompañó hasta el área del set para que me preparara y pudiera leer algo en cámara.

Una vez a solas, en el cuarto de maquillaje, me "pintaron" de una manera a la que yo no estaba acostumbrada, con muchas sombras oscuras y mucho colorete en mis mejillas. Es algo que sucede con frecuencia cuando alguien no conoce tu rostro, tu estilo o lo que te gusta. No quise ser grosera ni displicente, así que pedí un baño, me limpié la cara en un segundo, me puse un poco de rubor y, sin revisar ni siquiera mi pelo, me senté ante la cámara. Si esa iba a ser una prueba en la que me iba a jugar un nuevo futuro laboral, prefería que me vieran más natural, y también quería sentirme más "yo". Como dicen los grandes expertos en diferentes áreas de la vida: "Menos es mas". Como atuendo, esta vez llevaba un suéter negro, todo lo contrario a aquel amarillo alegre con el que me presenté por primera vez ante toda Colombia.

A punto de iniciar la prueba inesperada y espontánea, tengo que confesar que me sentía perdida. No estaba muy segura de lo que estaba haciendo. Amaba mi vida en Bogotá, me sentía realizada y feliz en *CM&*, trabajando en mi país, pero mi instinto competitivo me decía: *Lee, lee con pasión, aprovecha la oportunidad que un día se te negó y que se le niega a diario a tu gente; a ellos siempre les faltan oportunidades y hoy la vida te está dando esta a ti. ¡No puedes dejarla pasar!* Esa "niña del Chocó" que siempre llevo dentro me pedía que me esforzara, que me olvidara de las veces anteriores en las que no me habían tenido en cuenta. Trabajar en el mercado estadounidense es un sueño para muchos, o al menos, si nunca lo has soñado, representa una oportunidad, ¡y de las grandes!

Cuando escuché *"and cue!"* comencé a leer. Leí con energía y, aunque mi cuerpo sudaba por los nervios, como aquella primera vez en Teleantioquia, allá en Medellín, hice lo mejor que pude.

Nada más terminar de dar lectura a varios párrafos, me dieron las gracias y me pasaron a otras oficinas, donde Berta Castañer y Anjanette Delgado, dos ejecutivas del canal, revisaron la grabación al instante y ambas dieron su aprobación.

En menos de una hora estaba sentada frente a Jim McNamara, presidente de Telemundo. Jim, un panameño muy agradable y educado, me hizo una oferta inesperada:

—Mira, ¿te interesaría irte a Nueva York? Necesitamos una presentadora allá para el noticiero local.

—Sí — acepté al instante, como siempre hacía con las oportunidades profesionales aunque no las buscara ni las esperara.

—¿Estás segura? Allá hace frío, vas a estar más lejos de tu familia... —intentó advertirme.

—Sí, estoy segura, me voy a New York —insistí, recordando que si esta calentana sobrevivió al frío de la capital colombiana todos estos años, bien podría con el de Nueva York, aunque en esta ocasión tuviera que comprar toda una tienda de abrigos.

Además, ¿cómo rechazar lo que en Bogotá se me negó? Allá no se me informó de la audición, y aquí me la estaban ofreciendo sin drama ni obstáculos.

—Ok, te vamos a enviar una oferta por escrito —me prometió Jim mientras nos despedíamos.

Al día siguiente, regresé a Colombia con la certeza de que me iban a llamar, y de que no se trataba de una falsa alarma. A estas alturas estaba convencida de que, en esta vida, lo que es para ti nadie te lo quita, ni siquiera un *casting* al que no vas porque no te invitaron. Por eso, cuando me llegó el fax con la propuesta de Telemundo, no me sorprendí en absoluto. Mi asombro fue al leer los detalles: el trabajo que me ofrecían ya no era el que mencionó McNamara. Ya no iría a Nueva York a presentar el noticiero local. La propuesta formal y definitiva de trabajo que me hacían era para presentar el noticiero nacional de fin de semana, desde la calurosa y colorida Miami. No iba a ser fácil trabajar el fin de semana. Ya lo había hecho por unos meses en Medellín y se sentía como vivir al revés de todo el mundo. Sin embargo, entendí que era un nuevo comienzo y que en todas las carreras luchadas y trabajadas, hay cuotas de sacrificio que tenemos que pagar. Derecho de piso, le dicen, que al final representa la base en todo proceso de aprendizaje.

—Además, ¿a quién le importa que sea los fines de semana? —le dije a mi mamá cuando la llamé para darle la noticia—. Se trata de un noticiero nacional, ¡y desde Miami! En Florida estaré más cerca de Colombia para ir a verlos, y muchos hablan español.

Obviamente, doña Betty se alegró, pero sin ocultar esa gota de tristeza que toda matriarca siente cuando sus pollitos vuelan cada vez más lejos.

Y, con la emoción de contarle todo a mi mamá y a mis hermanas, y de imaginar mi nueva vida en otra ciudad y otro país, se me olvidó otro aspecto triste: también tendría que decirle adiós a Pili y a mi equipo de noticias, al que tanto adoraba.

—A ver, hablemos de "platica" —me dijo el gerente de *CM&* cuando le di la noticia de que me iba—: ¿cuánto quiere?

—No, la decisión ya está tomada —intenté explicarle.

Creo que el hombre pensó que yo bromeaba, o que era una estrategia para lograr un aumento de salario. A estas alturas de mi carrera no era cuestión de dinero. Era cuestión de enfrentar esos desafíos que la vida me había puesto en frente. Aunque, como ya dije, me sentía útil y realizada informando a mi gente en Colombia, también sabía que era hora de buscar nuevas y más grandes fronteras.

Con este desafío a cuestas, empecé a empacar dos maletas. Con cada zapato y cada vestido que doblaba y metía en mi equipaje, recordaba mi primer día de escuela en Medellín, entre las niñas de cabellos rubios que no necesitaban atarlos y domarlos en trenzas imposibles. Recordé mis días de modelaje por las tardes, y noches enteras estudiando en la universidad. Mi memoria viajó por mi primer trabajo en noticias en Medellín, y mi primer día en *CM&*, aquella noche en la que Yamid Amat se fue a casa para que no le diera un ataque de nervios en la redacción, esperando, al pendiente de la reacción de toda Colombia al verme en pantalla. ¡Había caminado un largo trecho!

Una vez que terminé de empacar mi equipaje y me despedí de

amigos y de mi familia, me subí al avión para tomar el vuelo que había tomado anteriormente para ir de vacaciones, pero que esta vez no tenía fecha de regreso.

¡Qué bueno que nadie me dijera en ese momento que iba a ser otra vez la primera afrodescendiente en presentar noticias nacionales en medios en español allá donde iba! Así no sentí tanta presión. Yo pensaba que, en el país de Oprah Winfrey, Whitney Houston y Michael Jordan, los negros ya sumaban años al frente de la televisión, fueran o no fueran inmigrantes, y trabajaran en inglés o en español. Yo pensaba que en ciudades como Miami o Nueva York, con una población tan alta de cubanos, puertorriqueños, dominicanos y colombianos, ver negros hablando español en puestos clave no sería nada del otro mundo. Creí que no sorprendería a nadie ver doctores, abogados, alcaldes y, cómo no, presentadores hispanos de color. ¡Ni se me cruzó por la cabeza que me tocaría ser la primera por segunda vez! Yo me veía más como una colombiana llegando a las noticias nacionales y punto, y no iba a ser la primera colombiana, pues Ana María Trujillo ya había sido presentadora en Telemundo, y eso me agradaba. Saber que había tenido precursoras me hacía sentir mejor, porque, para mi beneficio, alguien ya había conquistado ese espacio.

Además, mis inquietudes no giraban en torno a ser la primera o la última. Lo que me angustiaba era mudarme a un país completamente desconocido y… ¡el idioma! ¿Cómo iba a comunicarme con mi jefe y mis vecinos y en ese nuevo mundo en general? Mi inglés era muy básico y apenas podía entenderme con los meseros a la hora de pedir una ensalada. ¿En qué lío me metí? Esta vez, la devoradora de retos sintió miedo, y hoy me enorgullece admitirlo. El miedo es parte del proceso de crecimiento. Quise, por un instante, que ese avión rumbo a Miami diera una de esas vueltas de 180 grados y regresara al punto de partida, como un día lo deseé subida a bordo de aquel avioncito de doble hélice, cuando iba camino a empezar la secundaria en

Medellín, lejos de mi querida Istmina. Aquel extraño vacío se quiso apoderar nuevamente de mi estómago, pero esta vez no lo logró. *Voy a Telemundo, es un nuevo trabajo, un nuevo reto y todo va a estar bien. Un día me negaron la oportunidad, y hoy no la voy a dejar escapar.* Con este pensamiento aterricé en mi nueva realidad, en la que me esperaban sorpresas de todos los sabores: algunas dulces, otras un tanto amargas.

En cuanto al periodista que convocó el *casting* para Telemundo en Bogotá, la vida caprichosa decidió juntarnos años después, en una boda que se celebró en Cartagena. La feliz novia era nada más y nada menos que mi antigua compañera y buena amiga Claudia Gurisatti. El periodista en cuestión es un profesional de renombre, con experiencia internacional, y no creo que tenga prejuicios. Sospecho que, como aquel otro profesional encargado del primer *casting* en Medellín, se dejó llevar por las reglas del *marketing*. Seguro que conocía muy bien el perfil de presentadores que triunfaban en Telemundo, y probablemente sintió que yo no llenaba esas expectativas. En Colombia, preparó las audiciones perfectas para los ojos de los ejecutivos de Telemundo, porque para eso lo habían contratado. Es un fenómeno similar al que sucede cuando llega el Papa de visita a nuestros países, y de repente limpian las avenidas, plantan flores y esconden a los pobres y desafortunados. Igualmente, este profesional invitó a su *casting* a los presentadores que creyó que darían esa imagen de perfección y, por alguna razón, ahí no encajaba yo.

—Oye, ¿por qué no me llamaste para aquel *casting* de Telemundo?
—Esta vez no me quedé callada y le pregunté después de saludarnos cortésmente.

Después de todo, yo no tenía nada que perder, así que decidí romper ese "silencio de buen gusto" al que tan acostumbrados estábamos.

—Porque soy amigo del que era tu gerente, y ¿cómo le iba a robar la empleada? —respondió.

¡Ah! La vieja excusa que tanto se usa, pero nadie se cree. Este competitivo mundo de las noticias y de la televisión es como el fútbol. No me dirán que el entrenador del Real Madrid va a dejar de fichar, o al menos de considerar, a un jugador del Barça solo porque es amigo del técnico culé.

Esa tarde, terminamos nuestra conversación de buen humor con una sonrisa amable y sin malos sentimientos. Yo ya llevaba más de una década trabajando como periodista en Estados Unidos. ¿Qué más le podía pedir a la vida?

Bueno, tal vez podía pedirle que, en el próximo *casting*, fuera donde fuese, se me invitara, porque bien dicen que a la tercera va la vencida.

Pero antes de pedir nada, tendría que pagar ese otro derecho de piso de todo recién llegado a una nueva tierra. Porque, con mi llegada a Miami, iba a pasar a formar parte de otra minoría que tampoco lo tiene fácil. Ahora, sería por primera vez inmigrante; experimentaría de cerca el verdadero significado de la palabra *extranjero* y el impacto que causa el silencio que rodea a los que somos de afuera, a los recién llegados. Un silencio nuevo para mí, de diferente textura y color, pero igualmente dañino. Porque no sé qué resulta más complicado: ser profeta en tu propia tierra o en tierra ajena.

10.

Mi nueva minoría

hospitalidad: *palabra que traduce del griego* fi·lo·xe·ní·a,
*que significa literalmente "amor (afecto o bondad) a los extraños
o extranjeros ".*

—¿Dónde estás? —la voz de Joe Peyroninn, mi nuevo jefe, sonaba
muy alterada—. Ven corriendo a la sala de redacción. Me imagino
que sabes lo que está pasando.

—Llego en breve, ya estoy cerca —le dije desde mi celular, ya en
camino.

Minutos antes, me estaba preparando para ir a mis clases de
inglés, cuando mi amigo Jorge, quien me visitaba de Colombia, me
gritó desde la sala:

—¡Ilia, se estrelló un avión contra una de las Torres Gemelas en
Nueva York!

Sin terminar de enjuagarme la boca, y con el cepillo de dientes
en la mano, me paré frente al televisor y, justo cuando mirábamos
con detenimiento la pantalla, el segundo avión impactó en la segunda
torre.

La imagen era tan surrealista que tuve que cerciorarme de que,
en efecto, el programa que estábamos sintonizando era de noticias y
no una película. Al comprobar que se trataba de un noticiero, el so-
leado y moderno apartamento donde Telemundo me había alojado a
mi llegada se tiñó de un gris descorazonador.

La fecha de ese día: 11 de septiembre de 2001. Imposible de

olvidar. Hacía exactamente tres días desde que, el sábado anterior, habíamos iniciado el primer *Noticiero nacional fin de semana* de Telemundo conmigo al frente, en Miami, mi nueva ciudad, en mi nuevo país: Estados Unidos de América, país que esa mañana quedó envuelto en miedo e incertidumbre. La llamada "tierra de la libertad" se tambaleaba y desmoronaba en verdadero terror ante mis ojos, con los ataques a las Torres Gemelas, al Pentágono y ese otro avión estrellado en un escampado en Pensilvania.

—¡Me voy! —le avisé a Jorge, con mi cartera en la mano y un pie en la puerta.

Mi instinto me decía que esto era demasiado grande para perder tiempo con preguntas. No entendía lo que acababa de ver, pero sabía que mi lugar era en la redacción, por lo que pudiera pasar. Y mucho iba a pasar.

Al entrar en las oficinas de Telemundo, los productores volaban y los editores se abrazaban y lloraban viendo las imágenes que nos llegaban de los rastros del cuarto avión siniestrado. Mis jefes daban órdenes constantemente, intentando organizar al numeroso equipo que no daba abasto. No era el momento de que la chica nueva pidiera ayuda. Nadie me podía guiar sobre lo que debía hacer en ese momento de conmoción y caos.

Sin entender mucho lo que hablaban algunos de los ejecutivos en inglés, me ofrecí para redactar notas y sentarme frente a la cámara si me necesitaban. Durante días, apenas descansamos, y solo volvíamos a nuestras casas para bañarnos, medio pestañear y regresar. Me pusieron a cubrir turnos de noche, o de madrugada, y a relevar en el set a Pedro Sevsec y a María Elvira Salazar, los dos presentadores más veteranos y conocidos del canal. Entre una y otra intervención, leía en la internet todo lo que podía sobre geografía, sobre el Talibán, la política de cada estado, personas clave en el panorama nacional y detalles sobre Nueva York, ciudad de la cual no sabía mucho. Era una infinidad de nuevos términos y conceptos que desconocía, y que me tocó aprender al aire, a la brava, como toca aprender muchas veces en esta profesión.

Mi bautizo y mi iniciación en el periodismo en Estados Unidos fueron aquellas largas e incesantes horas transmitiendo en vivo, durante aquel momento tan difícil para todos.

Entre la tragedia y la confusión, me llamó la atención la manera de trabajar tan diferente a mi país. Como en una democracia, las decisiones se tomaban en constantes reuniones editoriales, donde todos, reporteros, productores y presentadores teníamos voz a la hora de distribuir asignaciones y de opinar sobre los hechos que considerábamos relevantes, para incluirlos en los informativos.

En Colombia, yo estaba acostumbrada a que las decisiones se tomaran de manera vertical. El jefe escuchaba los reportes de cada periodista y luego él mismo decidía si se hacía el reportaje o no. Además, allá los reporteros estaban agrupados en especialidades o fuentes, y acá pronto descubrí que todos teníamos que estar preparados para cubrir cualquier tema. En un noticiero te encargaban una nota sobre el estado de salud de los sobrevivientes de las Torres, y en el otro te enviaban a entrevistar al gobernador sobre los nuevos cambios en las leyes antiterroristas. El rol del redactor también era radicalmente diferente. En Colombia, es el director del noticiero quien escribe todos los textos que leen los presentadores. En Estados Unidos, tanto en Telemundo como en cualquier otro canal lo suficientemente grande, existe el oficio de redactor, que se dedica exclusivamente a escribir dichos guiones.

Dos semanas después, y mientras yo todavía me acababa de adaptar profesionalmente a mi nuevo entorno, se terminó la transmisión ininterrumpida de los estragos causados por los ataques terroristas y finalmente pudimos regresar poco a poco a nuestras vidas y nuestras rutinas. Fue allí, sola, en ese apartamento junto al mar, donde empezaron otros muchos retos. Era hora de enfrentar mi nueva realidad: estaba en tierra ajena.

La vida me iba a dar pequeñas probaditas de lo que verdaderamente significaba ser extranjera. Del Chocó a Medellín fue un cambio fuerte, de Medellín a Bogotá no fue fácil y de Colombia a Estados Unidos estaba siendo un triple salto desde el trapecio y sin red. Aún arropada por Telemundo, con mi permiso de trabajo en mano y con la ayuda que me brindaron un par de amigos colombianos que residían en Miami, mi pequeño gran drama me estaba causando verdaderos quebraderos de cabeza. Las cosas más tontas se convertían en complicados obstáculos que tenía que ir saltando como podía.

Sin ninguna historia crediticia en mi nuevo país, necesité recurrir a la ayuda de un amigo de otro amigo para que me aprobaran el arrendamiento de un carro. Pronto aprendí que mis cuotas de pago serían mucho más altas por ser recién llegada. Un reto económico que enfrentan miles de familias: intereses altísimos que, en algunos casos, los convierten en víctimas de agresivos prestamistas. Afortunadamente, yo pude pagar mi arrendamiento mes a mes, hasta que en un año o dos conseguí mejor crédito. Pero soy consciente de que muchos otros inmigrantes apenas pueden establecer ese buen crédito sin el cual no eres nadie en este sistema de vida. "Mira, mi esposa, cuando llegó, empezó a levantar su crédito con tarjetas de almacenes de ropa", me explicó un compañero de trabajo. Y ahí me veían a mí, sacando tarjetas de Express y Neiman Marcus, y usándolas hasta que me subió mi puntuación y apreciando inmensamente el hecho de poder pagarlas, poco a poco. Como digo, millones de familias lo tienen mucho más difícil, y en algunos casos, este drama del crédito termina en sueños truncados y promesas de una tierra prometida sin promesa a la vista.

Recuerdo que en mi primera tarjeta me autorizaron un máximo de trescientos dólares mensuales. ¡Bienvenida a mi sueño americano, fuera cual fuese!

Esta experiencia de inmigrante y las siguientes que aquí contaré, aunque no son graves ni críticas como las que sufren otras familias, formaron parte clave de mi historia y de mi camino por el periodismo y la vida, y por eso debo contarlas. Ser extranjero es algo que tienes que vivir para poder entender. No es tan sencillo como lo pintan, aunque llegues por avión y con trabajo. Cada inmigrante tiene un proceso distinto, pero muchas de nuestras sensaciones y experiencias se asemejan, tengamos o no documentos migratorios.

Por ejemplo, el obstáculo más doloroso para mí, y estoy segura que para todo inmigrante en el mundo, sería el que menos me imaginaba: ¡echar de menos a la familia! A mi mamá le tomaría seis años poder venir a visitarme a mi nueva tierra. La embajada estadounidense en Bogotá le negó la visa, a pesar de que envié cartas explicando que yo era responsable por todos los gastos de su viaje, que estaba aquí con visado de trabajo y que me responsabilizaba de su estadía y de su posterior regreso a Colombia. Yo no sabía que, por ley, si te rechazan la solicitud de visa, debes esperar unos años para volver a solicitarla, y eso nos tocó hacer: esperar. Los meses pasaban, y ¡los años! Por más esfuerzos que hicimos y más papeleos, doña Betty no logró entrar a Estados Unidos hasta 2006. Durante todos esos largos años, yo apenas podía viajar a Colombia por las exigencias de mi trabajo. Los recién llegados casi no tenemos vacaciones; nos toca trabajar horarios de madrugada, y en la noche y cubrir las vacaciones y días de enfermedad de los más veteranos que ya pagaron ese derecho de piso.

En todo ese tiempo, me preocupaba pensar que, si me enfermaba, si algo me llegara a suceder, mi mamá no podría llegar a visitarme al hospital. De hecho, tuve dos cirugías en las que no pudo estar conmigo. Ni siquiera mis hermanas Lizbeth o Beatriz pudieron venir a cuidarme esos días de postoperatorio, porque también les negaron sus visas de turistas, a pesar de que, paradójicamente, ninguna de ellas tenía ni tiene la intención de venir a quedarse a vivir en Estados Unidos.

Para una madre tan presente como la mía, el hecho de no poder viajar a verme la consumía. Y a mí, esa soledad y aislamiento, lejos de los seres que amaba, me sirvió para comprender parte de la gran tragedia que sufren millones de inmigrantes que ni pueden ir ni los suyos pueden venir. ¡Y para muchos de ellos es infinitamente peor! El precio de estar indocumentados y tomar el riesgo de regresar a tu país, al funeral de tu padre o al nacimiento de tu hijo, implica que no puedas volver a entrar y perder todo lo que has ganado y acumulado durante décadas de duro trabajo. El sueño por el que viniste a luchar se viene abajo sólo por cruzar una frontera. Son millones de personas que están en trámites para regularizar su situación, y les puede tomar hasta doce años si la petición es por medio de un familiar. Otros simplemente jamás podrán arreglar su estatus migratorio, y jamás podrán salir de suelo estadounidense, pues no tienen familia que los solicite, ni empresa que los contrate y pueda cumplir los mil requisitos para obtenerles el anhelado permiso de trabajo.

Aquellos que, sin ningún amparo, deciden salir y volver a entrar, son inmediatamente deportados en el puerto de entrada y castigados con un mínimo de cinco años para poder solicitar cualquier clase de perdón y reingreso. Familias enteras se sienten presas, atrapadas dentro de este país que tanto les da: techo, comida, estudios, seguridad, pero que tanto les quita: su libertad. La libertad de poder volver a la tierra que los vio nacer.

En tiempos en los que tanto se habla del "muro fronterizo", a veces pienso si no existe ya, en la mente de millones de inmigrantes. Un muro invisible, pero de dentro hacia fuera. Un muro legal que no les permite pasar de una línea que separa hijos de sus madres, hermanos de hermanas, nietos de abuelos.

Son muchos los casos que vemos en lugares como en el tramo de valla metálica que rodea el cruce que divide Tijuana de San Ysidro, California, o en otros puntos de la frontera entre Estados Unidos y

México. Allí, docenas de familias acuden los domingos para celebrar graduaciones, cumpleaños y hasta matrimonios, y darse la mano, tocarse, sentirse por unos minutos, a través de esos gruesos barrotes que apenas los dejan verse a pocos metros de distancia. Separados por un muro por el que hay tantas disputas y desacuerdos sobre si terminarlo, pero que ya nos divide desde hace décadas, enorme, fuerte, inexpugnable, para estos doce millones de indocumentados, quienes no pueden ni cruzarlo para ir a dar sepultura a sus propios padres.

Comparada a todo esto, mi experiencia personal se redujo a largos meses sin ver a doña Betty. Como ni ella ni mis hermanas podían venir por cuestiones de visados, yo intentaba escaparme a Colombia durante Navidad o Año Nuevo. Pasábamos juntas tres o cuatro días que aprovechábamos al máximo. El resto del año solamente nos conectaríamos por teléfono o Skype, y eso me resultaba más duro de lo que me esperaba. Ilia Calderón, la independiente, la que se fue a los diez años a estudiar fuera de casa, ahora estaba experimentando el verdadero vacío que deja la familia cuando no la puedes tener a tu lado. Duele. Solo puedo decir que duele, y no imagino ese dolor multiplicado si no las pudiera ver o abrazar en cinco, diez o veinte años.

Aparte de la separación familiar, tuve vivencias y aprendizajes significativos en mi recién estrenada vida de inmigrante. Si yo pensaba que era parte de un grupo que no lo tenía fácil en mi natal Colombia, ahora aprendería lo que significaba ser parte de una enorme y variada minoría llamada "hispanos". ¿Cómo podíamos ser considerados minoría cuando sumábamos oficialmente más de 35 millones ya en el año 2001, y 40 millones extraoficialmente? Esas altas cifras, y la manera en la que nos denominaban en el lenguaje burocrático, fueron lo primero que me llamó la atención. En todos los papeles del gobierno se referían a nosotros, a los de afuera, con el término *aliens*. ¡Extraterrestres! Claro que también se puede traducir como foráneo, que sería lo más acertado y menos dramático. Mi gran fortuna, la que me rescataba de vivir en la clandestinidad, era que yo entraba en la categoría de *legal alien*. El *illegal alien* lo tenía infinitamente peor que yo y, a través de mi trabajo con la comunidad latina, fui descubriendo poco a poco lo mucho que pesaba ser indocumentado, y las otras muchas penurias que esto acarreaba, aparte de no poder viajar a nuestros países de origen.

"Ilegal", otra palabra que me choca. De donde yo venía, las acciones son ilegales, los productos son ilegales, pero… ¿cómo puede ser ilegal una persona? Casi dos décadas después, sigo lidiando con esta palabra que muchos usan a diario, y constantemente tengo que explicar a unos y a otros la connotación negativa que conlleva y el daño que causa. Tengo que aclarar, armada de paciencia, que tu estadía en el país puede ser irregular, pero que tú, el ser humano, no eres ilegal. Si la persona no tiene experiencia, la llamamos inexperta, si no tiene documentos migratorios para vivir en un país distinto al suyo, ¿no deberíamos llamarla simplemente indocumentada?

Sin ánimo de compararme con las verdaderas luchas y verdaderas tragedias de la inmigración, pero mi estatus de extranjera resultó un poco más incómodo de lo que esperaba. Para una mujer acostumbrada a estar en control, a moverse rápido por el sistema, a manejar el idioma como herramienta de trabajo, algo tan primordial como no poder comunicarme con la cajera del supermercado me hundía en la desesperación. Es una etapa que hemos sufrido todos los recién llegados, en mayor o menor grado, y los que lo han vivido me comprenderán a la perfección.

La primera payasada de novata la hice al ir a poner gasolina. Paré el carro junto a la bomba y esperé durante largos minutos a que apareciera algún amable empleado a cobrarme y llenar el tanque. Quien llegó fue otro cliente que me sonrío al verme plantada como una farola con cara de pasmada. Lo vi cuando sacó su tarjeta, tecleó su número PIN y descolgó la manguera del surtidor. ¡Era un autoservicio, y lo ponía bien clarito en un enorme cartel que no entendí: ¡*self-service*! Y, como "al pueblo que fueres, haz lo que vieres", me dispuse a hacer lo mismo que vi hacer al otro cliente: saqué mi tarjeta, la metí en la ranura, puse la manguera en mi carro, hundí el botón de la más barata y empezó a salir el combustible. ¡Me sentí empoderadísima con algo tan simple!

Otro de estos dramas me esperaba al llegar a casa.

—¡Señorita Ilia, creo que no pagó su cuenta a la compañía eléctrica! —me dijo don Félix, el conserje de los apartamentos, agitando un papelito al verme pasar por el *lobby*.

—¿Qué? ¿Que yo tenía que pagar la factura de la electricidad? ¿Dónde? —le contesté al hombre, mientras leía esa notificación amenazadora.

—Mire, aquí —me dijo, encaminándome a un rincón de la entrada del edificio donde había filas de pequeños buzones empotrados en la pared.

Sacó una llave maestra, abrió el que correspondía a mi apartamento y extrajo decenas de cartas, dobladas y apretadas. ¡No cabía una más! Casi me muero del bochorno. Durante los dos meses que llevaba viviendo ahí, me preguntaba por qué nunca encontraba correspondencia en el suelo al abrir la puerta de mi apartamento cuando llegaba agotada de mis largas horas de trabajo en Telemundo. ¡Nadie me dijo que aquí existían los buzones! En Colombia te entregaban el correo por debajo de la puerta, y así pensé que sería acá.

Entre todos esos sobres estaban, lógicamente, los avisos de la luz, uno tras otro, advirtiéndome que me iban a dejar, como en mi querido Chocó, a dos velas, pero esta vez por falta de pago.

—Don Félix, dígame cómo arreglo esto. ¿Donde voy, qué hago? —le pedí ayuda al conserje, sintiéndome torpe y perdida.

—Señorita Ilia, esto está pasado, tiene que ir a las oficinas en persona, y le va a tocar esperar en una fila que generalmente es larga —me indicó con paciencia, proporcionándome la dirección en la que me tenía que presentar.

En las oficinas de la compañía eléctrica, el reto, esa palabra que tanto me gustaba en el campo profesional pero que en mi vida personal no era tan emocionante, seguía complicándose. La empleada comenzó a hablarme en inglés a toda velocidad. Cuando le rogué que continuara en español, o que hablara despacito, la señora, de raza negra y de unos cincuenta años, se puso los lentes para observarme de arriba abajo, y me dijo:

—*Honey, don't tell me you don't speak English.*

Inmediatamente lo comprendí: ¡creía que yo era afroamericana como ella! O debería decir, ¿"afroestadounidense"? Ahí me di cuenta de que, para los estadounidenses, me veía como negra estadounidense. Y pronto descubrí que, yo que me sentía tan colombianísima, no lucía colombiana ni para mis mismos compatriotas colombianos que acá residían.

—¿Eres colombiana? *Really?* —me decían sin disimular su sorpresa en la tienda, en el doctor, en el restaurante—. Juraba que eras americana, que no hablabas español.

Unos me preguntaban si era dominicana o puertorriqueña y otros decían que mi rostro no era muy típico de aquí o de allá. Siempre encontraban un motivo para catalogarme de todo menos como hispana, y mucho menos como colombiana. Simplemente yo no me parecía al prototipo que todos veían en las exitosas telenovelas de la noche que llegaban de mi país. Esto me pegaba en el pecho, porque yo toda mi vida me sentí más colombiana que el café, que la arepa, que el plátano y que mi selva chocoana.

La siguiente pregunta que siempre le seguía a esta duda sobre mis orígenes era: "Pero… ¿es que hay negros en Colombia?". Antes de responder el típico, "Sí, claro que sí", yo respiraba profundo, porque no quería sonar grosera. Y pronto me percaté de que la culpa la teníamos nosotros mismos, los colombianos, como nación, por haber blanqueado tanto nuestra historia, como un día blanqueamos aquel cuadro del ilustre Juan José Nieto Gil.

¡Cómo culpar al mundo por no saber de nuestra existencia si no aparecíamos ni en nuestras novelas, ni en nuestras campañas internacionales de Juan Valdés y su rico café, ni en nada de lo que exportábamos! ¿Cómo esperar que un vecino de Nueva Jersey o Kentucky supiera de qué color éramos en el Chocó si no sabía dónde quedaba nuestra región? Sin ir más lejos, los mismos latinos, en las noches de fiesta y *glamour* de Miami, cansados de bailar al son de los éxitos del Grupo Niche, se sorprendían al saludarme en la pista de baile, con mi piel morena y mi acento colombiano. ¡Pero si casi todos los miembros de Niche son como yo!

Y de las pistas de baile a las carreteras, las anécdotas no se hacían esperar. Recuerdo que mi mamá, cuando finalmente pudo venir a verme, me decía, emocionada: "Mira ese negro manejando un carro tan costoso. ¡Eso en Colombia no se ve casi!". En su cabeza, no existía esa imagen de un hombre afro con mucho dinero, a no ser que fuera deportista o artista. Y en Miami, la gente afrodescendiente comía en los restaurantes caros y compraba en las tiendas de moda y nadie parecía sorprenderse. Estas diferencias entre ser negro acá y ser negro allá siempre las achacaba al hecho de que, en suelo estadounidense, nos llevaban ventaja en ese activismo histórico del que antes hablé. En Colombia no habíamos sufrido una represión oficializada como en Estados Unidos y, por lo tanto, tampoco nos habíamos beneficiado de un movimiento por derechos civiles tan grande y revolucionario como el que se vivió en los años sesenta en este país de grandes hazañas y grandes contrastes.

En resumidas cuentas, en este nuevo mundo donde no atinaban con mi nacionalidad, al menos parecían brindar más oportunidades. Obviamente, no era ni es todavía un paraíso de la igualdad ni de la equidad, y quedan muchas batallas y situaciones injustas por pelear y ganar, como la más reciente en mi cabeza: la de la foto de dos policías montados a caballo en Galveston, Texas, arrastrando con una soga a un joven negro arrestado. Un acto de humillación, con total falta de humanidad, y una imagen que nos recordó los nefastos años de esclavitud. La oficina a la que pertenecían los dos agentes ofreció disculpas y prometieron que eliminarían esa práctica y que no se volvería a repetir tan indignante estampa. ¡Yo ni podía creer que esa manera de proceder todavía fuera legal y aceptada en pleno siglo XXI en suelo estadounidense!

No obstante, y a pesar de algunas estampas de discriminación que tristemente se repiten con frecuencia, esas oportunidades de las que siempre hablo estaban un poco más presentes acá. Eso, si lo comparábamos con Colombia, donde el negro pareciera estar condenado a ser pobre y ser feliz en su pobreza.

En nuestros países, nos vendieron la imagen, tan cruel como falsa, del negro feliz siendo pobre, que se pasa los días cantando y bailando alegremente con los pies en la arena, sin un peso en el bolsillo. ¡Qué gran mentira, creada para justificar la falta de oportunidades que afecta a todas estas comunidades! No es que nuestra gente no desee superarse o no sepa cómo hacerlo, es que simplemente el acceso a la educación y a los puestos de trabajo es limitado o casi nulo. Con cero posibilidades y una corrupción a todos los niveles que roba los presupuestos asignados para las comunidades más desfavorecidas, ¡por supuesto que se quedan en la pobreza! Una vez pobres, hacen de ello lo mejor que pueden; pero no creamos que se quedan en ese estado de carencias porque quieren ni porque prefieren pasarla bailando salsa en lugar de ir a la universidad o de montar un negocio. Esa es una visión arcaica, imperialista y neocolonialista, digna de aquellos señores que escondieron el cuadro de Nieto en un sótano para que nadie viera al negro con la banda presidencial colgada del pecho.

De regreso a las calles de Miami, y a pesar del optimismo de mi madre que veía en mi nueva tierra las cosas buenas, me asaltaban las dudas: ¿Me vine al país correcto? ¿No hubiera avanzado más personal y profesionalmente quedándome en mi Colombia? En gran parte, el estrés del 11 de septiembre y el subsiguiente torbellino informativo en el que me vi envuelta a mi llegada, me hacían titubear, especialmente porque todo cambió.

A raíz de esa fecha y lo acontecido, el país entero se transformó con el nacimiento de nuevos temores, nuevas reglas y leyes, una nueva situación económica y nuevos sentimientos xenófobos y antiinmigrantes. Ahora todo lo que sonaba a árabe despertaba en algunos temor y desconfianza. La recién estrenada discriminación contra el mundo islámico se unía al clásico y arraigado rechazo de los negros.

Este nuevo panorama post 11 de septiembre me enfrentaba a considerar mi segundo apellido en mi pasaporte, Chamat, que a veces despertaba sospechas en los aeropuertos. Vengo de un país donde existe una gran comunidad del Medio Oriente. Hablar de Colombia sin el aporte sirio-libanés es negarse a ver la situación completa. Mi bisabuelo paterno fue uno de esos miles de llamados "turcos" que desembarcaron en Cartagena a finales del siglo XIX, huyendo del Imperio Otomano. Tanto Siria como Líbano y Palestina permanecían bajo el yugo de los verdaderos turcos. El rumor de nuevos y emocionantes países al otro lado del Atlántico, donde podrían ser libres, los armaba de valor y se enrolaban en viajes sin regreso. En su mayoría, eran hombres jóvenes emprendedores que se dedicaban al comercio por las calles de Barranquilla, Cartagena y Bogotá. Con el paso de las décadas, abrieron sus primeros negocios de telas, hilos y toda clase de productos. A mediados del siglo XX, el sirio-libanés se supo posicionar en los círculos sociales del país, a base de enviar a sus hijos a la universidad y tener éxito en los negocios. Por eso, no es extraño encontrar apellidos árabes entre los grandes doctores, abogados, intelectuales y políticos actuales. Y entre toda esta odisea, estaba don Carlos Chamat y su diminuta librería en algún rincón del Chocó, hijo de uno de esos sirios pioneros y aventureros y de la afrocolombiana que lo enamoró.

Y ahora estaba yo, viajando por el mundo con apellido de tintes árabes y piel negra. Cuando en inmigración me preguntaban y yo me arriesgaba a hablar en inglés, mi marcado acento no ayudaba y los desorientaba todavía más. Opté por contestarles en español a sus preguntas para dejarles en claro mi procedencia: "Sí, soy colombiana, claro que soy colombiana. Sí, hay negros en Colombia. Sí, qué curioso, cierto". Y la conversación se repetía, como un disco rayado.

Por unos meses, después de los terribles atentados, los árabes encontraron un gran rechazo en la parte más conservadora del país. Yo sabía que por mis venas también corría esa sangre del Medio Oriente, y mi espíritu rebelde y retador se aferraba a ese orgullo de ser quien soy, algo que mi madre siempre nos inculcó.

Inmigrante, palabra que desde aquel 11 de septiembre cambió drásticamente, y que en estos nuevos tiempos políticos que corren, con el resurgimiento del populismo y del nacionalismo, se ha devaluado todavía más. Para muchos podría sonar despectiva, excluyente o negativa. Para mí se convirtió en parte esencial de mi nueva vida y de mi nueva pasión. Fue la palabra que me abrió las puertas a una nueva etapa laboral fascinante y que me regaló una nueva y maravillosa familia que amo. Mi nueva condición de inmigrante, a pesar de los obstáculos más o menos graves que conlleva, iba a llenar mi camino de grandes sueños y grandes recompensas, y me iba a permitir conocer a gente excepcional. Personajes de quienes más adelante contaré algunas de sus historias, en los siguientes capítulos de este libro. Porque, con sus increíbles relatos, aportaron mucho a mi crecimiento personal y a mi incesante búsqueda de respuestas.

A un año de mi llegada a Telemundo, ya no tenía dudas de que había tomado la decisión correcta. Mi corazón se encontraba aquí como en casa, y me sentía más útil que nunca, al servicio de mi nueva gran familia: la familia hispana. Ya no me importaba ser minoría dentro de una minoría, dentro de otra minoría. De afrocolombiana, pasé a inmigrante, y después a hispana, y me gustaba mi nueva identidad.

Era como las *matrioskas*, esas muñecas rusas que se guardan una dentro de otra. Y en este juego todavía me faltaba abrir las sorpresas y las respuestas que encerraba una muñequita más: la de ser mujer. Esa oportunidad llegaría años después, tras un tsunami que se desataría como una explosión por las redes sociales y las acciones de varias mujeres valientes en Hollywood, y en el resto del planeta. Ese otro tipo de silencio estallaría y levantaría fuerte oleaje en nuestras vidas, la mía incluida.

Pero antes me esperaba un cambio de familia profesional, el encuentro con un ser excepcional del que me iba a enamorar y un viaje revelador a un lugar que ya corría por mis venas.

11.

Nuevo reto de impacto

La inteligencia es la habilidad de adaptarse a los cambios.

Stephen Hawking

—Ilia, van a cerrar el noticiero de fin de semana —me anunció mi productora con pena en los ojos, al terminar mi transmisión en vivo una noche.

Tras cuatro estupendos años, mi trabajo informando cada sábado y domingo a toda la comunidad hispana de Estados Unidos a través de las pantallas de Telemundo llegaba a su fin. Por cuestiones de presupuestos las directivas decidieron sacrificar los informativos que presentaba junto a Rogelio Mora-Tagle, otro de mis grandes compañeros y maestros en mi carrera profesional. Roger fue mi primer copresentador en la televisión nacional de Estados Unidos, y hasta la fecha, es mi gran amigo. Este mexicano con un sentido del humor extraordinario me enseñó a conectar con mi nuevo público, y me recordó la importancia del buen compañerismo durante esas interminables horas de transmisión, cuando cubrimos, hombro a hombro, la invasión de Irak, la caída de Sadam Hussein y la muerte de Juan Pablo II.

Ahora, tendría que decirle adiós al escritorio que compartía con mi entrañable compañero y amigo Roger, y esperar a que Telemundo me asignara mi próximo rol. Aunque mi contrato seguía vigente y prometieron buscarme otro puesto dentro de la cadena, me sentí perdida. Por la crisis, también cancelaron la programación de Telemundo Internacional, que se distribuía por cable a América Latina.

Como consecuencia, decenas de compañeros y amigos se quedaron sin trabajo, sin sustento.

El temor a perder mi empleo me embargó. Fueron momentos de incertidumbre y de pocas horas de sueño, pensando en lo que podría hacer si me llegaba la noticia de que daban por terminados mis servicios. En esta profesión, una vez que estás fuera del aire, puede resultar difícil regresar. Por eso me angustiaba no saber cuál sería el siguiente reto que me depararía la vida. ¿Tendría que regresar a Colombia? ¿Me quedaría aquí? ¿Buscaría otros horizontes, una nueva profesión?

Joe Peyronin, mi jefe, mi mentor, quien me dio la posibilidad de trabajar en Estados Unidos, también quedó fuera con los cambios que enfrentaba la empresa en esos momentos.

En medio del caos y la confusión, subí a hablar con quien había entrado a ocupar la silla de vicepresidencia de Noticias. Entre los que íbamos quedando se respiraba la sensación de estar participando en uno de esos juegos de las sillas musicales. En cuanto para la música, ya cambiaron todos de asiento. En cuanto bajan los *ratings*, o fluctúa la economía, los primeros en volar son los de arriba, y los segundos nosotros, los que damos la cara en la pantalla.

Al final, la empresa respetó el contrato que habíamos firmado y me quedé. El nuevo jefe decidió que yo sería la "corresponsal de salud" en el nuevo programa matinal, presentado por la gran periodista María Antonieta Collins.

Con mis nulos conocimientos sobre la medicina, pero con un altísimo sentido de responsabilidad, me levantaba todos los días a las tres de la mañana para investigar sobre los nuevos avances, corroborar datos y proponer historias de interés humano que tuvieran que ver con la temática. Mi participación se reducía a un minuto en cada hora del programa de tres horas diarias.

Los meses transcurrían lentos, el reto no me motivaba y sentía que ese no era mi papel dentro del periodismo. Me ayudaba pensar en las palabras de mi mamá: "Hay que seguir trabajando con la misma ética y responsabilidad, te guste o no lo que te toque hacer. Al final es la televisión, y durante ese minuto que estás en la pantalla, algún otro productor o directivo puede estar viendo".

A un año de estrenar el programa y mi nuevo puesto, desafortunadamente, el esposo de María Antonieta enfermó de cáncer, y ella, tan profesional como amante de su familia, se ausentó por largos periodos para acompañarlo en su tratamiento. En los días que se ausenataba, pude participar más, sustituyéndola como principal presentadora, pero siempre consciente de que era su programa. Por eso, yo volví a hablar de mi futuro con ese jefe del que nunca sabía qué esperar.

En una de nuestras reuniones me hizo una "pregunta" para responder a mis inquietudes y reclamos:

—Ilia, ¿tú dónde quieres llegar en esta carrera? —me dijo el hombre, en esa ocasión, un tanto retador.

—Aquí, mira — y le mostré una revista de *People en Español* que estaba sobre su mesa, en la que María Celeste Arrarás sonreía en la portada, triunfante—. Un día quiero tener mi propio programa, como ella. Volver al mundo de la información, a lo mío.

—Ja, ja, ja, eso va a ser muy difícil —dijo el hombre, riéndose sin ningún disimulo.

Con esta respuesta, comprendí que mientras él estuviera sentado en esa silla, mis posibilidades de crecer en la compañía serían nulas, y yo me resistía a que él determinara el fin de mi carrera.

Poco después recibí una llamada esperanzadora.

—Ilia, puede que haya algo para ti en Univision —me anunció Raúl Mateu, mi agente, al día siguiente—. Verónica del Castillo regresa a México y su puesto en *Primer Impacto Fin de Semana* quedará vacante. Es el momento, tu contrato con Telemundo se vence y tenemos que tomar una decisión.

—Vamos —le dije a Raúl, sin pensarlo dos veces—. Estoy lista para irme.

Esta vez no necesité hacer ningún *casting* ni se me excluyó de ninguna oportunidad. Como vaticinó doña Betty, "Alguien siempre está viendo" y en Univision me conocían muy bien a través de mis seis años al aire en Telemundo. Allí había participado en las coberturas mundiales más importantes, gané el primer reconocimiento de la Academia de Artes y Ciencias (EMMY) junto a todo mi equipo y mi noticiero se transmitía a nivel internacional en más de veinte países. En dos días, y gracias a la gestión de Raúl Mateu, me llamaron, y después de un par de reuniones, el trabajo era mío.

Univision tampoco había tenido antes a alguien de raza negra como presentador a nivel nacional. En sus programas yo veía a Tony Dandrades, quien se había forjado una imagen muy sólida como reportero de entretenimiento, para orgullo de los dominicanos y los hispanos que aprecian y siguen de cerca sus logros. En Nueva York, en el informativo local, también contaban con una presentadora de raíces afrodescendientes. Pero la historia se volvía a repetir: de la primera presentadora nacional en Colombia, y la primera en Telemundo, pasaba a ser la primera en Univision a nivel nacional.

Yo ya estaba totalmente adaptada a la vida en mi nuevo país. Me sentía como en casa entre millones de inmigrantes que, al igual que yo, habían llegado aquí a perseguir un sueño, a superarse, a ofrecer algo mejor a sus familias y a aportar cosas buenas al país que los había recibido. Sin embargo, más de un millón de esos inmigrantes eran afrolatinos, y apenas veían rastro de su existencia cuando prendían el televisor en los canales en español. Por eso, yo me sentía con esa gran responsabilidad: la de seguir representando y abriendo puertas.

Y en mi misión por abrir camino, todavía faltaba otro escalón que subir, otro gran reto que enfrentar, el más simbólico de todos. Un reto con el que yo ni soñaba, para ser sincera. Es como el que llega a la Luna y mira a Marte con la nostalgia que provoca lo que parece inalcanzable.

Pero mientras los planetas se alineaban para el siguiente gran desafío, haber llegado a formar parte del equipo del legendario *Primer Impacto*, del que siempre me sentiré parte, como en una familia, era ya suficiente motivo para estar orgullosa. En mi recién estrenada etapa en el programa más visto por hispanos en todo Estados Unidos, me esperaban gratas sorpresas, viajes reveladores y… por primera vez, un amor "de impacto". Este sería el segundo gran amor de mi vida de los tres que ya prometí contar. El primero, como mencioné anteriormente, fue mi profesión, de la que me sigo enamorando todos los días. Este nuevo gran amor tendría nombre y apellido, y llegó para llenar mi vida de todo aquello que todavía me faltaba.

12

El amor no es ciego

No me gustan los colores de la cara,
siempre me atraen los colores del cerebro.

Michael Bassey Johnson

—No, gracias, tengo planes —respondía a toda invitación en mis días libres.

Habían transcurrido varios años trabajando para *Primer Impacto*, e incluso me habían pasado al horario estelar de lunes a viernes junto a Bárbara Bermudo, quien llevaba tiempo consolidada como la imagen del programa. Todo iba viento en popa y, aunque muchos compañeros y televidentes lo desconocían, los fines de semana yo ya tenía planes con mi novio secreto: Mr. Netflix. En aquellos tiempos, todavía teníamos que enviar los sobrecitos con los discos de las películas por correo, y ahora que ya sabía dónde estaba el buzón, no le daba tregua a este sistema de entretenimiento. A las películas las acompañaba con una olla de lentejas con trocitos de carne que yo misma cocinaba con la receta de mi mamá. Con esa olla, sobrevivía sin salir de mi apartamento hasta el lunes, cuando llegaba el momento de volver a la redacción. Mi plan casero solo lo interrumpían mis grandes amigas Juliana Moss, Cata Arango y Gloria Serna, que me invitaban a cenar o a "tomar unos vinitos", como les decimos a nuestras reuniones.

Mi rutina era tan predecible que hasta los vecinos se preocupaban si no me veían salir a la misma hora cada sábado y cada domingo a hacer ejercicio en el gimnasio del edificio, para después regresar a mi sofá y atrincherarme con mis lentejas, mis series y mis libros.

La vida de las noticias requiere un alto compromiso también personal que a veces no deja mucho margen para divertirse, y a mí, que siempre me encantó ir de fiesta, el intenso ritmo del trabajo me había convertido en una feliz ermitaña que solo abandonaba la cueva cuando el guion me lo exigía para acudir a presentaciones, alfombras rojas o eventos comunitarios.

En cuanto a parejas, nunca me gustó buscar. De mi boca no salían frases como "Preséntamelo", "¿Quién es ese?" o "Lo quiero conocer". A mis anteriores novios los conocí porque primero fueron amigos y después pasaban a convertirse en pequeños o medianos romances que, por designios de la vida, nunca terminaban en gran compromiso.

—Vamos a ese restaurante que está lleno de solteros —intentaba convencerme alguna amiga.

Bastaba que me dijeran que habría candidatos para que yo no fuera a la fiesta. La rebelde en mí no había desaparecido.

—Ilia, ven a cenar que alguien te quiere conocer —me insistían, sabiendo cuál iba a ser mi respuesta.

—No, gracias, prefiero una cita con mis series de Netflix —les bromeaba para escabullirme del compromiso.

—A este paso, mijita, usted se me queda para vestir santos. —A doña Betty no le gustaba verme tan sola cuando venía de visita, una vez que le aprobaron su visa de turista.

—Usted no se preocupe, mamá, que estoy bien —le decía para calmarla, sin mentirle, porque yo era feliz como estaba, ¡a mis treinta y siete años!

Feliz hasta que conocí la verdadera felicidad.

—Oye, hay un fisioterapeuta que recientemente llegó de Nueva York —me dijo una mañana Alan Angeles, mi entrenador en el gimnasio—. ¿Se te ocurre alguna amiga que podamos presentarle?

—Puede ser, déjame ver quién —le dije entre abdominales y sentadillas.

—Ilia, él es un tipo muy inteligente, de buena familia, respetuoso, sincero —Alan no se daba por vencido, dispuesto a ayudar a su nuevo amigo.

—¿Sabes qué? ¡Normita puede ser! —le propuse, para que dejara de preguntar—. Mi amiga lleva un tiempo divorciada, es divertida, buena persona e inteligente.

—Perfecto, les hacemos una cita pronto —dijo Alan, satisfecho, y así lo dejamos acordado.

A los pocos días, llegó mi compañera Teresa Rodríguez a *Primer Impacto* para promover su entrevista exclusiva con el padre Alberto, que se trasmitiría en el programa semanal *Aquí y Ahora*. Recuerdo que era el ocho de mayo de 2009, y yo llevaba un vestido amarillo, ese color que nunca me deja pasar desapercibida y que parece traerme muy buena suerte.

Al terminar la entrevista con Teresa, me llamó Alan. Iba camino a Mr. Yum, un restaurante de sushi en la calle ocho que acababan de abrir unos amigos.

—Te alcanzo allá —le dije, mientras me saboreaba pensando en la nueva creación que ofrecían en el menú del nuevo restaurante: sushi con plátano maduro encima.

En plena cena, Alan contestó una llamada y habló con alguien. Al colgar me dijo:

—Era mi amigo, el fisioterapeuta del que te conté, que está cerca y va a pasar por aquí.

Yo no le di mayor importancia, hasta que se abrió la puerta del pequeño lugar y entró un hombre joven con una camiseta verde, perfectamente peinado e impecable. Se notaba que acababa de bañarse, se veía fresco. *¡Qué tipo tan guapo!* pensé sin disimular mi mirada. El recién llegado vino directo hacia nosotros y nos saludó amablemente:

—Hola, soy Eugene.

¡Era el amigo de Alan! Y Alan, al ver mi cara, me dijo con señas: "Es el que quería presentarle a tu amiga". Yo, con nada más que mis ojos, le dejé saber que ni hablar de mi amiga, que Eugene iba a ser para mí. Es increíble lo que se puede decir sin palabras.

Al terminar de cenar, me fui al baño y aproveché para enviarle un texto a Alan, por si no me había entendido bien: "Me fascina". Esperé diez, veinte segundos, y llegó la respuesta: "Él me está diciendo lo mismo de ti". Sola en el baño, no pude evitar una carcajada de alegría y emoción.

Regresé a la mesa y Alan nos dio el último empujón:

—Vamos, Gene, invítala a salir.

—Tú no necesitas que Alan te diga que me invites —dije hablándole directamente a Gene, y estirando la mano para que me la tomara.

¡Me la jugué a una carta! ¡Qué horror! Pero como decimos en Colombia, "Las oportunidades las pintan calvas".

—¿Saldrías conmigo mañana a cenar? —me preguntó Gene tomando mi mano con firmeza.

—Por supuesto —le contesté, dándole un sí rotundo para sorpresa de Alan, que me miraba con gran asombro. ¡Nunca me había visto hacer algo así!

Me acordé de mi mamá y del balcón al que no le gustaba que nos asomáramos, y esas teorías de mi abuela de que las violetas que se tienen que hacer rogar. Pero hay ocasiones en la vida en las que, cuando la oportunidad pasa delante de ti, tienes que agarrarla con fuerza. Igual que siempre supe aprovechar las oportunidades laborales y las exploré con gratitud, ahora debía armarme de valor y aprovechar esta oportunidad que el universo me regalaba en mi vida personal. No todos los días me presentaban a un hombre así de interesante, a quien el verde le sentara tan bien. Verde de su camiseta y amarillo de mi vestido. Todo indicaba que íbamos a ser una pareja muy dispareja a ojos de muchos. ¡Mejor! Además, verde y amarillo son dos de los colores de la bandera del Chocó, junto con el azul de los dos océanos que bordean nuestra hermosa tierra, el único departamento de Colombia con el codiciado acceso tanto al Atlántico como al Pacífico.

Al salir del restaurante, Gene se ofreció para manejar mi carro y llevarme hasta casa. Alan nos seguía para recoger a Gene una vez que me dejara. En la radio sonaba Beyoncé con su canción "Halo", y yo aproveché el momento para preguntarle de dónde era, por qué se había mudado de Nueva York a Miami y otras preguntas típicas. En el trayecto, y en medio de la conversación, cruzábamos miraditas y sonrisas nerviosas de vez en cuando, como niños de escuela.

¡Cada vez se me hacía más interesante! Al llegar, me entregó las llaves de mi auto, nos despedimos con un beso en la mejilla y se subió al carro de Alan.

Al día siguiente me llamó. No había olvidado su promesa, y me dijo que pasaría a buscarme a las ocho. Miré los sobrecitos de Netflix en la mesa y la olla de lentejas en la estufa, y le contesté:

—Estaré lista, claro que sí. Solo dime dónde me vas a llevar. No me gustan las sorpresas. Quiero saber cómo debo vestirme.

—Vas a estar bien con lo que te pongas —me contestó sin sentirse intimidado por mis preguntas tan directas.

A las ocho me recogió puntual y fuimos directo a Baleen, un restaurante antiguo que ya cerró hace un tiempo, pero que era muy popular por su vista a la hermosa bahía de Biscayne. Al llegar, dejó el auto con el encargado del *valet,* y al caminar hacia la puerta del lugar, nuestros dedos se rozaron. Gene aprovechó para agarrarme de la mano, y yo la de él, y así entramos, como si siempre hubiéramos sido pareja.

Por primera vez, ir de la mano con un hombre me daba paz, me daba una seguridad indescriptible. Era una sensación abrumadora, como si siempre hubiera caminado junto a él, con nuestras manos entrelazadas.

Lo que sucedió después, esa noche, ya no importó tanto, porque la suerte ya estaba echada. Yo pedí una copa de un vino tinto argentino y él pidió otra para acompañarme, aunque solo le dio un sorbo en toda la noche. Gene no toma, nunca ha tomado. Sus padres tampoco.

Recuerdo que ordenamos unas ostras, y ninguno de los dos se atrevió a tocarlas. Venían gratinadas y los dos mirábamos con desconfianza la cremosa salsa. A los dos nos gusta comer con el mínimo de aderezos o acompañamiento, que solo ocultan los verdaderos sabores. Al final, me decidí por remover la salsa, él hizo lo mismo y pudimos comer. Para nuestro plato fuerte, pedimos una carne y un pescado asado, y desde ese día, siempre elegimos cosas diferentes del menú para poder compartir y probar de todo.

A la hora del postre, tampoco hubo problemas: los dos nos inclinamos por sorbete de frutas silvestres, y nos reímos de tantas casualidades. Nacidos y criados en diferentes países y de diferentes razas, diferentes culturas, pero con las mismas reglas a la hora de comer. En esa mesa, esa noche, no queríamos buscar diferencias, que también las había, sino cosas en común. Así somos los humanos: si nos lo proponemos, encontramos mil aspectos que nos unen, y si nos empeñamos, solo vemos aquello que nos separa.

En los siguientes encuentros, Gene y yo continuamos alimentado la lista de "cosas en común". Los dos amábamos la disciplina, la puntualidad (yo un poco más que él), el deporte, la comida sana y los valores familiares. Pronto empezamos, de manera orgánica y espontánea, a hacer planes juntos todos los días de la semana. Un día cenábamos, otro veíamos una película, otro íbamos de paseo. Creo que, por primera vez en mi vida, todo fluía, y todo funcionaba de modo natural. Gene era el reemplazo de la olla de lentejas y las series de Netflix.

Había empezado a descubrir en él el corazón más maravilloso del mundo y la inteligencia más serena que he conocido.

En esos primeros días de romance, me di cuenta de que Gene no sabía mucho de mi trabajo y de lo que esta profesión conlleva. Él ni hablaba español, ni estaba al tanto de los medios hispanos, por eso, el hecho de que me reconocieran en la calle o me pidieran fotos le sorprendió, pero no le afectó ni le hizo cambiar su opinión sobre las posibilidades de entablar una relación seria conmigo. Soy consciente de que algunos hombres se intimidan ante el hecho de tener a su lado a una mujer independiente y cuyo trabajo es reconocido. Gene, al contrario, demostraba una seguridad arrolladora, a pesar de ser tímido y reservado. Él, como yo, tampoco tenía entre sus planes encontrar novia, así que esta relación lo tomó por sorpresa tanto como a mí, y poco a poco se dio tiempo para descubrir quién era yo, y yo quién era él.

A los dos meses de nuestra primera cita, Gene me invitó a acompañarlo a la boda de uno de sus amigos en Nueva York. Antes de la fiesta, me presentó a su hermana Sue de la manera más sencilla: "Es Ilia, mi novia". Con esta introducción más o menos formal nos hicimos oficialmente novios. Luego, almorzamos los tres brevemente en un restaurante en Bryant Park, en Manhattan, cerca de su oficina en un prestigioso banco. Sue, tranquila, relajada y siempre sonriente, pareció aceptar bien a la nueva novia de su hermano. Una vez que llegamos a la boda, todo fluía con sus amigos y sus parejas. Pasamos una velada increíble y disfrutamos la fiesta que ofrecieron las familias de los recién casados.

A los seis meses de habernos conocido, volamos de nuevo a Nueva York para la cena de Acción de Gracias que celebrarían los Jang, la familia de Gene. Al entrar en casa de Sue, vi que en la nevera habían puesto una foto que Gene les había mandado de nosotros dos abrazados, y su sobrino pequeño, Jake, me recibió con un "Hola, tía Ilia" en español, un hermoso detalle de bienvenida. Esa misma tarde, manejamos a casa de sus primos y, al cortar el pavo y poner la mesa todos juntos, supe que esta era mi nueva familia, y este mi lugar.

—Ok, si el Día de Acción de Gracias lo pasamos con los tuyos, Navidad lo haremos con los míos —le propuse a Gene tras nuestro regreso a Miami.

A las pocas semanas, aterrizamos en Medellín, donde mis primos, tíos, hermanas y mi mamá se dieron cita para la reunión de fin de año. Todos nos esperaban con abrazos y un cuestionario de curiosidades: "¿Cómo se pronuncia su nombre?... ¿En qué trabaja?... ¿De dónde es?". Las típicas preguntas que toda familia dispara ante la llegada de un nuevo miembro. Yo solo tuve que responder que se llamaba Eugene Jang, que era fisioterapeuta y que era de Nueva York. Nadie mencionó su raza. Ni un solo comentario sobre sus ojos rasgados, el color de su piel, que algunos llaman amarillo, o su cabello negro lacio y rebelde. Y así, sin él hablar español ni la mayoría de mi familia hablar inglés, terminamos una semana maravillosa entre música, reuniones y largas conversaciones que yo traducía a uno y otro idioma, y que en ocasiones retrasaban la risa o arruinaban el chiste, pero nunca la fiesta.

Mi familia, tan acostumbrada a las sorpresas, a las combinaciones y a la variedad, se sentía muy cómoda en torno a Gene. Nadie hizo ninguna broma de esas que escuchamos en algunos ambientes, porque los Chamat, como dije, no somos ciegos ante las razas, como tampoco somos ciegos ante el amor. La diferencia en la apariencia simplemente no nos afecta.

No sé quién inventó esa frase tan popular y tan engañosa: "El amor es ciego". Yo me enamoré de Eugene Jang, un hombre asiático, y de todo lo que ese apellido y ese rostro me decían y me contaban de él. Me enamoré de sus ojos, su piel, sus rasgos, que me transmitían confianza y seguridad. Me enamoré de su figura fuerte y elegante, de su sonrisa, que dejaba ver su impecable dentadura. Me gustó mucho su limpieza de alma, su paz. Gene no tiene un hueso de maldad en su cuerpo, y me enamoró por guapo e inteligente y porque tenemos, como mencioné, muchas cosas en común, a pesar de que nuestras personalidades son diferentes. Y lo que no tenemos en común, lo convertimos en aprendizaje y complemento.

Yo no fui ciega para enamorarme de él, igual que él tampoco lo fue a la hora de enamorarse de mí. Él se enamoró de lo que vio, y no de lo que no vio. A Gene le gusté por mi piel oscura, mi cabello africano, mis labios grandes y mis ojos negros. Gene se enamoró de esa mano que agarró entrando al restaurante Baleen, una mano con el torso tostado. Los dos nos enamoramos de lo que vimos, y no de lo que no queríamos ver, porque este amor no fue a ciegas.

Poco a poco, Gene me fue contando su historia y la de su familia, y esto hizo que me enamorara todavía más. Song y Yung Jang, sus padres, se conocieron y se casaron en Seúl. Song fue el primero que vino a trabajar a Estados Unidos. A finales de la década de los sesenta la compañía Caterpillar le brindó la oportunidad de mudarse a Indianápolis como empleado. Poco después se trajo a Yung, y allí, en su nueva tierra, en el estado de Indiana, nacieron Sue y Eugene. Luego, cuando Gene cumplió dos años, se fueron a Long Island, Nueva York, donde abrieron una frutería. Por eso aunque nació en Indianápolis, se siente neoyorquino. Me cuentan que Gene, de niño, salía del colegio y hacía la tarea debajo del escritorio de la tienda. Entre bananas, naranjas y manzanas, los Jang trabajaban unidos y no descansaban. Con el tiempo, vendieron la frutería para comprar una tintorería, y con este negocio se mantuvieron hasta el año 2018, cuando decidieron venderlo, y ahora Mr. y Mrs. Jang pasan los días jugando golf. Se retiraron a los setenta y cinco años, felices y satisfechos de haber criado dos hijos y de haberles dado estudios universitarios. El sueño americano hecho realidad. El sueño de todo inmigrante con el que yo tanto he conectado porque también es mi sueño.

Esfuerzo, dedicación y honestidad. Son características que se llevan en la sangre, en los genes. Por eso, cuando miro a Song, veo a Gene en cada uno de sus gestos y pienso, *Así va a ser mi esposo cuando sea grande: callado, trabajador, prudente, respetuoso.*

Song y Yung siempre cuentan con orgullo que Gene estudió con una beca en Columbia University, que Sue trabaja para un importante banco en el departamento de recursos humanos. Por cierto, mi cuñada Sue está casada con un egipcio. Los Jang, al igual que mi familia, ven simplemente al ser humano. Por eso, en cuanto los conocí en aquel primer viaje a Nueva York, supe que, si algún día teníamos hijos, quería que estuvieran rodeados de familias como las nuestras.

Obviamente, y como vimos en la película *Crazy Rich Asians*, existen asiáticos exclusivos, que se casan entre ellos y que no aceptan a las personas de países vecinos, o de las erróneamente establecidas clases sociales distintas a la suya. Lo mismo que existen blancos que discriminan a la hora de fundar familia, o negros que solo quieren casarse con negros, o hispanos que solo quieren juntarse con aquellos que hablan español y son como ellos. Pero los Jang no son así. Esta bella familia, que es la mía ahora, se enfoca más en lo que nos une que en lo que nos separa. Lo mismo que hicimos Gene y yo en nuestra primera cita.

Gene también tiene mucho de estadounidense, y eso me atrajo por igual. Culturalmente, es tan estadounidense como coreano. Estados Unidos es su país, y Nueva York su ciudad. Sin embargo, el hecho de ser primera generación en una familia inmigrante le aportó grandes lecciones de vida. Gene vio a sus padres trabajar veinte horas al día y nunca los escuchó quejarse. Los vio adaptarse a nuevas costumbres, sin dejar de lado su cultura coreana en casa. Y los vio luchar por hacerse un espacio en su nueva comunidad, en la que no siempre eran bien recibidos.

Hablando de costumbres coreanas, hasta hace pocos años, cada vez que visitábamos a Song y Yung, estos le entregaban un sobrecito con plata a Gene. Es una cuestión de jerarquía dentro de sus tradiciones en la que el miembro mayor de la familia provee para los más jóvenes, aunque ya se hayan independizado. Por ejemplo, si salimos con sus tíos, el de más edad paga por todos. Y, después de que me casé con Gene, ¡comenzaron a darme sobrecitos a mi! Ahora, los sobrecitos son para los nietos, y la tradición continúa.

Entre tradiciones y cruce de culturas, el universo de los Jang y de los Chamat comenzaba a entrelazarse con absoluta normalidad, y si alguien en nuestro entorno conocido pensó alguna tontería, no nos la dijo, porque sabían cuál sería mi reacción.

En las redes sociales, en cambio, fue donde algunos se envalentonaron, protegidos por la distancia y el anonimato, y por ahí nos llegaron unos cuantos de esos comentarios de gente a la que le cuesta ver a los otros felices: "Se juntó con un chino LOL". "¿Por qué no buscó un hispano como ella?". "La negra con el chino, OMG". Obviamente, no contesté a ningún ataque, como jamás contesté antes a algún comentario esporádico que recibí por el color de mi piel, en el que me decían: "Los hispanos no somos negros, tú no nos representas en la tele".

Dejando a un lado el ruido de las redes sociales, yo me enamoré de quien mi corazón y eligió, de ese hombre con el que empezaban a verme en las fotos, el que yo escogí para hacer mi vida. Las personas que se ocultan detrás del teclado de sus teléfonos, escribiendo esas y otras crueldades, no nos conocen, y ellos sí que son ciegos al amor. Aunque sus ojos ven perfectamente, sus almas están sumidas en la más absoluta oscuridad, porque el amor es luz, luz que todo lo ilumina y lo hace más bello. Por eso, insisto, el amor no puede ser ciego.

—¿Qué sientes cuando te dicen chino? —le pregunté un día a Gene, tras leer uno de esos mensajes en mi Instagram.

—Lo mismo que sientes tú cuando te dicen mexicana porque hablas español —me aclaró, muy pragmático, y los dos nos echamos a reír.

Amo a México, me parece un país rico, variado, fascinante, con una cultura envidiable. De hecho, entre México y Colombia siempre han existido fuertes lazos y cierta fascinación mutua. A los colombianos nos encantan sus tradiciones, nos vuelven locos los restaurantes mexicanos y la música de mariachi a altas horas de la noche para terminar las fiestas. Por eso, que alguien me llame mexicana no representa un insulto. ¡Al contrario! Es un halago. Lo que me ofende es la ignorancia. La misma ignorancia que hace creer que todos los asiáticos provienen de China, una costumbre que, lamentablemente, está muy arraigada también entre los latinos. ¡Cuántas veces me ha tocado escuchar eso de "¡Mira el chinito!". Y se lo dicen a todos los asiáticos, sean vietnamitas, japoneses, camboyanos, indonesios o filipinos. Consideran que todos se ven iguales, pero luego se enojan cuando les dicen que los guatemaltecos o los peruanos se ven idénticos a los mexicanos. ¡Entonces salen a defender su identidad! Es el doble estándar, la doble vara con la que nos gusta medir las cosas. El problema es que nadie nos va a respetar si no comenzamos nosotros mismos a educarnos y a respetar a los demás. Nos cuesta entender que lo que siembras cosechas. No puedes sembrar piedras y pretender cosechar deliciosas fresas.

Mi familia sembró amor interracial desde varias generaciones atrás, y yo ahora cosechaba los frutos de ese amor a través de mi relación con Gene. Una relación con los ojos abiertos y el alma consciente.

El amor, insisto una vez más, y para terminar este capítulo tan romántico, nunca es ciego, al menos el verdadero amor. Y este amor me iba a traer todavía más amor, aunque no sería fácil. Para completar nuestra familia, la vida nos iba a presentar un gran reto a Gene y a mí. Parecía que el universo ya sabía lo mucho que me gustaban los desafíos, porque esta vez nos lo iba a poner muy difícil. Mucho.

Pero, antes, me regalaría otra gran oportunidad: un simple viaje que me cambiaría por dentro y le aportaría más respuestas a mi vida. Igual que Julio Verne soñó con aquel viaje al centro de la Tierra, yo ya venía soñando con esta aventura al corazón de mis orígenes, a mi verdadera tierra madre. Y el sueño se me iba a cumplir a grito de gol.

13.

Regresar a donde nunca estuve: *Welcome home!*

Nunca supe de una mañana en África
en la que al despertar no fuera feliz.
Ernest Hemingway

—Ilia, te vas para Sudáfrica —me anunció mi productora a pocos meses de iniciarse la Copa Mundial de Fútbol de 2010.

—¿A África? —exclamé, incrédula.

Siempre quise pisar el continente de mis antepasados, pero no me esperaba que fuera tan pronto y en calidad de trabajo. Desde mis días en la escuela primaria en el Chocó, África representaba ese lugar misterioso de donde sacaban a seres humanos y los vendían por el mundo. Yo había estudiado lo que pasaba con ellos una vez que los obligaban a abandonar el continente, pero poco sabía de su historia de cuando eran libres, dueños de sus tierras y de sus destinos. África en mi cabeza era ese lugar mágico donde el negro era mayoría, y donde resonaban todas esas fascinantes historias que leí y escuché de las voces y plumas de Nelson Mandela y Desmond Tutu.

—Sí, te vas a Johannesburgo para reportar y presentar *Primer Impacto* desde allá durante varias semanas, así que prepárate, porque te vas —me aclaró mi productora, para que no me quedaran dudas.

¡África! Mientras que la mayoría de los colombianos se refieren a España como la Madre Patria, para nosotros, esa madre es indudablemente el continente africano. He visitado España. Paseando por sus calles, siempre disfruto y admiro su cultura, su cocina y su historia fascinante; sin embargo, no me identifico por completo.

En mi infancia, en la Escuela Anexa a la Normal de Istmina, estudiábamos sobre nuestros otros orígenes, los que nos describían con más exactitud. Sentada en esos pupitres descubrí que a muchos de nuestros antepasados los trajeron de África, encadenados, contra su voluntad, y que los vendían al mejor postor como si se tratara de ganado. Que llegaron al Chocó a trabajar en las minas y que fueron declarados libres mediante un decreto en 1851. En la mente de un niño, esas historias calan muy profundo. Siempre que veía a las mazamorreras con sus turbantes enroscados en la cabeza, y escuchaba sus cantos y sus risas, me preguntaba por qué alguien pudo pensar que no éramos gente, sino mercancía. ¿Cómo llegaron a la conclusión de que un ser humano de piel negra valía menos que uno de piel blanca? ¿Quién lo decidió, y por qué?

En mis tiempos en Istmina, la huella africana no se extendía mucho más allá del salón de clases y lo que investigaban y preservaban profesores y académicos en sus esfuerzos por no dejar morir nuestra herencia cultural. Pero fuera de las escuelas, también vibrábamos al ritmo de la salsa y de la cultura pop, y nos vestíamos a la moda de los setenta y de los ochenta. Tal vez siempre hubo un intento desesperado por integrarnos al resto del país y al resto del mundo, mientras vivíamos más en privado, solo entre nosotros, el orgullo de nuestra negritud.

Una vez que entramos en el nuevo siglo, y ahora que yo vivía lejos, se estaba dando el fenómeno contrario gracias a la globalización y las redes sociales. Ahora, mucho más conectados con el mundo, y con más acceso a la información, mi gente chocoana se esmeraba por rescatar la tradición musical africana más allá de los libros, y en los pueblos chocoanos proliferaron más grupos de baile que practican las danzas étnicas de nuestros antepasados. Las niñas se hacen peinados a base de trencitas y los pasean con estilo, al igual que los coloridos turbantes, mientras los escaparates de las tiendas desde Quibdó hasta Acandí lucen repletos de batas, faldas y collares de estilos mandinga, bantú o lucumí. Durante mi ausencia, el Chocó había regresado a la madre tierra y yo no. Al menos, no todavía.

—Me voy, pero siento que no voy, sino que regreso —le dije a Gene al despedirme, rumbo al Mundial. Llevábamos un año juntos, viéndonos a diario, y esta era la primera vez que nos separaríamos por tanto tiempo.

—Llámame todos los días, quiero saber cómo te va, cómo te sientes —me dijo, comprendiendo el extraño sentimiento con el que partía.

Gene había nacido en suelo estadounidense, y a él le sucedió algo similar cuando visitó Corea por primera vez. Pasear por un lugar donde todos son como tú, donde todos sonríen como tú y caminan como tú, tenía que ser una experiencia increíble, y yo estaba a punto de vivirla. Aunque en Istmina el número de afrocolombianos superaba con creces al de blancos o indígenas, no era lo mismo. En la televisión, en las películas, en el gobierno, en los puestos de poder y hasta en el deporte, pocos eran como nosotros. Lo mismo sucedía en el condado de Miami-Dade, donde yo residía. Su población es un setenta por ciento blanca, y la cifra es incluso mayor para el resto del estado de Florida. A través de la música y las imágenes de turismo que siempre vemos, da la sensación de que las pieles tostadas en el famoso "305" son muchas, pero no es así. Ahora, por primera vez, iba a sumergirme en un mundo en el que ochenta por ciento de sus residentes eran negros, casi un diez por ciento mezclados y tan solo un nueve por ciento pertenecían a la raza blanca o caucásica. Me imaginaba un mar de transeúntes con rostros africanos por las calles de la gran Johannesburgo, y la sensación que esto me producía era, insisto, inexplicable.

Home fue la palabra que me acompañó durante todo el vuelo, surcando el cielo sobre el Atlántico, en compañía de mis productores y camarógrafos. La otra palabra presente en mi corazón era *regresar*. ¿Cómo se puede regresar a un lugar en el que nunca estuviste? Las incógnitas en torno a mis sentimientos se agolpaban en mi cabeza. No sabía cuáles serían mis emociones al llegar.

Una parte de mí iba preparada. Pasé largas semanas documentándome para esta gran aventura. Leí sin descanso todo lo que pude y más sobre Sudáfrica, su historia precolonial, sus etnias, sus idiomas oficiales y, cómo no, su historia más reciente, la más dolorosa: la del infame *apartheid*.

Al aterrizar en Johannesburgo, lo que me recibió no fue exactamente la ciudad que me describían las enciclopedias y los libros, pues el país entero estaba engalanado y envuelto en la fiesta y los ruidos mundialistas. Sin embargo, y a pesar de las muchedumbres de turistas que iban llegando para la Copa Mundial de Fútbol 2010, no me sentí extraña. Justo como lo imaginé: estaba pisando por primera vez un lugar por el que yo sentía que ya había caminado. Sus mercados abarrotados de ropa de vivos colores, siempre con alguien cantando y tocando los tambores, sus aceras ruidosas y sus parques llenos de familias disfrutando y jugando a la pelota. ¡Todo me resultaba tan diferente a mi Chocó, pero tan familiar a la vez! Era una sensación tan única como extraña.

Inmersa en este momento tan intenso, quise recorrer yo sola un poco la ciudad, y dejé a mis compañeros en el hotel. Mis ojos se cruzaban con los de los otros peatones, y esas miradas de medio segundo eran la confirmación de lo que sospechaba: nadie me percibía diferente, a pesar de que veía muy pocos mezclados como yo. *Coloured* es como nos llaman, que significa coloreados. Aún así, yo encajaba perfectamente en esa multitud. Miles de rostros negros, y entre ellos no veía dos iguales. Sin ser una experta, podía intuir que provenían de infinidad de tribus diferentes, y que sus pómulos, su estatura y hasta sus sonrisas me hablaban de los rincones donde nacieron y vivieron antes de venir a la gran ciudad. Y de pronto, yo era una más en ese abanico de colores y matices, y no podía disimular mi fascinación.

Al regresar al hotel, me impresionó la dulzura con la que todos hablaban el inglés, a pesar de los fuertes acentos de sus diversas comunidades de origen. Las señoras de la limpieza, el gerente, todos se dirigían a nosotros con expresiones amables y respetuosas.

—*Good morning, sesi* —me saludó una de las empleadas en el pasillo de mi habitación al despertar al día siguiente, y ese mismo saludo lo escucharía durante el resto de mi estancia.

Les pregunté por qué me llamaban *sesi*. Me contestaron: "Significa '*sister*', hermana. Así nos saludamos entre nosotras". *Nosotras…* esa palabra me conquistó. Yo era parte de ese "nosotras". Me sentí una más, una hermana, aunque por nuestras venas no corriera la misma sangre. Y corroboré esa teoría que dice que sentirse negro no es asunto de piel o apellidos, es cuestión de identidad. Al igual que en mi querido Chocó tenía primos y amigos de piel completamente blanca que se sentían tan negros como yo o como muchos otros chocoanos, ahora yo me sentía tan negra como ellas, y ellas me veían tan negra como el resto de los allí nacidos. Ante sus rostros divertidos al escuchar mi acento, yo les contaba que en Colombia éramos casi cinco millones de afrodescendientes, o tal vez más, y esto les intrigaba y les sorprendía. Ni siquiera la madre tierra sabía dónde fueron a parar sus hijos, aquellos que les arrebataron de sus brazos con impunidad.

—Hoy iremos a Yeoville, una montaña donde la gente sube a orar —me dijo Ivanna, mi productora en esta ocasión.

Ivanna compartía mi mismo nivel de emoción y éxtasis por este viaje tan diferente a todos los anteriores que habíamos realizado juntas para el trabajo.

De camino al monte de los rezos, pasamos por varios suburbios de calles laberínticas, sin asfaltar, sin tendido eléctrico, bordeadas de edificios de ladrillos sin terminar, sin marcos en las ventanas y con simples cortinas como puertas. El único ruido en esos barrios era el de los cientos de niños corriendo por todos los rincones. Jugaban con pelotas hechas de bolsas de plástico, enrolladas en forma de madeja con increíble habilidad. ¡Algunos de esos balones caseros eran verdaderas obras de ingeniería!

—Un momento, paremos aquí —le dije a Ivanna al llegar a un parquecito de barrio donde dos equipos de chiquillos brincaban y sudaban, apasionados, intentando meter su pelota de bolsas entre dos piedras que servían de portería—. Deberíamos hacer una nota con ellos. Esos niños son los mismos que vi toda la vida jugar en el Chocó. Como los del barrio de San Agustín en mi pueblo, justo detrás de donde yo vivía. ¡Tengo que contar su historia!

—¡Sí, lo hacemos! —Ivanna se entusiasmó tanto como yo, y llamó a Miami para informar a los otros productores de nuestro plan.

Mientras mi productora coordinaba los detalles con el resto del equipo de *Primer Impacto*, me dediqué a observar con más atención el paisaje de casas pequeñas y muy pegadas, sin diseño alguno. Cada cual levantaba su techo como podía, y los más afortunados le daban una capa de cemento a las fachadas. Los demás, dejaban el ladrillo a la vista. En su conjunto, era una pobreza alegre, como la que yo viví en mi infancia, y los niños me lo confirmaban con sus sonrisas enormes, como sonríen quienes no extrañan lo que nunca tuvieron.

Obviamente, habían limpiado todos los rincones de la ciudad ante la llegada del Mundial, y seguro que la estampa tan bucólica que veíamos en aquella placita no era así todo el año. Sucede lo mismo cuando llega el Papa a nuestros países de Latinoamérica: hay que lavar, perfumar y peinar la ciudad como colegiala en su primer día de escuela. No obstante, esas sonrisas de mil vatios no se podían fingir. Esa alegría en esos rostros infantiles era auténtica. Hay pobrezas sórdidas y pobrezas con pequeñas pinceladas de color, y esta era de las coloreadas. Coloreadas con el instinto de ponerle la mejor cara a una situación que les tocó vivir.

—Tengo una idea, no hagamos la nota ahora —le dije a Ivanna, deteniéndola en sus llamadas—. Regresemos luego con el Pibe Valderrama. Está aquí trabajando con unas emisoras colombianas, y sería maravilloso venir con él y regalarles balones de verdad.

Esa misma tarde fuimos a buscar al legendario futbolista ya retirado al centro de prensa, desde donde transmitían los medios extranjeros, y antes de terminar de plantearle la propuesta nos dijo que sí. Así es Carlos Alberto Valderrama Palacio, para los que todavía no lo conocen. Hombre sencillo, generoso y entregado a las buenas causas.

En unas horas compramos todas las pelotas que encontramos por las tiendas cercanas al hotel y nos fuimos directamente al barrio de nuestros futuros ases del balón. Al bajar de la camioneta y enfrentar la avalancha de niños, nos dimos cuenta de que el verdadero reto del día sería la comunicación. ¡Cada niño hablaba en un idioma diferente! Unos gritaban vítores en afrikáans y otros en zulú y en otras lenguas que ni nuestro guía podía descifrar. ¡Pero todos jugaban juntos sin drama alguno!

En inglés, idioma que algunos entendían, les explicamos quién era el Pibe. Y no sé quién se emocionó más con este espontáneo encuentro, si los niños o el mismo Pibe.

—Yo también jugué alguna vez con estas pelotas de bolsas de plástico, Ilia —me dijo el maestro, nuestro histórico 10, que armó los goles más sonados de una selección colombiana y que nos hizo vibrar en más de un Mundial.

—¡Y yo! Yo también jugué con ellas! —le contesté, a la vez que nos moríamos de la risa recordando momentos felices de la infancia.

Es mi turno

Mientras soltábamos las decenas de pelotas nuevas y flamantes por la canchita de tierra y piedras, no podíamos dejar de reír de la emoción. En medio de esa algarabía, recordé algo que jugábamos en Istmina. Le decíamos *yeimi*. Teníamos que tumbar con una de esas pelotas hecha de bolsas unas tapas de gaseosa dispuestas en un enorme triángulo. El equipo contrario, esquivando los pelotazos, tenía que correr y reponer las tapitas. Si te daban con la pelota, quedabas eliminado. ¡Si hubiera encontrado tapas de refrescos les hubiera enseñado a jugar ahí mismo!

Al terminar de repartir los balones, el Pibe improvisó un pequeño partido con los chiquillos, y después me habló de oportunidades, esa palabra que continuaba surgiendo una y otra vez en mi camino y en mi búsqueda de respuestas. El futbolista retirado me contaba cómo su oportunidad vino de mano de su padre, exjugador del Unión Magdalena, en su natal Santa Marta. ¿Qué habría sido de su talento y vocación si no hubiera tenido al mejor maestro y guía en casa?, y si no hubiera pasado tardes enteras jugando en calles de Pescaito, su barrio? El Pibe me explicaba que lo más difícil en el mundo del fútbol no era nacer con habilidades. Lo verdaderamente difícil era que llegaran las oportunidades a todos esos niños equitativamente, porque había muchos ases del balón en estos barrios escondidos, o pueblos desatendidos, por los cuales ningún entrenador pasaba ni de visita.

La respuesta volvía a ser la misma: la falta de oportunidades. Esa parecía ser la madre de todos los problemas. Desde un *casting* a una beca, a un entrenador que te vea jugar un día a la orilla de la carretera. Si a esa falta de oportunidades se le suma el silencio, el resultado ya lo sabemos: nos volvemos invisibles, cada vez más y más, hasta desaparecer de los ojos del mundo.

Esa tarde, en ese barrio de Johannesburgo, la oportunidad llegó en forma de pelotas de piel fabricadas en China. Y el silencio lo rompimos por unos minutos con la gritería de los dos equipos y con ese reportaje que luego verían millones de televidentes a través de Univision. Lo que esa pequeña oportunidad desencadenara luego, nunca lo sabremos. Quién sabe si en diez años escuchemos a la nueva estrella del AC Milán contar cómo unos extraños les regalaron balones a él y a sus amigos del barrio, y no dejó de practicar ni un solo día, o cómo llegó un famoso entrenador que lo vio en la tele y le ofreció una beca. ¿Por qué no?

Otra historia que sentía que necesitábamos mostrar durante las largas horas de cobertura desde Sudáfrica, aunque no fuera tan divertida y colorida como la de nuestros pequeños jugadores, era Soweto. No podíamos ignorar esta parte tan importante de la historia de este país, y debíamos compartirla con nuestros televidentes, aunque sonara triste y oscura. En dos días sería el aniversario del levantamiento de esta ciudad, símbolo de la lucha contra el *apartheid*. El mismo día de la conmemoración, el 16 de junio, se emitiría el reportaje.

Soweto, un asentamiento urbano al suroeste de la vieja Johannesburgo, fue la barriada elegida por las autoridades blancas para ser convertirda en la ciudad de todos los negros. South West Township, o Soweto para abreviar, resultaba el lugar perfecto para separar a las dos razas, porque la zona contaba con los llamados "cordones sanitarios", o barreras urbanas, como ríos, vías de ferrocarril o autopistas, que mantenían a los negros "a raya", tal y como los gobernantes blancos querían. A raya y en silencio. Durante el día, permitían a la población negra salir para ir a trabajar para los europeos en Johannesburgo, y por la noche se los obligaba a regresar, bajo fuerte vigilancia. Así se consolidó el gueto oficial más grande del siglo XX. No fue hasta el 16 de junio de 1976 cuando el mundo empezó a abrir los ojos y a prestar atención a las atrocidades que venían ocurriendo. Ese silencio mortal y cruel terminó el día en el que Soweto saltó en los titulares internacionales: miles de estudiantes, muy jóvenes, en su mayoría de escuela secundaria, habían salido a protestar a las calles, y esas voces resonaron en el resto del planeta. El gobierno blanco les acababa de imponer que toda su educación en las escuelas se impartiera solo en afrikáans, eliminando las otras lenguas étnicas, y esa fue la gota que colmó el vaso. Los jóvenes decidieron reivindicar sus derechos y decir, "Ya basta". Durante los días del levantamiento, las fuerzas del orden arremetieron contra los miles de estudiantes, dejando un saldo oficial terrible de 166 muertos y 1.000 heridos, y un saldo extraoficial que habla de más de 700 ejecutados. Durante las dos siguientes décadas, los disturbios y enfrentamientos continuaron en las precarias y reprimidas calles de Soweto, y este nombre se convirtió en el estandarte de la lucha contra el régimen del *apartheid*.

En aquella época en la que sucedió el llamado Youth Uprising (el levantamiento de la juventud) yo tenía cuatro años y corría libre por mi pacífica y olvidada Istmina, a salvo, en nuestro Macondo ajeno a este tipo de injusticias, pero viviendo otras que sufrimos hasta hoy.

Cuando finalmente llegué con mi productora y mi camarógrafo a esas calles de Soweto llenas de historia y pasiones que contar, el torrente de emociones que sentí es indescriptible. En un momento de silencio en ese parque donde hoy se recuerda a los muertos, me transporté en el tiempo, y me vi entre los miles de jóvenes gritando, reclamando libertad y oxígeno que respirar. Me vi corriendo por esas avenidas con paso rebelde, arrebatada desde lo más profundo de mi ser contra las injusticias, y comprendí que, si en vez de ser una niñita hubiera sido una adolescente, y en vez de en Istmina mi escenario hubiera sido ese, yo hubiera estado probablemente ahí, en la lucha.

Lo que vi y aprendí ese día, hurgando, imaginando y soñando por esos rincones históricos, fue el verdadero valor de la juventud. Un mensaje que me quedó todavía más claro al entrar en la casa del gran maestro Nelson Mandela. Porque los jóvenes son la voz del hartazgo de los padres y de los abuelos, y siempre lo han sido. Son los jóvenes, por todo el mundo, los encargados de acabar con el silencio y desencadenar el cambio ante las injusticias. Ellos son los fuertes y vigorosos que pueden sustituir lo que no funciona. Un sentimiento claro y definido que volvería a vivir en Puerto Rico, nueve años después de esa visita, en una historia que aquí también contaré. Y que se repitió igualmente entre los estudiantes de la escuela Marjory Stoneman Douglas en Parkland, Florida, sobrevivientes de uno de los tiroteos más sangrientos, cuando salieron por las avenidas principales de Washington, acompañados de casi medio millón de almas, a protestar por el acceso y uso descontrolado de armas de fuego.

Y, de vuelta a mi viaje revelador, y mientras todos aprendíamos un poco más sobre nuestro país y continente anfitrión del Mundial 2010 a través de cada reportaje que Univision nos ofrecía, la música de fondo no era otra que el "Waka Waka". Shakira, a la hora de grabar el tema oficial de la Copa, combinó magistralmente ritmos e instrumentos afrocolombianos con guitarras africanas. La barranquillera, también de raíces árabes como los Chamat, no se olvidaba de nuestra otra mitad, la de la Colombia negra, y nos incluía y acercaba con su arte a esa tierra madre soñada.

Al final de nuestra cobertura para *Primer Impacto*, agotadas después de dos semanas sin descansar, Ivanna y yo decidimos dedicar nuestro último día para hacer una visita muy especial. Esta vez iríamos sin cámaras. Yo no podía dejar mi hogar recién encontrado sin ver más de lo que mi gente vivió y sufrió, todo documentado en el Museo del Apartheid, a solo cinco kilómetros de la capital.

Es cierto que en el Chocó durante siglos estuvimos segregados con el olvido, con la falta de oportunidades, servicios y recursos, pero nunca fuimos reprimidos con leyes tan agresivas y violentas como en Sudáfrica. Aunque también es cierto que en el Chocó el castigo a nuestra negritud la aplicaron y siguen aplicando a través del abandono, a través del saqueo de los recursos naturales y las oportunidades para prosperar, y dejándonos solos en medio de la selva, a nuestra suerte, en un rincón lejano donde no nos veían mucho, donde el silencio nos envolvió y nadie nos escuchó protestar. Y ahí seguimos, sin ser oídos.

El abandono es igualmente una táctica cruel. Recuerdo ver a niños al borde de la muerte por desnutrición entre algunas de las familias de la quebrada en Istmina y en otros pueblos cercanos. La apatía y desatención institucional eran tales, que algunas familias no tenían ni un plátano que comer, ni una vacuna con la que proteger a sus bebés. Esto era y continúa siendo una segregación que levanta menos titulares, pero que resulta igual de dañina. Porque, con el paso de los tiempos, este olvido por parte de las autoridades hace que la diferencia entre el mundo con recursos y el mundo sin recursos sea cada vez más abismal, y que el hambre, la pobreza y el crimen crezcan. Pero ahora, con mi querido Chocó en mi mente, era el momento de ver y sentir el verdadero *apartheid* vivido en Sudáfrica. Ese que no se disfrazó de abandono y que mataba de frente.

El museo, situado junto a las enormes chimeneas de una antigua mina de oro, impresiona por su austeridad. En sus muros de cemento tiene solo dos puertas angostas para entrar. En una dice BLANCOS, en la otra simplemente NO BLANCOS. Como turista, te dejan elegir por qué puerta quieres entrar. Ivanna entró por una y yo, lógicamente, por la que le correspondía a mi raza. Dentro, durante todo el recorrido, tuvimos la sensación de estar en una verdadera prisión, rodeadas de redes metálicas amenazadoras. Las galerías de fotografías narraban, paso a paso, la crueldad del trato que les dieron a los africanos durante décadas. En una sala colgaban sogas del techo y otras herramientas que utilizaban para impartir la pena de muerte a la gente de color que se rebelaba e infringía esas leyes inhumanas. Cuando llegué a la parte de videos y testimonios sobre las matanzas en masa, lloré. Lloré mucho, en silencio, ante las imágenes de esa masacre "legal" e institucionalizada hasta 1994, cuando Nelson Mandela, con su lucha, logró derrocar al régimen de Pretoria en unas elecciones presidenciales en las que el pueblo negro votó y decidió su futuro por primera vez.

De todas esas fotografías, una en especial captó toda mi atención. En la instantánea aparecían varios hombres con miradas asustadas, sin camisas y con las manos atadas a sus espaldas. Un hombre blanco uniformado levantaba su látigo amenazante frente a esos torsos con cicatrices de castigos anteriores y heridas abiertas de los últimos golpes. Recordé los falsos latigazos que le daban a un personaje afrocolombiano en una novela de época que vi cuando era pequeña, que se titulaba *La pezuña del diablo*. El diálogo de una de sus escenas nunca se va a borrar de mi mente: "¿Quién da más por este esclavo? A ver, ¿quién da más?". Esa mañana, en ese museo a miles de millas de distancia de las televisoras y los hogares colombianos, los latigazos eran de verdad. ¡Esto no era una historia recreada por el cine o la televisión! Esto era tan real como las miradas de verdadero sufrimiento de todos esos seres humanos en la foto. Esas miradas de quienes no hicieron nada malo y no entienden por qué están siendo condenados. Bocas cerradas, ojos mostrando verdadero terror en total silencio. Silencio. Las fotografías y los muertos no hablan, no tienen voz. Los esclavizados nunca la tuvieron. Todos envueltos en el silencio que se tornaba impenetrable y de color negro, muy negro, más que su piel.

Junto a esa foto específica de los latigazos, había una más grande en la que otra fila de hombres igualmente maniatados y totalmente desnudos esperaban a ser fusilados. Esa es la otra imagen que no he logrado borrar de mi mente, años después, ni creo que se me borre jamás. Desnudos frente a la muerte, envueltos en su único pecado: haber nacido dentro de esa piel. Y envueltos en ese silencio azabache.

La negritud del mutismo, de los que fueron enmudecidos y amordazados a golpes de historia y abusos. Tal vez por eso, ahí de pie, observando esta enorme fotografía, mi corazón me repetía, con cada uno de mis latidos, la palabra *responsabilidad*. Todos los negros del mundo, y los no negros, los mezclados con una y otras razas, que somos todos al final del día, tenemos la responsabilidad histórica de reivindicar a los que sufrieron en silencio, a los que lucharon y murieron en silencio. Y tenemos la responsabilidad de honrar y recordar a los que rompieron el silencio y lograron cambios, algunos grandes y otros pequeños. Cada una de esas batallas, sin importar el tamaño, nos ha hecho avanzar, aunque sea lentamente. Ya podemos decirlo: recientemente, Estados Unidos tuvo a su primer presidente negro, algo que habría sido imposible si aquel primer esclavizado no se hubiera rebelado contra su "amo", y miles de norteamericanos no hubieran dejado su propia piel en una cruenta guerra civil. Luego, llegaron Martin Luther King Jr., Rosa Parks y las cuatro computadoras humanas de la NASA (National Aeronautics and Space Administration, por sus siglas en inglés), cuyas vidas quedarían reflejadas en la popular novela *Hidden Figures*: Katherine Johnson, Dorothy Vaughan, Mary Jackson y Christine Darden. Cada uno de estos personajes que estudiamos en libros y escuelas basaron su éxito en la lucha del anterior. El héroe logra ser héroe porque otro héroe antes que él se atrevió a alzar su voz.

Al terminar el recorrido por el lúgubre museo, Ivanna y yo salimos casi a la vez, e igualmente impactadas por lo que acabábamos de ver. Afuera, nos esperaba el caluroso sol del mes de julio en Igoli, que es como llaman en la lengua zulú a Johannesburgo. Igoli significa "lugar de oro", porque la ciudad se fundó en torno a las minas y los yacimientos del preciado mineral descubiertos entre sus colinas. ¡Justo como mi Istmina! ¿Cómo era posible que en regiones tan ricas y bendecidas por la madre naturaleza se pudiera crear tanta pobreza, tantas carencias y tanto sufrimiento? Siempre el oro como centro de discordia e impulsor de avaricia, y como excusa para esclavizar a quien estuviera cerca.

—Ni siquiera pudimos tener paz y prosperidad en nuestra propia tierra —le dije a Ivanna al llegar al hotel—. ¡Los sudafricanos no llegaron de ninguna parte! ¡Esta es su casa, su propia tierra! Los europeos fueron los verdaderos foráneos en esta historia. ¿Te imaginas que un nueve por ciento de población recién llegada domine, someta y segregue a un noventa y uno por ciento de la gente autóctona? Es surreal, ¡pero pasó!

Ivanna no contestaba, solo asentía, demostrándome que estaba de acuerdo. Entendió que lo que yo necesitaba era a alguien que me escuchara y nada más, para calmar un poco la rabia y la indignación. En menos de una hora, tenía que hacer mi maleta, y tenía que hacer paz con la historia y con el pasado para poder llevarme los mejores recuerdos de esta tierra que tan bien nos había tratado.

Esa misma tarde le dijimos adiós a los amigos que hicimos durante las casi tres semanas de nuestra estancia. Nos despedimos de Patrick, el recepcionista, quien días antes se había convertido en papá, pero nunca dejó de atendernos entre sus constantes visitas al hospital para ver cómo estaban su primogénito y su adorada esposa. Patrick era quien, muy atento, me buscaba cada noche a la hora de la cena para pasarme las llamadas de Gene.

También nos despedimos de mis *sesis*, las empleadas de la limpieza, que cambiaron sus chistes y sonrisas por lágrimas y abrazos.

Pero lo más duro me pegó al subir a la camioneta, rumbo al aeropuerto. Aquella vieja sensación de vacío en el estómago que sentí cuando dejé Istmina por primera vez, y cuando murió mi abuelo, o cuando me fui de Colombia, estaba ahí de nuevo. Un vacío horrible en mi pecho, que crecía al saber que me iba de mi hogar y que no volvería en muchos años. En esos pocos kilómetros hubiera dado cualquier cosa por encontrar un motivo, una excusa para quedarme. Obviamente, Gene, mi compromiso con mi trabajo y mi familia inmigrante en Estados Unidos eran suficientes razones para subirme al avión y regresar a mi mundo.

Así que, con esa misma angustia en el alma que sentía de niña al subirme en uno de esos avioncitos que sobrevolaban la selva chocoana, le dije adiós a mi tierra madre. A mi madre patria. A ese lugar en el mundo en el que me sentí como en el vientre materno, ese lugar en el que mi historia y mi herencia ya florecían incluso antes de conocer la luz en mi adorado Chocó.

Desde ese viaje han transcurrido muchos años, y todavía sueño con volver. Solo que, en mi sueño de hoy, llevo nuevos compañeros de viaje. Quiero regresar con mi hija Anna y con mi esposo Gene. Quiero mostrarles ese otro hogar donde ellos no han estado todavía. En casa, en Miami, repasamos el mapa juntos y señalamos Sudáfrica, Kenia, Zambia o Gambia. ¿Quién sabe dónde nos llevará el destino? De lo único que estoy segura es de que a Anna la va a invadir la misma sensación que a mí al aterrizar en nuestro continente. Desembarcaremos y ella sabrá que volvió a casa. Y Gene sabrá que ese es su hogar también, porque África es de quien la sabe sentir.

Pero eso sería en el futuro. Por ahora, Miami, mi otro hogar, me esperaba con boda e *in vitro* a la vista, porque para llevar a Anna un día de regreso a la madre tierra, primero ¡nuestra niña tenía que nacer!

14.

Cien por ciento Anna

Nombras el cielo, niña,
y las nubes pelean con el viento.

Octavio Paz, "Niña"

Siempre quise ser madre, y siempre supe que un día lo sería. ¡Hasta lo soñaba desde jovencita! Pero en esos sueños, nunca me veía embarazada, y aparecía solo con un bebé en brazos, como si siempre hubiera sabido de las limitaciones que iba a tener para concebir. De lo que no estaba segura era de cuándo o cómo sucedería. Nunca forjé un plan en mi cabeza, ni tenía un calendario como muchas de mis amigas, que decían: "Antes de los veinticinco me caso, y antes de cumplir treinta tendré uno, dos o tres bebés". Mi único plan era trabajar duro y disfrutar de mi familia cuando podía escaparme a Colombia por un par de días. Gene todavía no había aparecido en mi vida.

A mis treinta y tres, sin pareja ni mucho menos planes de boda a la vista, fue cuando me dieron la noticia. En una revisión médica de rutina, mi ginecólogo me anunció:

—Ilia, padeces de endometriosis y fibromas intrauterinos.

—Ahora entiendo todo el malestar que llevo padeciendo durante años antes y durante mi menstruación. ¿Eso es peligroso? ¿Qué significa exactamente? ¿Ya no hay nada que hacer? —Ante el terrible diagnóstico, me imaginé hospitalizada y pensé en lo peor.

—No, no, eres muy joven y todavía tienes tiempo de ponerle remedio, vamos a tratarte —me dijo, animándome y explicando mis opciones, aunque no eran decisiones fáciles de tomar.

En cuanto me hicieron los últimos análisis, me sometí a mi primera cirugía para remover los fibromas más desarrollados. Y, como casi siempre sucede en estos casos, los fibromas regresaron, con intensos dolores, períodos profusos, cambios en la piel y desajustes hormonales serios. Los medicamentos que me recetaban para aliviar estos síntomas solo lograban inflamarme. Me sentía hinchada, y cuando trabajas de cara al público en un medio tan exigente como es la televisión, esto que podría sonar tan banal se transformaba en una verdadera tortura. Cuando dejé de tomar las medicinas, perdí mucho peso, y no faltó quien aprovechó la situación para decir que mi rostro había cambiado porque me practiqué cirugía estética, y quién sabe cuántos rumores más. Mi segundo paso por la mesa de operaciones fue a mis treinta y cinco y la tercera intervención, un año después. El problema persistía; los fibromas regresaban.

—Doctor, ¿usted cree que voy a poder ser mamá algún día? —pregunté sin muchas esperanzas, después de tanto procedimiento.

—Sí, pero cuanto antes mejor. Con tu condición, no puedes arriesgarte a ser una mamá milagro después de los cuarenta.

Afortunadamente, Gene apareció en mi vida justo a tiempo, y aquel plan que nunca tracé comenzó a dibujarse solito. De pronto, ante mí, comenzaban a aparecer tardes interminables juntos, proyectos para el futuro, conversaciones sobre comprar una casa y dónde pasar las vacaciones: ¿con su familia o la mía? Nos convertimos en pareja sin forzarlo, de la manera más orgánica. Y de la misma manera natural, le confesé que yo quería ser mamá algún día, pero que no iba a ser fácil. La noticia no pareció desanimarlo, y decidimos que primero intentaríamos quedar embarazados sin asistencia médica. Sin embargo, el reloj y el calendario eran factores en nuestra contra. Cumplí treinta y nueve y otros tres fibromas amenazaban con convertirse en el obstáculo final a nuestros deseos.

—Habla con Gene —me aconsejó mi doctor, Larry Spiegelman—, podemos hacer un *in vitro*. Piensa que podría ser tu última oportunidad para ser mamá.

Cuando llegué a casa, abrí *En busca de Emma*, el libro en el que mi amigo Armando Correa narra la gran odisea que vivió junto a su pareja para lograr tener a su pequeña. Ya lo había leído, pero volví a leer las últimas páginas, y no pude reprimir las lágrimas ¡Exploté en llanto! Gene me abrazó y me preguntó qué quería hacer. Había que decidir.

—No sé; siempre podemos adoptar, o buscar una madre subrogada. Si yo no puedo cargarlo, otra mujer podría… —estaba sumamente confundida.

Me asustaba mucho la posibilidad de no poder concebir.

—Haremos lo que tú quieras, con lo que tú y tu cuerpo se sientan seguros. —Gene no podía ser más comprensivo.

El problema extra que enfrentábamos, otra vez, como ese redoble de tambores que anuncia el "más difícil todavía", era que mi trompa de Falopio izquierda estaba obstruida. Si llevábamos un año intentando embarazarnos por el método natural, realmente la probabilidad se redujo al cincuenta por ciento. Cada vez que le correspondía ovular a mi ovario izquierdo era una oportunidad perdida.

—Vayamos al *in vitro*. Listo. Lo hacemos. —Gene tomó las riendas y me animó a llamar a la clínica.

En el centro médico, nos hicimos los análisis genéticos y todo salió bien. Empezamos el tratamiento ese mismo mes, con inyecciones y más inyecciones para subir mi índice de fertilidad. Al cabo de tres semanas, tenía que escaparme cada mañana a la clínica para que me monitorearan los ovarios con el ultrasonido. Varias visitas después, el doctor dio la orden:

—Los óvulos ya están suficientemente maduros. Los vamos a extraer.

Llamé a Gene y nos programamos para el día siguiente. Después de sedarme, procedieron a la extracción. Al día siguiente, ese redoble de "más difícil todavía" volvió a sonar. Me dijeron que solo tenían ocho óvulos, de los cuales dos eran de óptima calidad. ¡Un índice muy bajo en estos tratamientos!

—¿Qué quieres hacer? Hagámoslo, doctor. Intentémoslo con lo que tenemos —le contesté con la aprobación de Gene, y volví a "retar al reto" una vez más en mi vida.

Es curioso cómo las posibilidades, las oportunidades, nos marcan incluso desde antes de nacer. Esos dos pequeños óvulos solo requerían de una sola oportunidad. Igual que pasa en la vida, con esa visa que estaba a punto de comenzar.

Dos días después, regresé para que me implantaran los dos embriones, esos dos huevos ya fecundados. Jamás olvidaré la fecha: 24 de febrero de 2012, el día del cumpleaños de mi mamá. ¡Qué mejor regalo para doña Betty! Pasé todo el fin de semana en la cama, consciente de que dentro llevaba esas dos oportunidades minúsculas de vida. Me sentía hecha del cristal más frágil del mundo. No me moví, no usé perfumes ni jabones, no tosía y solo me paraba para ir al baño. Gene sacó todos los aparatos electrónicos de la habitación. No estábamos seguros de si me podrían afectar, pero no íbamos a arriesgar las pocas probabilidades que nos quedaban. O mejor dicho, probabilidad, en singular, porque al final solo nos quedó un embrión. En la segunda ecografía, uno de los dos óvulos fecundados no sobrevivió. El otro, el que quedaba, era diminuto. Ese "otro", el sobreviviente valiente que luchó aferrándose a mi ser, se convirtió en nuestra única esperanza.

Durante toda esta odisea, las únicas personas que estaban enteradas de cada paso del tratamiento al que nos habíamos sometido eran mi mamá y mis hermanas. No falté al noticiero ni un solo día a pesar de que me aumentaron la dosis de progesterona para que mi organismo no rechazara ese minúsculo ser que se aferraba a la única oportunidad de vida. ¡La oportunidad más grande!

Ese año, yo estaba presentando el *Noticiero Univision Edición Nocturna* junto a Enrique Acevedo. Atrás quedaron *Primer Impacto* y todos los grandes momentos vividos en el popular y querido programa. Mi nuevo reto de la noche me mantenía ocupada y me distraía de la lucha que libraba cada día para hacer realidad el sueño de Gene y el mío. Cada noche, cuatro horas y media antes de salir al aire, me metía en el carro, manejaba desde Univision hasta nuestro apartamento, y Gene me inyectaba la progesterona. Luego, regresaba nerviosa, pensando que había sucedido alguna noticia de última hora y yo no estaba ahí, presente, para responder al *breaking news*. Mi sentido del deber me persiguió durante todo el trayecto, y cuando pisaba de nuevo la sala de redacción, respiraba aliviada. Al final, Gene me entrenó para que yo pudiera inyectarme estas nuevas dosis de hormonas. Nunca pensé que podría ser capaz de inyectarme a mí misma esa sustancia espesa que tanto dolor me causaba y que tantas esperanzas me traía. Esto me costaría una cicatrización de los tejidos, porque, como soy diestra, solo podía aplicármelas en el lado derecho. No obstante, todo sacrificio valía la pena, y nada ni nadie nos iba a detener. ¡Ni siquiera el mismo presidente de los Estados Unidos, literalmente!

Justo por esos meses críticos, María Martínez me dijo que había una posibilidad de entrevistar a Barack Obama, recién estrenado su segundo mandato en la Casa Blanca. Desde aquellas primeras elecciones míticas de 2008, entrevistar al primer presidente negro de Estados Unidos era uno de mis objetivos profesionales. Sin embargo, no se habían alineado los astros para que esto sucediera.

—¡Se dio la entrevista, Ilia, te conseguí una entrevista con Barack Obama, y nada menos que en tu tierra, en Colombia! —me dijo mi querida María.

—¿En la Cumbre de las Américas? ¿En Cartagena? —Por un segundo me emocioné, pero pronto se me vino el mundo abajo—. Oh… ah… No puedo, lo siento María.

¡La cara de María! Ningún periodista en su sano juicio diría que no a una oportunidad de entrevistar a quien quería entrevista, pero creo que intuyó que algo serio sucedía. Yo, manteniendo el secreto de mi estado, fui a explicarle el verdadero motivo de mi negativa a nuestro director de noticias, Daniel Coronell, en privado. No quería que el resto del equipo lo supiera. Tampoco quería anunciar este embarazo antes de hora, porque era de alto riesgo y cualquier cosa podía suceder.

Daniel lo entendió, me apoyó en mi decisión de no arriesgar la única carta que Gene y yo teníamos en el delicado juego del milagro de la vida y envió en mi lugar a mi copresentador, Enrique Acevedo, quien apenas acababa de unirse a mí en *Edición Nocturna*.

No lo niego: me dolió mucho no poder entrevistar al presidente Barack Obama. Yo fui testigo de su victoria desde mi silla de periodista, día en el que los titulares se llenaron de esperanza y optimismo para muchos. El triunfo de Obama significó el triunfo de todo un pueblo arrinconado y oprimido por la historia de este país. La victoria del primer afroamericano en llegar a la presidencia de la principal potencia mundial era el verdadero sueño americano hecho realidad: ¡sí se podía! Todo aquello que nos vendieron en las películas, canciones y discursos de los grandes líderes, como Martin Luther King Jr. o César Chávez, era cierto: *Yes we can!* Aunque tu piel sea negra y tu padre sea un inmigrante de África, ¡sí se puede! Si yo un día fui la primera presentadora de noticias de color de un país, y luego la primera en el mercado hispano de otra gran nación, ni me imaginaba lo que sentiría al sentarme frente al primer afroamericano en llegar a la presidencia de este gran país. Mi sueño profesional y personal de toda la vida siempre fue entrevistar a Nelson Mandela, y no lo logré. La salud del gran Madiba se deterioraba y era imposible. Entonces surgió la figura de Barack Obama como representante de todo aquello que se podía lograr, pero que se nos había negado durante siglos. Conversar con Obama hubiera sido la oportunidad de estar más cerca del legado que dejaron esos grandes personajes históricos de las luchas civiles ya hoy fallecidos, como mi admirado Mandela o la incansable abolicionista Harriet Tubman.

Desde que escuché su emocionante discurso de toma de posesión en enero de 2009, empecé a preparar en mi mente las preguntas que algún día le haría a nuestro nuevo y joven presidente si se me presentaba la oportunidad. Entre todas esas preguntas, había una que me inquietaba en especial: ¿Cómo había manejado él la discriminación racial en su vida: callando o haciéndole frente? Porque, con el tema del silencio, todos nos la jugamos: unos por callar demasiado y otros por hacer demasiado ruido e incomodar al sistema.

Y, al igual que Obama se jugó toda su carrera en unas elecciones, Gene y yo nos jugábamos el gran sueño de nuestras vidas también con una sola carta: la de ser padres. Obviamente, el sueño de entrevistar al presidente tendría que esperar, y en esta gran ocasión yo me quedaría en casa y mi compañero del noticiero acudiría a la cita presidencial.

Sin más que decir, Enrique se fue a ese viaje a Colombia y entrevistó a Barack Obama. Mientras tanto, yo me aferraba en secreto a esa oportunidad divina de ser mamá.

En la semana número dieciséis de nuestro embarazo me dieron la noticia: todo estaba bien. Los exámenes indicaban que la bebé venía en buen estado. "¿La bebé?", grité al oír a mi doctor hablar así. En efecto, pudieron comprobar que iba a ser niña. ¡Qué inmensa felicidad!

—Ava o Eva. —Gene comenzó a pensar en nombres.

—OK, algo corto, sí, me gusta, que sea algo que tus padres y mi familia puedan pronunciar sin problema y que nadie le ponga apodos o diminutivos —dije.

Así fue cómo surgió Anna. El nombre completo de mi mamá es Ana Beatriz, pero nunca la llamaron por su primer nombre. Se quedó con Betty. Ahora tendríamos a otra Anna en la familia. Gene y yo queríamos hacerle ese regalo, después de tanto que ella hizo por nosotras, sus hijas. La señora Ana Beatriz Chamat me dio todo lo que soy. Me dio el valor y me enseñó a enfrentar responsabilidades, a ser fuerte, a ser prudente, generosa y solidaria, y ella fue quien me transmitió su conciencia social. Por todo eso nuestra hija se llamaría Anna.

Ya sabíamos su nombre y que estaba sana, pero todo lo demás seguía siendo un misterio. En las ecografías que me hicieron durante el embarazado, nunca se dejaba ver su carita. Juguetona, se cubría con sus manitas, algo que curiosamente sigue haciendo a la hora de dormir, siempre con su muñeco Pepe en sus manos, junto a su carita. Por nuestra herencia, sabíamos que la primera vez que la viéramos sería una sorpresa total.

Con calendario en mano, programamos la cesárea. Los embarazos de alto riesgo, como el nuestro, rara vez terminan en parto natural, y ni optando por cesárea se pueden eliminar las complicaciones. Anna se cambió de posición después de la última ecografía y me tuvieron que aplicar fuertes medicamentos para el dolor para manipular a la niña en mi interior y lograr sacarla con éxito.

Los momentos previos fueron muy emocionantes. Recuerdo que, en medio de los nervios, yo solo quería ver a Gene. Minutos después, lo trajeron a la sala de cirugía, me tomó la mano y me miró. Yo temblaba y se me escapaban las lágrimas solo de verlo, como cuando estás al frente de tu primer gran amor. El doctor Spiegelman sonreía con cara de satisfacción, y esa era mi señal de que todo iba bien.

"Ya viene, ya pronto la vas a tener en tus brazos". Gene me iba narrando cada momento a la vez que grababa con su celular. Y de repente, la vi. Su espalda, su cabecita, su pelito negro. El doctor la sostenía por las piernas. ¡No supe qué hacer, qué decir ni qué sentir! Una máxima felicidad, como nunca antes, me invadió de pies a cabeza. Un éxtasis total. Y la cara de Gene me decía que él también se había quedado congelado en completa dicha y fascinación.

Patricia, una enfermera colombiana que asistió al doctor, la envolvió en una mantita y me la puso en el pecho. La sentí temblorosa, y vi que apenas podía abrir sus ojitos. Pero los abría, como si me estuviera mirando. Con lo poco que alcanza a ver un recién nacido, ella estaba observando mi cara por primera vez después de tantos meses juntas.

Yo lloraba, la abrazaba, la besaba. Gene nos tomaba fotos y nos rodeaba a las dos con sus brazos, prometiendo que siempre nos iba a proteger. *Soy mamá, tengo a una criatura en mis brazos y soy su mamá, ¡como en mis sueños!* pensaba, aturdida por tantas emociones.

—Bueno, al final, ¿qué nombre la van a poner a la beba? —preguntó Patricia.

—Anna Jang-Calderón —le contesté muy firme.

Yo no tenía planeado ponerme el apellido de mi esposo. En mi trabajo ya era conocida como Ilia Calderón. Por lo tanto, quise que nuestra hija llevara los dos y que fuera ella quien representara la unión de nuestras familias para siempre. Anna sería Jang y Calderón.

Efectivamente, Anna tendría las herramientas genéticas para conectar con los Chamat, y esos ojitos y esos pómulos maravillosos para ser parte de los Jang. El tiempo, y solo el tiempo, diría cómo ella se querría definir: con una, dos, tres o todas sus etnias. ¡Tenía tánto para elegir! Anna nació rica en herencia. Era una bebé muy afortunada, con sus maletas llenas de posibilidades, y de esas mágicas oportunidades que nosotros mismos le brindaríamos con amor.

Esas primeras horas en el hospital junto a Anna las pasé mirándola embelesada. Yo era "muy tía" de mis sobrinos y de los hijos de mis amigas. Los visitaba, los abrazaba, jugaba con ellos. Pero esta sensación era completamente diferente: esta criatura era mía… era nuestra, y me tenía embobada. Anna era de Miami, que es donde vino al mundo, era de Asia, de donde siempre cargaría su esencia tan especial, y era de mi Chocó, de donde procedía su color de piel, con olor a café y madera, y con esas raíces enormes clavadas en la tierra, como los guayacanes de nuestra casa de la infancia. Durante esas horas observándola, sin importarme el reloj ni el mundo exterior, lo único que yo veía era el rostro del futuro, y me daba cierta tranquilidad pensar que, con un presidente afro en la Casa Blanca, el mundo giraba en la dirección correcta para que miles de Anna aspiraran a grandes aventuras. Esas Anna que todavía no son tan reconocidas, pero que ya están aquí, y cada vez son más visibles.

El hecho de que un país con la historia de esclavitud y discriminación que tiene Estados Unidos hubiera elegido democráticamente a alguien de minoría me llenaba de esperanzas y sueños sobre un mundo diverso. Un mundo en que las diferencias físicas no determinen la forma en que eres tratado o determinen hasta dónde puedes llegar. Porque nuestra pequeña Anna llegaría hasta las estrellas si así lo deseara.

Años después de este capítulo mágico en mi vida, sucedería esa escena grotesca y surrealista junto a Chris Barker, en medio de la nada, en un bosque de Carolina del Norte. "Soy cien por ciento blanco" repetía el hombre con un orgullo extraño y sin mucho sentido. Puedes estar orgulloso de tus raíces, eso lo comprendo. Puedes estar orgulloso de tus tradiciones, de tu familia, de tu país y hasta de tu equipo de fútbol. Pero no solo perteneces a una familia, pues tienes padre y madre. Tampoco perteneces a una sola ciudad, porque seguro que te mudaste al menos una vez. Por lo tanto, tus tradiciones tampoco son puras. Sin ir más lejos, muchos tenemos doble nacionalidad, y no pasa nada. Puedes ser colombiano y peruano a la vez, puedes ser blanco y negro, y puedes irle al Boca y al Milan. ¿Por qué no?

¿De qué sirve apegarse a una sola raza, o a una sola nacionalidad? Como si pudiéramos elegir antes de nacer de qué color será nuestra piel y en qué país naceremos. Como si ese factor nos fuera a hacer más listos, más guapos, más felices o más sanos. Pobre Chris Barker, presumiendo de una pureza que solo existe en sus deseos. Las purezas limitan al ser humano, si las interpretan como un arma para menospreciar a los demás. Puros son los niños, las buenas intenciones, el amor y la tolerancia. Todo lo demás, combinado es más bello.

Y mientras tanto, las Anna que ya llegaron a este mundo, y las que faltan todavía por llegar, ya están construyendo un mundo rico y variado, inclusivo y empático, en el que todos tienen donde pertenecer. Es parte de la evolución natural que no se puede detener con tontos prejuicios. Aquellos que se aferren al pasado para quedarse con lo que creen que les pertenece por derecho y por genética sufrirán mucho, porque la ola de amor, de igualdad y de equidad de las Anna del mundo es imparable.

Esa primera noche en el hospital, en mi recién estrenado papel de mamá, me imaginé a ese ser chiquitito y arrugadito diciendo: "Soy cien por ciento Anna, cien por ciento ser humano".

Por supuesto que este cien por ciento original y especial no iba a ser tan fácil de navegar. Una niña multirracial como la que la vida nos acababa de regalar iba a presentarnos grandes retos a nosotros y también a ella. Solo quienes lo vivimos sabemos qué va a ocurrir con nuestra descendencia. Yo, que siempre pensé que el silencio ante la discriminación podía ser una opción digna para no darles el placer de victimizarte, me iba a dar cuenta, gracias a este pequeño ser recién llegado a mi vida, que por ella y por las nuevas generaciones callar ya no tendría sentido. Ya no sería válido, al menos para mí.

15

El día que exploté

O calla o algo di que mejor que callar sea.
    Pedro Calderón de la Barca

—¿Así o con más brillo el labial? ¿No te gustó? —me preguntó mi maquillador, minutos antes de sentarme a leer las noticias esa noche de miércoles.

—No, perdona, la cara que hice no fue por el *lipstick*, me encanta, fue por esto, mira. —Le mostré lo que acababa de leer en Twitter.

"Rodner Figueroa comparó a Michelle Obama con el planeta de los simios. ¡Qué le pasa?!", había publicado un televidente minutos antes. Y en segundos, entró al cuarto de maquillaje un compañero de Univision y nos lo explicó preocupado, porque veía venir las repercusiones y no iban a ser agradables para nadie.

—Le preguntaron sobre las caracterizaciones de un imitador, y cuando pusieron la foto en la que el artista se había maquillado para asemejarse a la primera dama, Rodner dijo que no le gustaba, que a él le parecía un personaje del elenco de la película *El planeta de los simios* —aclaró el compañero—. Los otros presentadores intentaron suavizar el comentario, y él lo repitió. No entiendo, no entiendo nada.

¿Qué? ¿Cómo? Lo que acababa de leer y de escuchar no tenía ni pies ni cabeza. Se me revolvió el estómago. Cuando escuchas un comentario racista contra alguien que es como tú, de inmediato te pones en su lugar; es inevitable que te metas en su piel y que sientas como si la ofensa fuera contra ti. Y así me sentía en ese momento. Independientemente de sus títulos y su estatus de personaje público, del que todos podemos opinar y hablar, Michelle Obama es una madre como yo, como todas nosotras, tiene hijas como las nuestras, a quienes algún día también las podrían comparar así, con un comentario igualmente denigrante. Por eso, allí sentada frente a ese enorme espejo del cuarto de maquillaje, me miré, observé mis rasgos y pensé, *¿A mí también habrá quien me vea como mono? ¿Y a mis hermanas, a mis sobrinos?*

Rodner era compañero de la cadena donde yo trabajaba, y aunque ya casi no coincidíamos, porque yo llevaba tiempo en las noticias de la noche, sabía que su papá tenía sangre africana. De hecho, cuando en el pasado nos veíamos por los pasillos, conversábamos de los pelos afros rebeldes y difíciles de manejar, como el suyo y el mío. ¡No tenía ningún sentido que ahora hubiera dicho eso!

De la sala de maquillaje, me dirigí a presentar el noticiero con la duda, hasta que más tarde vi un extracto de lo sucedido en el programa *El Gordo y la Flaca*. Y todavía no lograba entender: Rodner comparó el *look* del imitador al de un simio, ¡pero el imitador iba caracterizado de Michelle Obama! Por lo tanto, el comentario le salpicó a ella directamente.

Tal vez fue la presión de estos programas en los que comentar sobre la moda, apariencias y el trabajo de los demás se torna en arenas movedizas, tal vez fue la velocidad de la televisión en vivo. O quizás simplemente se trató de una dosis de honestidad sin filtros, en una sociedad en la que, incluso a los que tenemos raíces africanas, nos han grabado en el cerebro, a golpe de repetición, que ciertos rasgos son más feos que otros por decisión de una raza en control de las modas, de la cultura, de la política, de la economía mundial, de las reglas sociales y, por lo tanto, de los cánones de belleza. Una belleza tan estereotipada que ocasionó que tardáramos décadas hasta que nos fabricaran ropa de moda a la medida de nuestras curvas y maquillaje que se adaptara a nuestros tonos de piel. ¡Cuántas veces al comienzo de mi carrera tuve que salir en pantalla con una base demasiado clara o demasiado oscura por falta de variedad en los tonos!

Esa noche, manejando camino a casa, hice un balance de lo acontecido. La responsabilidad de lo que sale de nuestra boca, como comunicadores, es enorme. Sin importar si trabajamos en noticieros o en programas de variedades, el público espera de nosotros profesionalismo, pero sobre todo respeto y compasión. Lo que decimos, para bien o para mal, se convierte en realidad instantánea, en algo sólido y palpable, aunque sea inventado. Es la fuerza de la palabra y de los medios, la magia que se genera cuando miles o millones de oídos te escuchan. Lo que decimos lo repiten hasta que se hace verdadero. Esto me dejó aterrada: ¿cuántos ojos, esa misma noche, se pusieron a buscar parecidos morbosos entre Michelle y un simio, motivados por lo que habían escuchado?

Cuando llegué a casa, Gene ya estaba dormido. Esa es la vida de madre y esposa que trabaja hasta la medianoche: llegar a un hogar con luces apagadas y nadie con quien comentar cómo fue el día. Subí las escaleras y fui al cuarto de Anna. Nuestra niña iba a cumplir tres añitos y, al verla dormir tan plácidamente, pensé en lo que escucharía y vería cuando fuera más grande. *La responsabilidad es definitivamente de nosotros, los adultos. Tenemos que ser consistentes con la tolerancia y el respeto y hacer un corte rotundo con esta cultura, esta costumbre y esta conducta de burlarse de todo lo que es diferente a nosotros. Tenemos que cortar esto de raíz,* me dije mientras me acomodaba en la cama.

Entre vuelta y vuelta sobre mi almohada, recordé aquellas palabras que yo misma escuché en mi colegio en Medellín: "Negro ni mi caballo", y cómo yo opté por no reaccionar. Me acordé de las miradas furtivas en el bus camino a la universidad, cuando algunos me observaban con sorpresa porque cargaba libros en mis manos, y yo pensaba, *¿Y a estos qué les pasa? Como si nunca hubieran visto un negro que estudia.* Recordé que en mi casa minimizábamos con dignidad lo que nos agredía, para no darle el gusto al contrincante de etiquetarnos como víctimas. Al final, el sueño me ganó la batalla, pero por pocas horas.

Como siempre, desperté temprano y me fui a hacer ejercicio, pensando que eso me ayudaría a desconectar por un par de horas. Pero la maquinita interna seguía dando vueltas, tantas como la rueda de la bicicleta en mis cuarenta y cinco minutos de cardio. Esa segunda noche, publiqué un tuit breve al respecto: "Inaceptable". Dos días después, la bomba estalló de manera estruendosa en mi pecho. El detonante fue una llamada de mi hermana, con cierta angustia en la voz.

—Ilia, mira, que Samuel llegó de la escuela y nos dijo que no quiere ser negro, dijo: "Mami, *I don't want to be brown*" —me contó Beatriz, dolida como lo estaría cualquier madre.

Beatriz vive en Nueva Zelanda, donde trabaja como odontóloga para los programas de servicio público del pequeño país austral. Casada con Juan Carlos Patiño, también colombiano, los dos decidieron formar una familia en aquella lejana tierra que los recibió con buenas oportunidades. Allí nació mi sobrino Samuel, entre la población blanca descendiente de los colonizadores y el gran número de maoríes, la etnia originaria de la isla, los verdaderos dueños de esa tierra. Y ahora Samu, a sus escasos cuatro añitos, ya había descubierto que su piel tostada, de mamá afrocolombiana y papá colombiano blanco, generaba algo de rechazo en un país donde lo normal, lo "maorí" (pues eso significa la palabra en su idioma nativo: común, verdadero, real) era tener la piel oscura.

—Que le dicen que los *brown* o los negros hacen cosas malas, que él no quiere ser malo. —Mi hermana estaba inconsolable, y yo lloré con ella.

Lloramos de amor, porque queremos a nuestros sobrinos tanto como a nuestros hijos. Lloramos juntas porque sabíamos que, aunque no quisiéramos, pronto le sucedería a Anna, y ella también tendría que enfrentar ese momento cara a cara con el mundo cruel, fuera de los pequeños paraísos que creamos para ellos rodeados de buenos amigos y de quienes no los ven diferentes. Esos hogares como el que me mi madre y mi abuelo forjaron para nosotros. Nuestros pequeños Chocós o pequeñas Istminas que fundamos allá donde vamos, sin importar país ni continente.

Juntas recordamos aquella experiencia, antes de ser madres, cuando fui a visitarla a Nueva Zelanda. Nos subimos en un bus de turismo que nos llevaría al cabo Reinga, un parque nacional bellísimo en la isla norte donde se encuentran las aguas del Pacífico con el mar de Tasmania. En ese bus, unas jovencitas blancas nos miraron y empezaron a hacer gestos de monos, burlándose claramente de nosotras, sin importarles que hablábamos inglés y las entendíamos. ¡*El planeta de los simios* también era una despreciable broma popular en el hemisferio sur!

—Siempre creí que íbamos a tener esta conversación cuando nuestros niños cumplieran los catorce o quince, cuando llegaran las aguas turbulentas típicas de los adolescentes, pero jamás tan temprano —le dije a Beatriz, sintiéndola tan lejos, al otro lado del mundo—. A mí no me pasó hasta los once años, cuando aquella niña me insultó en la escuela de monjas.

—Sí, ya no importa la edad, Ilia, mira a Luciana en Medellín —me recordó mi hermana.

A nuestra sobrina Luciana, hija de mi otra hermana, Lizbeth, una compañerita le dijo en el parque: "Tú eres fea porque eres negra". Luciana, con la fortaleza de las Chamat y toda la sabiduría de una niña de siete años, le respondió: "Entonces tu corazón es del color de mi piel". ¿Cómo podía haber sucedido esto en una ciudad tan multirracial como Medellín, la misma ciudad que me abrió sus puertas y me aceptó en sus hogares a través de la televisión?

En esa ocasión no hubo llanto en la llamada. Lizbeth nos contó lo orgullosa que estaba de la reacción de su hijita. "Se parece mucho a vos, Ilia; sacó tu personalidad fuerte, no lo podemos negar. Se parece incluso en tus manías con la comida y los olores". Mi hermana intentaba ponerle humor al asunto, pero el agravio pesaba demasiado. Y yo le respondí: "No, Luciana no es como yo, es más valiente que yo. Yo nunca me enfrenté con tanta entereza a quien me discriminó".

Nunca lo hice… hasta esa misma noche. Porque la llamada de Beatriz desde Nueva Zelanda fue la gota que llenó la taza. Mi taza. Se tenía que acabar eso de callar y no comentar nada sobre mi raza o mi piel. Había llegado "mi momento", el momento de hablar del tema. Aquel silencio con el que crecimos varias generaciones de afrocolombianos, y que nos dejó más huellas de las que reconocimos, ya no tenía sentido. En este punto de mi existencia, ignorar el racismo que siempre supe que existía sería ayudar a perpetuar el comportamiento de unos y el sufrimiento de otros. En unos meses Anna entraría a kínder, con nuevos compañeritos procedentes de toda clase de familias y ambientes. Me gustara o no, alguien le iba a explotar su burbuja, y eso tampoco lo podía ignorar.

Entonces, la carta me salió sola, sin tomar aire ni detenerme a revisar puntos ni comas. Como salen a veces las cosas del alma. Después de hablar con mi hermana me senté, en caliente, y escribí una carta dirigida a todos nosotros, al mundo, a quien la quisiera leer. Y al primero a quien se la leí fue a Enrique Acevedo, mi compañero del noticiero.

—Tienes que publicarla. Por ti, por mi, por los niños del futuro, porque esa es parte de la respuesta que le vas a dar a Anna cuando te pregunte qué hiciste para ayudar a cambiar lo que no está bien; tienes que hacerlo —me aconsejaba mientras yo le leía cada frase y cada párrafo.

—Lo voy a pensar. Yo nunca he hablado del tema de ser negra ni de las razas tan directamente. —Dudé, recordando miles de imágenes en mi vida en las que me la pasé minimizándolo todo. Como minimicé aquellas miradas que me lanzaban las señoras de dinero en Bogotá cuando entraba en las peluquerías de moda. Con los ojos me decían: "¿Y esta qué hace aquí?".

Un poco atormentada, hablé con Gene. ¡Quién mejor para comprenderme! Él creció enfrentando los mismos retos que yo, o incluso más grandes, porque nunca tuvo un Chocó mágico que lo protegiera en sus primeros años. Gene nació en Indianápolis, Indiana, y se crio en las calles de Long Island, donde ser asiático no era tan común. Tras escucharme, mi esposo, siempre tan juicioso, me hizo ver que callar y fingir que no pasa nada había dejado de ser una opción. Que todo lo que estaba pasando a mi alrededor era, nada más y nada menos, una de esas maravillosas oportunidades. La oportunidad de explotar. ¡Mi turno! ¿Y por qué no? Sin darle más vueltas, subí la carta entera a mi cuenta de Twitter, sin cambiarle ni una tilde. Si la publicaba yo directamente nadie la podría modificar.

En la carta expresé por qué me preocupa el mundo en el que vivimos, pero más me preocupa el mundo en el que vivirá Anna. Conté algo que jamás había contado por mi costumbre de ocultar episodios desagradables: que hacía unos años, la hija de una ejecutiva de una de las empresas para las que yo trabajé me dijo: "No me toques, tú eres negra". Y que su papá, avergonzadísimo, se disculpó: "Lo siento, los niños son crueles". ¡No! ¡Qué manera de excusar nuestros pecados como sociedad! Los niños no son crueles, son como casetes en blanco en los que se graba todo lo que suena a su alrededor, y luego lo repiten automáticamente. Y continué:

Bien lo dijo la Dra. Maya Angelou: "La gente va a olvidar lo que haces. La gente va a olvidar lo que dices. Pero jamás olvidará cómo los hiciste sentir". Y sucede todos los días, a todas horas y sin darnos cuenta.

Cuántas veces toda la familia va en el auto con

sus hijos y pasan frente a un accidente en el que está involucrada una mujer.

El padre dice: "Claro, tenía que ser una mujer, es que no saben manejar".

Y usted, señora que va al lado, ¿hace algo para corregir una actitud que discrimina contra su propio género?

¿Cuántas veces en su vida usted ha halado sus ojos con sus dedos para burlarse de los asiáticos? O ¿ha usado un plátano para burlarse de los negros? O ¿ha juzgado a los indios por su olor? A propósito, ¿le ha preguntado a alguno de ellos a qué huele usted?

¿Cuántas veces los hispanos han discriminado contra hispanos de otros países, llamándolos "indios" (como si fuera un insulto y como si todos no descendiéramos de comunidades indígenas)?

Pero cuando un estadounidense discrimina de alguna manera contra algún hispano, salen todos a poner el pecho, a criticar, a decir que son racistas y a exigir justicia.

Grave también es expresarse con desprecio hacia quienes prefieren amar a alguien de su mismo sexo. O creer que todos los musulmanes son terroristas, o seguir señalando a los judíos.

Me preocupa que vivamos entre todos estos comentarios, comunes en los corrillos, las reuniones familiares, de amigos y de trabajo. Y nadie dice nada. Existe una doble moral.

Hay una línea muy delgada, y con frecuencia traspasable, entre la crítica y la sátira, y la ofensa a quien no escogió ser como es.

Mi hija no tiene la culpa de tener sus ojos rasgados, su piel oscura y su cabello rizado. Ella es producto del amor de dos personas quienes decidieron traerla al mundo contra todas las adversidades. Eso debería ser suficiente. ¿Por qué tendrían que importar sus características físicas?

Cada día confirmo por qué también tengo que enseñarle a responder con dignidad a quien quiera hacerle daño por lo que ve por fuera. Doble tarea: prepararla para ser una persona ejemplar y prepararla para enfrentar a quienes no lo son.

Pregunto: ¿Como padres nos hemos tomado el trabajo de hablar con nuestros hijos acerca de respetar y aprender de las diferencias? ¿Les explicamos que un niño, con dos papás o con dos mamás, o con un papá o una mamá, son como ellos, producto del amor?

¿Les hemos explicado que ni el peso, ni el color, ni las capacidades o discapacidades hacen a una persona mejor o peor? ¿Les hemos dicho que se acerquen a ese niño, al que todos rechazan en la escuela? Porque es mejor estar al lado de él, que al lado de quienes se burlan de él.

¿Les hemos explicado que ese "dolorcito" que sienten en el corazón cuando ven a alguien indefenso se llama compasión, y que es un sentimiento bueno y noble?

Enfoquémonos en la verdadera diferencia, que es hacer la diferencia en las nuevas generaciones. Es un trabajo de todos.

Y usted, ¿cómo prefiere que su hijo tenga el corazón? ¿Negro, blanco o en la tibieza del gris?

Los niños no nacen discriminando. No les enseñen a discriminar.

No pasó más de una hora desde que oprimí el botoncito de *post,* cuando ya me contactaron de varios medios, pidiéndome si podían publicarlo. ¡Por supuesto! Si callar no era una opción, dar marcha atrás tampoco. A la revista *People en Español* y a la periodista Mandy Friedman, quienes fueron las primeras en reproducir mi mensaje, les siguieron otras revistas y plataformas, y la mayoría de mis compañeros también la compartieron en sus redes. Con la avalancha imparable, llegaron las respuestas de todos los sabores y colores.

¡Nunca dejará de sorprenderme el ser humano y las inagotables maneras que tenemos de reaccionar ante lo obvio y lo innegable! El noventa y cinco por ciento de los comentarios fueron palabras de apoyo, de solidaridad, de comprensión y respeto. Miles de respuestas contenían vivencias y experiencias similares a las que yo narraba en mi carta, y se inclinaban por mi teoría: la fuerza de la palabra, lo que decimos, lo que escuchan nuestros niños, es sumamente importante, y nosotros somos los únicos responsables si queremos cambiar el tono de la canción.

Luego, aparecieron las reacciones de ese otro cinco por ciento, pero que tristemente también suman miles, y que tomaron mi carta como un ataque directo a mi excompañero Rodner Figueroa. Estas personas interpretaron mis palabras como una crítica a lo que él hizo. No se percataron de que mis palabras iban más allá de lo que sucedió durante treinta segundos en un programa de entretenimiento y farándula. El centro de mis intenciones éramos todos y cada uno de nosotros en este planeta, quienes perpetuamos el abuso y la discriminación a través de lo que decimos, o en mi caso, de lo que callamos. De lo que yo callé y quise ignorar durante tantos años.

Entre esos ataques y burlas a mi carta, llegaron a colgar fotos distorsionadas de mi hija, representándola como un mono. También subieron una foto mía con Anna en brazos, en la que yo miraba distraída hacia otro lado porque la luz del flash me molestaba. Al pie de dicha foto, escribieron: "Ni siquiera ella quiere a su hija negrita, miren cómo la ve…". Y como no hay dos sin tres, la tercera foto era junto a mi esposo, y decían: "Se casó con un chino que son cochinos".

¿Me afectaron esas aberraciones? Pues no. Para mí está claro que en las redes sociales se escriben todo tipo de comentarios y se desfogan frustraciones. Pero en algún lugar del mundo habría una mujer negra o una mamá leyendo esos comentarios y sintiendo que esos ataques hacia mí eran también una agresión directa a ella, como me pasó a mí con Michelle Obama. Y es que, las redes, esas mismas que ayudaron a crear conciencia en el caso de Trayvon Martin y que ahora me estaban uniendo con gente maravillosa que respondía con dignidad a mi carta, también son el hogar de las lenguas venenosas y de la ignorancia. Y eso no nos debe desanimar. "Tú recibes los insultos dependiendo de quien vengan", me solía decir mi madre.

Lo que no comprendieron aquellos que me atacaron o insultaron fue que el propósito de mi carta consistía en usar constructivamente una situación y hacer una invitación a recapacitar, a establecer el diálogo, al autoanálisis y a replantearnos nuestra función en la comunidad. Porque el progreso de una civilización no se mide por los descubrimientos tecnológicos, ni por su economía ni su capacidad armamentística, sino por los avances en temas humanitarios, en derechos civiles y en algo que me encanta como suena en inglés: *equal opportunities*. Las mismas oportunidades para todos: eso es el progreso, y eso es el futuro.

Hablando del futuro, el nuestro iba a cambiar drásticamente. Cuando publiqué esta carta, en marzo de 2015, todavía reinaba cierto decoro en el ambiente. Poco podíamos imaginar que, exactamente diez meses después, el mundo se iba a voltear patas arriba y todas las reglas del respeto se irían a pique con la aparición de un nuevo líder en la escena mundial, y por las subsiguientes tormentas de tuits y publicaciones que esta persona desencadenaría. Pronto, lo único que importaría sería escandalizar para alimentar a una base electoral que él sabía que estaba dormida, pero no extinguida. La tendencia ya había iniciado años antes, con la revolución de las redes y los innumerables programas de realidad en la televisión donde los personajes más grotescos eran aplaudidos por su supuesta honestidad, por "decir lo que pensaban" y por jactarse de ir por la vida "sin filtro", aunque esa actitud solo conllevara malas consecuencias y resultados erráticos.

Creo que, sin darnos cuenta, estábamos presenciando un despertar del egocentrismo que nadie se esperaba a estas alturas del partido. Cuanto más controversial era lo que salía de la boca de políticos, celebridades, artistas y demás comunicadores, más seguidores y más éxito obtenían. ¡Demencial! Cuanto más hiriente el mensaje, más fama acumulaban; y ya no parecía importar si dicha fama era mala o buena, con tal de obtenerla.

En mi caso, serían dos personajes específicos los que me señalarían esta nueva tendencia de "sin filtro y a lo loco": el líder al que me acabo de referir y un artista, ambos nuevos, sin apenas experiencia ni trayectoria en sus respectivos campos. Tanto uno como otro me iban a demostrar esta nueva manera de operar que desafía todas las reglas del buen comunicador. Reglas que me inculcaron en mi profesión desde que me senté por primera vez frente a una cámara. "Conecten la lengua con el cerebro", nos decía un jefe antes de salir a leer las noticias. Hoy sería más bien lo contrario: desconecten la lengua del cerebro y la boca del corazón, y prepárense para ver lo que sale.

Y mi carta, la que escribí conectando años de experiencias personales y en tono de total respeto y consideración, quedaría flotando en el inmenso océano digital. Pero Anna la va a leer un día, cuando sea mayor, y sabrá que por lo menos no me quedé callada, que finalmente rompí mi silencio… y que lo hice por ella.

16

Lo que ofende vende

Las palabras son como monedas, que una vale por muchas,
como muchas no valen por una.

Francisco de Quevedo

Callar o no callar, enfrentar y denunciar, o esquivar. Algo en mí había cambiado, tanto en mi realidad profesional como personal. El peso de la palabra se había convertido en mi nueva preocupación: ¿es mejor decir o no decir? Porque hay veces en las que la palabra hace tanto o más daño que el mismo silencio. Esto me lo planteé en plena entrevista con un cantante de esta nueva moda del *trap, hip-hop, rap* y del reguetón, donde las letras incendiarias complacen a millones y se convierten en estrategia de ventas.

—¿Por qué tú crees que yo estoy tan *pegao*?... A mí me ha *trabajao* —me dijo el exitoso artista.

Con ese sencillo "a mi me ha *trabajao*", me quedó claro: lo que incomoda gusta, lo que escandaliza atrae y lo que ofende vende. En eso nos hemos convertido: en escándalos de venta.

Al instante, me acordé de otro personaje que sabía muy bien cómo ofender para vender. Solo que este no tenía la excusa ni el argumento de hacer la música que prefieren comprar los jóvenes. Este es el presidente de los Estados Unidos de América.

No podemos culpar al personaje que se sienta en la Casa Blanca de los gustos musicales y culturales de la gente, pero sí podemos dibujar un paralelo. Al fin y al cabo, al que se sienta en esa silla lo elegimos nosotros, los mismos que elegimos qué canciones consumimos, y los mismos que aprobamos estos o aquellos valores y morales. Y si lo que ofende vende en la música, pues parece que mucho más en las esferas de poder.

Hasta aquí, no había querido mencionar a Donald J. Trump en estas páginas porque este no es un libro sobre la política. Es un libro sobre mis experiencias en la vida como afrolatina, mujer, madre e inmigrante y sobre cómo la decisión de hablar o callar nos puede empujar a lo más alto o detener cruelmente nuestro crecimiento y nuestros logros. Lamentablemente, y en esta parte clave en la que hago balance del peso de la palabra, tengo que recurrir a su nombre, pero lo haré brevemente.

No creo que en este momento el presidente Trump pueda aportarme más lecciones que esta: hablar sin filtro, levantar la voz sin medir repercusiones, es un desafío al silencio que produce ruido tóxico.

Donald J. Trump, como todo buen producto de *show* de telerrealidad, sabe que si escandaliza obtiene seguidores. Es el nuevo orden que imponen las redes sociales, como dije, tan beneficiosas como molestas. Trump es consciente de que, con cada tuit controversial que sube, alimenta a su base electoral y asciende el número de quienes lo aplauden en sus eventos, tal y como lo hacen los fans de los artistas.

Desde el presidente hasta el rapero, pasando por los famosos *YouTubers, influencers* y los protagonistas de esos programas de supuesta realidad, todos estos personajes se escudan en que no son hipócritas, que al menos ellos dicen lo que sienten, y alardean de ser muy "reales". El resultado, ya lo conocemos: hablar sin filtros parece ser la excusa para agredir, hacer daño, dividir, separar, sembrar el miedo. "Oh, es que yo, por lo menos, no te miento. Es que yo soy directo, te soy honesto. Es que yo soy así, es mi manera de ser, lo siento. Es que yo no finjo". Son algunas de las explicaciones que dan estos personajes para defender lo indefendible y seguir disparando palabras hirientes.

Creo que el primer ataque, cuando Trump era tan solo candidato, se lo llevaron nuestros hermanos mexicanos, cuando los acusó de criminales con esas palabras ya tristemente legendarias: "Cuando México nos envía a su gente, no nos envían a los mejores... traen drogas, traen crimen. Son violadores, y algunos, supongo, son buena gente".

Y luego llegó el muro, su caballo de batalla electoral, y con el muro llegaron más ofensas. Luego arremetió contra todos los inmigrantes, contra las mujeres, contra los musulmanes, los veteranos de guerra, y luego ya perdimos la cuenta. Y, para rematar, ya desde la Casa Blanca, dijo la famosa frase, "Hay gente buena en ambos lados", para repartir la culpa entre los supremacistas blancos y los contra-protestantes que se manifestaban en Charlottesville, y cuyo enfrentamiento terminó con la muerte de una joven arrollada por uno de los supremacistas que embistió su auto contra un grupo que se oponía pacíficamente a los extremistas.

Al igual que un rapero buscando ser el número uno en las listas de Billboard, el señor Trump pareciera escribir sus "tiraeras" contra todo ser viviente. Tirar, disparar, apretar el gatillo en Twitter y ver quién cae. Así pasamos un año y medio de campaña electoral y así llevamos casi cuatro años de presidencia. En tan solo sus primeros doce meses en la Casa Blanca, Trump publicó 2.568 tuits. Sería inútil intentar enumerar cada ofensa, así que solo mencionaré una más: la de países de mierda.

"¿Por qué estamos dejando venir a toda esta gente de estos países de mierda aquí?", exclamó el presidente en una importante reunión donde se debatían ciertas protecciones para inmigrantes llegados de algunos paises de África, Haití y El Salvador. *Shithole* significa literalmente hoyo de mierda. Ustedes me dirán si es que se presta a malentendido, si es que los medios malinterpretamos las palabras del presidente o si es que… "Lo que quiso decir no es lo que dijo cuando dijo lo que quiso decir", y fuimos nosotros, los "malvados periodistas", como él nos llama, los que le dimos este giro grosero al asunto.

Pero al igual que el artista de música urbana que presume de decir la verdad, o la estrella de telerrealidad que habla sin pelos en la lengua sentado en el confesionario, el presidente Trump salió airoso de esta y de muchas más. A estos personajes tan peculiares, nadie parece pasarles factura por lo que dicen, y mucho menos por lo que hacen.

Y en plena euforia de "vender ofendiendo", apareció el otro fenómeno que iba a acabar de dividirnos todavía más, y a lograr que nos odiáramos más los unos a los otros: las *fake news*.

"Noticias falsas" no es un término acuñado por Donald Trump, aunque a él le debemos que se hiciera más popular y hasta se convirtiera en munición partidista y política. Trump no inventó nada, ni siquiera la mentira como estrategia, que existe desde que el ser humano dio sus primeros pasos sobre la faz de la tierra. Simplemente el candidato, y luego presidente, estaba aprovechando su momento mejor que nadie. En 869 días de mandato, el *Washington Post* contabilizó, a través de su sección "Fact Checker", 10.976 declaraciones falsas o engañosas. Y su plan magistral para salir airoso de tanta declaración incorrecta sería acusar a los demás de lo que él mismo hace, que en este caso es diseminar datos falsos para así desviar la atención de sus propias *fake news*. Este fenómeno, esta cortina de humo, o *smoke screen,* es una técnica que usan comúnmente las personas de perfiles narcisistas. Consiste en generar drama y acusaciones por otros lados, darle la vuelta al dedo y acusar a los acusadores de lo mismo de lo que lo acusan a él, para distraer la atención. ¡Brillante!

Como único ejemplo de esta técnica tan obvia como tan efectiva mencionaré la historia del inmigrante indocumentado que disparó un arma que encontró, y terminó causándole la muerte a una joven en San Francisco. Inmediatamente Donald Trump usó el caso para justificar sus políticas xenófobas, e incluso mintió, alegando que José Inés García Zarate, un inmigrante indocumentado, había disparado intencionalmente a Kate Steinle. Luego, en el juicio posterior, se confirmó que solo una bala disparada sin apuntar a nadie, y que rebotó en el concreto, fue la que alcanzó el cuerpo de la joven, según testigos presentes. José García, cuyos crímenes anteriores consistían en posesión de una pequeña cantidad de droga y haber regresado al país numerosas veces después de haber sido deportado, quedó absuelto tras comprobarse que el arma no era suya, que él no la robó y que la encontró debajo de una banca. El hombre, con curiosidad (y poco buen juicio) la empezó a manipular. La propia familia de la víctima acusó a Trump de tergiversar los datos para acomodarlos a su retórica, y de usar la desgracia de la familia en beneficio de su campaña electoral, sin antes tener ni siquiera la cortesía de llamarlos o preguntarles su opinión.

Con este suceso, Trump aprovechó para inflar los números de asesinatos cometidos por indocumentados, e infló las estadísticas de las personas que cruzan la frontera sin papeles. De la misma manera, omitió mencionar el número de inmigrantes que mueren al enfrentarse a la patrulla fronteriza, o bajo su custodia, como los dos menores centroamericanos fallecidos mientras estaban en centros de detención migratorios. Estas otras cifras poco convenientes le sobran a la ecuación.

Y con las ofensas que tanto venden y las *fake news* imposibles de contabilizar, la vida y la rutina en toda redacción de noticias del país se vio fuertemente sacudida. Periodistas serios, de impecable reputación y con trayectorias sólidas y admiradas, se veían como protagonistas de un tuit, un chiste o un insulto, con los que pretendía hacerle daño a su credibilidad.

Este drama informativo nos alcanzó directamente a nosotros en Univision, por llevar la bandera de nuestra audiencia mayormente inmigrante. El primero en enfrentar la soberbia de Trump sería mi compañero Jorge Ramos, cuando fue expulsado de una conferencia de prensa en Iowa por órdenes explícitas del entonces candidato Trump. Jorge le quería preguntar por sus políticas migratorias, a lo que Trump le contestó: "Siéntate… regrésate a Univision". La tensa escena terminó en noticia de primera plana en medios del país y del mundo, y Univision quedó señalado y etiquetado por los seguidores de Trump con ese cartel de "falso periodismo".

Callarme no fue una opción. Nuestro jefe, Daniel Coronell, marcó la pauta. "Hay que seguir investigando y trabajando con rigor", nos anunció, y así lo hacemos.

Por supuesto, los ataques del presidente a los medios no eran ataques comparables con los que nuestra audiencia estaba empezando a recibir con más intensidad y frecuencia en las calles. Allí, cualquier individuo envalentonado por el tono de la campaña republicana, gritaba insultos a todo aquel que hablara español o luciera hispano.

En plena tormenta electoral, algunos decidieron bajarle un poco a sus denuncias para no ser tildados de anti-Trump. Otros decidieron adular al futuro presidente, enaltecerlo y darle la razón en todo, obviando sus mentiras y ataques injustificados para así poder ganarse ese sector de la audiencia que lo defendía. Mientras en muchas salas de redacción se debatía cuántos minutos de cobertura debían dedicarle al presidente cada día, nosotros seguimos firmes, y no nos dejamos asustar por el trauma de las *fake news*, ni permitimos que esto nos desviara de nuestro propósito de informar.

A casi cuatro años de haberse iniciado esta especie de pesadilla, o más de cinco, si contamos el tiempo de campaña y elecciones, puedo decir con cierto orgullo que este es un gran momento para ser periodista y ejercer este oficio que tantas satisfacciones me ha otorgado. De hecho, veo todo lo sucedido como una oportunidad. ¡Bendita palabra! Oportunidad para llegar a la redacción más motivada que nunca, con más ganas de informar para levantar ese manto de miedo con el cual están cubriendo a nuestra comunidad, y dotar de herramientas a nuestra audiencia, por quien tiene la información tiene el poder. Siento con toda el alma que es ahora, más que nunca, el momento de contar nuestras historias, porque si no las contamos nosotros, ¿quién las va a contar, y cómo?

Y en medio de estas aguas turbulentas, y de este momento histórico de verdadera revolución informativa, poco podía imaginar que me llegaría otra maravillosa oportunidad, la más grande hasta el momento. Una oportunidad que ni yo misma esperaba ni soñaba con alcanzar. Sería un paso importante en mi carrera, solo que sucedería en un contexto racista, antiinmigrante y hostil hacia las mujeres y las minorías. ¡ Y yo, como afrocolombiana, parecía tener todos los boletos de la rifa!

Contra viento y marea, debería enfrentar con gratitud lo que el destino me tenía guardado, y olvidarme de tiraeras, y de nuevos himnos con letras ofensivas. Porque, al final del día, no todo lo que ofende vende, y al ritmo de la salsa más clásica y elegante se baila mejor, se puede triunfar, y hasta podemos hablar de nuestras verdades y romper esos silencios que tanto oprimen, sin necesidad de agredir a nadie.

17

La primera, no la única

Sé la llama del destino, la antorcha de la verdad que guía a nuestros jóvenes hacia un mejor futuro para ellos y para nuestro país.

Michelle Obama

—María Elena Salinas se va y tu nombre es uno de los que estamos considerando, pero primero queremos saber si estarías dispuesta —me dijo mi jefe, sin preámbulos en medio de un almuerzo, seguido de una explicación detallada—. Ilia, el puesto del noticiero principal requiere de un compromiso mayor, más viajes, eventos de nuestra comunidad y programas especiales, y todo esto requiere de más de tu tiempo. Quiero que hables con tu esposo y me cuentes si estarías dispuesta.

La emoción me invadió de pies a cabeza, porque no me lo esperaba. De pronto, una puerta enorme se abría, como una maravillosa oportunidad, para llegar al noticiero en español más visto por los hispanos en los Estados Unidos, la principal fuente de información de nuestra comunidad. Mi corazón latió fuerte por unos segundos, y de nuevo la Ilia pragmática aterrizó, poniendo los pies en la tierra: ¡El puesto todavía no era mío! Daniel sólo me dijo que mi nombre estaba entre los considerados y luego tomarían una decisión.

—Jefe, no tengo nada que pensar ni nada que hablar con Gene —le contesté segundos después—. Mi esposo va a decir que sí. Me siento honrada y les agradezco el hecho de que hayan considerado mi nombre, sabiendo que hay candidatas dentro y fuera de Univision.

Con respecto a Gene, yo estaba tranquila. Él y yo hablamos de la naturaleza de mi trabajo y de mi carrera desde el momento en el que decidimos emprender una vida juntos. Mi profesión siempre requiere cambios a los que tenemos que adaptarnos constantemente. Gene es consciente de esto y me apoya en todo, como yo lo apoyo a él en su negocio y su carrera.

Desde 2011, yo trabajaba en la *Edición Nocturna* del Noticiero Univision. En el año 2012 se nos unió Enrique Acevedo como co-presentador, y con los años logramos construir un equipo sólido. Mi familia ya estaba acostumbrada a que yo trabajara de noche. Yo me encargaba de Anna por las mañanas, le daba el desayuno, la llevaba al colegio, me hacía cargo de reuniones y actividades escolares, y Gene se ocupaba de relevarme en la tarde, de las tareas y la cena, de leerle un cuento y llevarla a la cama todas las noches. A nivel personal fue difícil saber que cuando todas las familias se reúnen alrededor de la mesa a cenar y compartir lo vivido en el día, mis compañeros de la noche y yo no podíamos gozar de esos momentos familiares, esos instantes con los que yo tanto había soñado. Cada tarde, cuando salía a trabajar, Anna me preguntaba si iba a dormir en la casa o no. Hoy me da risa recordar sus palabras que me dedicaba mientras estaba parada en la puerta, viéndome partir, ¡pero tenía toda la razón! Su mamá salía de la casa y ella no la veía sino hasta el día siguiente, al despertar.

Ahora las cosas podrían cambiar. Como si mi inconsciente lo presintiera, empecé a prepararme para este nuevo reto. Mi naturaleza inquieta me pedía un cambio a gritos. La niña rebelde del Chocó despertó con la propuesta de su jefe, y recuperó las ganas de resucitar aquel antiguo "más difícil todavía" que siempre me había impulsado.

—OK, te avisaremos cuando tomemos la decisión —fue todo lo que añadió mi jefe.

Los "tal vez" o los "veremos" nunca me han quitado el sueño.

Tan pragmática como doña Betty, no analicé mucho más lo que me acababa de comunicar Daniel, como tampoco les había prestado atención antes a los rumores que llevaban meses circulando sobre la posible partida de María Elena. Para mí era inimaginable que una mujer que llevaba treinta y cinco años al frente del noticiero principal del país, que trabajó con tanta pasión por su gente y su profesión, logrando hacer historia, se retirara de su puesto en plena cúspide y en un gran momento de su carrera. Como nunca lo imaginé, no me planteaba sentarme en su silla. Así de sencillo. Aunque siempre tengo sueños y ganas de lograr más, también soy extremadamente práctica y no pierdo tiempo con los rumores de pasillo.

—Te van a elegir, te van a elegir —me comentó Catriel, uno de los maquilladores y gran amigo mío.

—OK, María Elena se va, ya es un hecho, pero eso no significa que me den el puesto a mí —le contesté con mi acostumbrado realismo—. Lo bueno es que esta vez no habrá *casting* en el que me dejen por fuera, porque por lo menos ya estaba en el baile.

Nos reímos y continuamos el trabajo sin darle más importancia al tema. Me eligieran o no, ya me habían considerado como candidata y eso era un gran honor. Luego, Univision era libre de escoger a quien quisiera, y no tenía por qué ser yo a la fuerza. Bien podrían inclinarse por cualquiera de las presentadoras que llevaban años con la compañía, o podrían optar por traer una periodista de afuera. ¡Incluso podrían dejar a Jorge solo! Otros canales estadounidenses solo tienen un presentador en sus noticieros nacionales.

Decidieran lo que decidieran, yo estaba en paz. Esta vez, no sentía que mi perfil afrodescendiente llegara a ser ningún factor decisivo, ni para bien ni para mal. Primero, Univision era mi hogar, mi casa desde 2007 y ni mi raza ni mi país de origen eran un tema de debate. Segundo, nuestro público estaba preparado para ver diversidad en sus pantallas. ¡Quién sabe! Podrían contratar a una salvadoreña, a una hondureña o a una peruana, o a alguien de cualquier otro país. Nuestra audiencia sigue siendo principalmente de origen mexicano, pero es tan diversa a la vez que es importante que en la pantalla haya representación de lo que significa ser latino en Estados Unidos.

Durante esos meses a la espera de que Univision tomara una decisión, pasó de todo: huracanes, terremotos e inundaciones. El verano y el otoño de 2017 los recuerdo con tristeza y con agradecimiento al mismo tiempo, por todo lo que viví y aprendí, por lo mucho que trabajamos de sol a sol, siete días a la semana, siempre subidos en un avión. Por eso, cuando Daniel Coronell me vio una tarde pasar por la redacción, entre viaje y viaje, aprovechó para hablarme antes de que me embarcara en mi siguiente asignación. Se acercó y me lo anunció con una sonrisa pero sin grandes aspavientos. Él sabe que a mí no me gustan ni el drama ni las grandes celebraciones.

—Eres tú la elegida para el cargo —me felicitó, dándome un golpecito en el hombro—. Hablemos de los detalles cuando regreses de tu viaje.

Creo que yo fui todavía más breve en mi respuesta, y solo le di las gracias y seguí caminando hacia el elevador con una emoción que me rompía el pecho, pero disimulando. Sabía que debería mantenerlo en secreto hasta que la empresa hiciera el anuncio oficial. Aunque fuera un secreto a voces, de mi boca no salía una respuesta a las constantes preguntas.

Esa nueva posición que mi jefe me acababa de confirmar significaba mucho para mí. Representaba un gran salto a nivel profesional, la posibilidad de convertirme en la primera persona de mi raza en ese rol. Significaba decirles a las nuevas generaciones que sí vale soñar, que aunque el discurso y las políticas del gobierno de Trump apuntan al rechazo a los inmigrantes, yo me podía convertir en un ejemplo de todo lo contrario: de que hay puertas que todavía se nos abren.

De inmediato, alguien sugirió celebrar el nombramiento, pero yo solo quería un simple comunicado por escrito, como lo hacen las empresas cuando promueven o contratan a alguien. Un boletín informativo, y cada cual a lo suyo, a seguir trabajando.

A muchos les parece extraño que yo hubiera elegido una profesión en la que tengo que sentarme frente a una cámara todos los días, y a la vez no disfrute de la atención. Cuando les cuento las noticias del día, y salgo a trabajar en mis reportajes y entrevistas, me siento como lo que debe ser el periodista: el vínculo, el instrumento y no el centro. Pero ahora, con mi nombramiento, sería inevitable hacer titulares, al menos por un par de días. Quisiera o no, el foco de la cámara me apuntaría directamente, y mi teléfono empezaría a sonar. ¡Con la vergüenza que me da recibir felicitaciones!

Gene reaccionó como yo, sin echar a volar las campanas. No es que no nos alegremos, es que los dos somos de pocas celebraciones y siempre pensando en lo que hay por hacer y no en lo que ya está hecho. Por algo me casé con él, porque encaja perfectamente con mi manera de ser. Por supuesto, también llamé a mis hermanas y a mi mamá para compartirles la noticia, y ellas tampoco me hicieron la ola. Simplemente se alegraron y me dijeron lo orgullosas que se sentían de ver este reconocimiento en mi trabajo. Me felicitaron emocionadas, con infinita dicha, pero luego, de vuelta a trabajar, como mi mamá nos enseñó.

—Felicidades, Ilia —me dijo por sorpresa María Elena Salinas, una de las pocas personas que supo antes que yo cuál sería mi nuevo destino—. Ya me dijeron que puedo hablar contigo, que eres tú mi sucesora. Estaba que no me aguantaba. Pero es que cuando Daniel me lo informó, me pidió confidencialidad hasta que la empresa lo anunciara, así que solo lo supo mi círculo más cercano.

María Elena me pidió que la siguiera a su oficina para continuar nuestra conversación. Una vez adentro, las dos solas, nos abrazamos emocionadas y fue en ese exacto momento cuando reaccioné y me cayó el veinte, como dicen por ahí: ya era un hecho, me habían nombrado la próxima copresentadora del principal noticiero.

—Ilia, has trabajado muy fuerte, te lo mereces, y quiero que sepas que cuentas con todo mi apoyo —continuó mi compañera—. Me alegra mucho que seas tú, que sea alguien de nuestro equipo, que ha venido trabajando y abriéndose camino en Univision. No te voy a mentir, vas a encontrar muchas dificultades, especialmente por ser mujer, pero tú puedes con todo esto. Tu personalidad fuerte y carácter firme te van a ayudar a sortear las dificultades y a enfocarte en seguir creciendo.

Yo solo escuchaba, atenta y emocionada.

—Te voy a dejar la oficina muy limpia —continuó bromeando mi admirada compañera—. Te prometo que todos estos papeles desordenados van a desaparecer, y verás que este lugar tiene muy buena energía.

¡Desde luego que ese cuartito tenía buenas vibraciones! Las mismas con las que ella llenó tantos años el resto de la redacción. La audiencia sabe quién es esta gran periodista, yo no tengo que explicarlo aquí. Lo que tal vez desconocen de esta mexicoamericana decidida, inteligente, firme y honesta, es que es cálida, maternal, generosa y solidaria. Y esa era la energía que me dejaba en el buró que ella decidía abandonar para iniciar sus proyectos personales, viajar y dedicarles más tiempo a sus hijas.

Curiosamente, este abrazo tan especial en la oficina mágica fue el principio de toda una nueva relación. Durante años, las dos trabajamos en horarios diferentes y solo nos veíamos brevemente en los pasillos o en la sala de maquillaje. Cuando María Elena se iba a casa, yo llegaba para empezar mi turno de la noche. Apenas pasábamos tiempo juntas. Nos llevábamos bien pero no éramos tan cercanas. A partir de ese día en el que me felicitó por ser su relevo, María Elena se encargó de que me incluyeran en todas las reuniones y en todos los planes, y salió a defenderme valientemente en el polémico Twitter, donde no faltaron los troles que empezaron a quejarse del cambio de presentadoras, y no les pareció acertado. Hasta la fecha somos amigas y seguimos en contacto constantemente. Si necesito consultarle algo, ahí está en texto o en el teléfono, y cuando hay tiempo, en persona. Y de todos sus acertados consejos, guardo uno con especial cariño. Me lo compartió en uno de sus últimos días en Univision.

—Ilia, este trabajo es muy exigente, pero a veces tienes que saber decir que no, sobre todo cuando eres mamá —me dijo con cierta nostalgia—. Tenemos una gran responsabilidad con nuestro público, pero también tienes responsabilidad en la formación de tu hija. Los momentos que son especiales para ella deben serlo para ti también.

No tuvo que explicarme más. De madre a madre, comprendí que María Elena había pasado por los mismos momentos y el mismo dolor en el pecho que siento yo cada vez que salgo de casa a un viaje o a una larga cobertura. Millones de mamás que trabajamos pasamos por esto. Sabemos que nos vamos a perder el instante en el que se les cae el primer diente, o dan su primer pasito, o pasan la noche con fiebre o derraman sus primeras lágrimas por el chico que les gusta en su salón. María Elena es una madre ejemplar, siempre involucrada en la vida de sus hijas, y todos sus compañeros de trabajo fuimos testigos de su faceta de madre presente. Aún así, se perdió grandes momentos, y yo debía prepararme para ser fuerte y decidir qué capítulos de la vida de Anna podría comprometer o negociar y cuáles no. Pero, siempre he pensado que mi trabajo, mi sacrificio y mis largas horas fuera de casa, también son una herramienta para mostrarle a Anna que persigo un sueño, que disfruto de mi trabajo, que me llena, que tengo una vida propia y objetivos fuera del hogar y que quiero que algún día ella también se realice como ser humano y como profesional. Si por estar en una asignación no veo a mi hija todos los días, es precisamente para enseñarle a ser libre, para seguir mi ejemplo, y no porque me guste estar lejos de ella. ¡Si supieran cuánto me duele cada vez que agarro la maleta!

Afortunadamente, para este nuevo gran reto que la vida me ponía en mi camino, tenía el apoyo de otras grandes mujeres y colegas. No estaba sola. Lori Montenegro fue una de las primeras en llamarme con palabras de aliento. Las mismas palabras con las que me recibió a mi llegada a Estados Unidos dieciséis años antes. La conocida y prestigiosa corresponsal de Telemundo en Washington fue mi guía y mi mentora desde el instante en el que me contrataron para su misma cadena. Lori me dio mi primer *tour* por la Casa Blanca, me dio clases magistrales sobre la política en mi nuevo país y me explicó con paciencia cómo funcionaban las cosas acá. Lori, otra de las pocas afrolatinas dentro del periodismo hispano, se convirtió en mi mejor asesora y consejera: "Ilia, esas gafas te quedan grandes, cómprate otras. Ese reportaje te quedó muy largo, sentí que le quedó faltando algo, pudiste haber entrevistado a alguien más, échale más ganas. Felicidades, Ilia, este te salió muy bien". Con cada llamada, visita o texto, Lori ha estado presente en mi vida, y ha sido parte de mis grandes momentos. ¡Hasta le enseñó a caminar a Anna! En uno de sus viajes a Miami, pasó por nuestra casa, y cuando vio a mi hija de diez meses y medio tratando de pararse agarrada de las sillas, la tomó de los bracitos, la incorporó y me dijo: "Mira, ya está lista para sus primeros pasos". Y Anna los dio, ante mi mirada atónita y mi cara de mamá enamorada.

Lori no fue la única colega que me arropó con su apoyo. Desde más allá, continuaban llegando esas felicitaciones que tan nerviosa me ponían, aunque en el fondo las agradecía con toda mi alma. Me llamaron de Argentina, de Perú, de España y, por supuesto, de mi querida Colombia. Yamid Amat me envió un bello mensaje: "Mijita, usted nunca me falla, estoy orgulloso, la extrañamos".

Joe Peyronnin, mi primer jefe en Estados Unidos, la persona

que me ofreció mi primer contrato en esta nueva tierra, me llamó entre clase y clase. Actualmente, el veterano ejecutivo de las noticias dedica gran parte de su tiempo a impartir cursos en la Universidad de Nueva York. Joe me felicitó y me recordó aquel consejo que siempre me daba cuando yo recién había llegado a Miami: "Tu trabajo es servir a la comunidad hispana, te debes a ellos, cuenta sus historias y muestra lo mejor de ellos. Recuerda que somos su principal fuente de información y que confían en lo que les dices. Actúa siempre con responsabilidad y rigor. Si tienes oportunidad de entrevistar a mandatarios o políticos influyentes, siempre cuestiónalos. Hay que cuestionar al poder. Para eso vivimos en una democracia. Y por último: *follow your heart,* escucha a tu corazón". Joe siempre tuvo presente y me recalcó mis orígenes, y me recordaba que las carencias y dificultades de la tierra en la que nací eran muy similares a las que vivieron muchos de nuestros televidentes. Por eso me pedía que nunca perdiera mi esencia de niña del Chocó, porque esa era mi verdadera conexión con mi labor, siempre al servicio de nuestra audiencia.

Cuando Univision finalmente hizo el anuncio de mi nuevo nombramiento mediante un comunicado el 8 de noviembre de 2017, yo estaba en Sutherland Springs, Texas, cubriendo la historia de la masacre en la que murieron veintiséis personas y otras veinte resultaron heridas cuando asistían a su servicio religioso dominical. La historia tristemente se repetía: un hombre entró disparando con un fusil semiautomático, y luego terminó quitándose la vida de un disparo.

En el momento en que se conoció el comunicado, los únicos dos compañeros que habían viajado conmigo, David Romo, productor, y Andrés Sánchez, camarógrafo, me abrazaron, me felicitaron y no hubo más celebraciones. No teníamos ganas de festejar, rodeados de toda una comunidad que lloraba por sus muertos en el mismo escenario de la terrible masacre. La tristeza que nos inundaba era indescriptible.

Al regresar de esta asignación, que jamás olvidaremos, mis compañeros me esperaban con aplausos en la sala de redacción, con mi imagen en la pantalla gigante que forma parte del set de noticias. Luego brindamos brevemente con una copa de champaña pero, como ocurre en todas las redacciones, las fiestas son cortas porque hay que seguir trabajando.

Las siguientes semanas estuvieron llenas de viajes por diferentes ciudades para conocer a los equipos periodísticos de las estaciones locales y a los líderes de organizaciones comunitarias que trabajan por los derechos de nuestra querida audiencia. Así de ocupados, llegó el último día de trabajo de María Elena. Yo quería estar presente, y ese también era su deseo. ¡Hasta había imaginado cómo me entregaría la silla, y nos reíamos! Pero se desataron terribles incendios forestales en California, me enviaron de último momento a cubrirlos y, así, terminé presentando mi informe desde allá durnate el último noticiero de Jorge y María Elena juntos. Me despedí de ella vía satélite. Tiempo después tuvimos la oportunidad de celebrar en una cena con un grupo de sus compañeras más allegadas, y bailamos al ritmo de una de sus canciones favoritas, "Dancing Queen", del legendario grupo ABBA. Desde ese momento, y lo van a entender quienes nos siguen a las dos en las redes sociales, yo la llamo Reina y ella me devuelve el cumplido con la misma palabra.

Pocos días después, cuando me sentara por primera vez junto a Jorge Ramos en el Noticiero Nacional de Univision, tendría presente las sabias palabras de mi mentor Joe Peyronnin, e iría hacia donde me dictaba mi corazón.

Ese primer noticiero llegó más rápido de lo que calculamos. Fue el once de diciembre de 2017. Para esta fecha tan significativa, decidimos que me acompañaran mi mamá y mi hija. Gene y yo acordamos que él se quedaría en casa, pues ambos queríamos que fuera un momento íntimo para las tres generaciones de mujeres. Sobre todo, queríamos dejarle el protagonismo a doña Betty. Mi nueva posición era la culminación del trabajo que doña Ana Beatriz Chamat García hizo por sus hijas durante largos años; era el momento de apreciar lo que invirtió en su hija mayor; era la hora de recompensarla por todas las canas que le saqué, yo, la hija más loca y rebelde.

Esa tarde llegamos las tres Chamat decididas a escribir nuestra pequeña frase en la historia de Univision. Doña Betty resultó la más nerviosa de todas, al ver a su hija alcanzar uno de sus sueños, que también se convertía en el sueño de todo un pueblo en el Chocó.

Y así, rodeada de seres queridos y buenos deseos, llegué y me senté junto a Jorge, y comenzó a sonar la música de introducción del noticiero.

—¿Lista? —me preguntó mi nuevo compañero, segundos antes de ir al aire.

—Lista —respondí sin poder disimular la alegría que salía desde mis entrañas, haciendo la seña con el pulgar.

No negaré que los nervios se mezclaron en mi pecho con una inmensa felicidad. Los nervios por la presión y las expectativas a las que estuve sometida durante los últimos días. Y la felicidad de ver de reojo a mi mamá en un rincón del set, aguantando la respiración. ¡Será que me gusta hacerla sufrir! Pobrecita, quería que todo saliera perfecto, y a mí, sus nervios me llenaban de una extraña alegría.

En treinta minutos exactos, la hija de doña Betty terminó su trabajo en la mesa del set, y todos pasamos a la sala de reuniones para tomarnos fotos y seguir celebrando el momento. Cuando me di cuenta, mi mamá había tomado la palabra y estaba dando el discurso de agradecimiento más emotivo que jamás escuché de la boca de esta mujer fuerte y reservada. "Siempre estoy ahí, siempre he estado, apoyándola, dejándola volar hasta donde ella quisiera", concluyó, tras agradecerle a nuestra familia de Univision por esta gran oportunidad y por el apoyo que me habían adado.

La fiesta duró poco, porque en una sala de redacción, como dije, el tiempo apremia y las obligaciones no esperan. Todos volvieron a sus puestos de trabajo, y yo me senté en mi nueva oficina para atender pendientes.

Desde ese día, ahí sigo, junto a ese gran equipo de profesionales, y junto a Jorge, a quien admiro profundamente y quien me sirve de pilar y maestro. Como buena pareja de trabajo, nos repartimos las tareas y los roles con justicia y sin egoísmos. Jorge es generoso, y siempre tiene un chiste para reírse de sí mismo o para gastarme bromas a mí, justo antes de la emisión, para relajarnos a todos en el estudio y dar inicio al noticiero con una sonrisa. Además, está pendiente de mi trabajo, me aconseja si ve algo que se puede mejorar y me sugiere historias que me pueden interesar. Entre tarea y tarea, hablamos de hijos, viajes y restaurantes y nos recomendamos libros, series y películas. Es un tipo muy divertido y generoso a la vez, porque Jorge es de los que hacen buenas obras en silencio. Este legendario mexicano es un gran referente del periodismo en Estados Unidos y América Latina, y yo sigo aprendiendo a su lado cada día.

En este aspecto he tenido mucha fortuna. A lo largo de mi carrera, he coincidido con grandes copresentadores que terminan siendo mis mejores maestros. Además, en nuestro noticiero y en el resto de la redacción de noticias de Univision, hay espacio para todos. Somos muchos y ninguno siente que sobra. Cada uno aporta una diferente textura, un diferente tono a la noticia, y sin duda, un diferente color.

Precisamente, en esta ocasión, era importante que celebráramos nuestros colores y nuestra diversidad. Por eso no me negué cuando Univision decidió hacer el gran anuncio de mi nombramiento, subrayando que yo era la primera afrolatina en presentar un noticiero estelar en los medios hispanos de Estados Unidos. En el pasado, hubiera preferido que no, pero en el momento que vivimos, creo que esta celebración es simplemente necesaria.

Entiendo que ciertas voces cuestionaran la decisión de mi empresa de mencionar este factor, y dijeran: "¿Por qué tiene que resaltar el propio canal que es negra y celebrarla como si fuera un logro serlo? ¿Por qué importa que sea negra? ¿Por qué la festejan como si hubiera llegado a la luna, solo por ser negra?". Pero, por primera vez en mi vida, me dieron ganas de responder a esas voces con exclamaciones e interrogaciones: ¿Por qué me tienen que celebrar? ¡Porque cuando se abre una nueva oportunidad hay que anunciarlo con un megáfono, para que sigan abriendo más! Porque miles y miles de latinos de piel oscura verán por primera vez a alguien como ellos sentado en esa silla. Porque si hacemos ruido en torno a mi nombramiento, podemos inspirar a niños y niñas de todos los colores, rasgos y nacionalidades. ¿Quedarnos callados sin mencionar mis raíces? Eso, como dije aquel día que exploté y no pude más, ya no es una opción.

Cuando me nombraron presentadora nacional en Colombia, no celebré mi sangre africana y mantuve un bajo perfil al respecto porque, pensaba que la atención no se debía centrar en mí, sino en el trabajo por hacer. Reaccioné del mismo modo cuando recién llegué de presentadora a Estados Unidos para Telemundo.

Pero hoy no me quedo callada, y no hago como si no pasara nada, porque sí pasa. En estos logros, nombramientos y metas alcanzadas se esconde un gran poder, el poder que sienten quienes se ven reflejados en ti. El solo hecho de que te veas representado en la pantalla, te hace sentir que existes y que vales. A diario, niñas y niños de minorías se quedan sin invitación al *casting*, no se los incluye en la lista de candidatos para un puesto de trabajo o no les llega la posibilidad de acceder a una beca para continuar estudiando. No estoy pidiendo que nos regalen nada por el mero hecho de incluir a un negro, a un hispano o a cualquier otra minoría en el equipo. Solo pido, a través de mi propia experiencia como primera en algo, que nos brinden la oportunidad.

Y no solo una oportunidad, sino tantas como se les dan al resto de las personas que trabajan, luchan y tienen las mismas capacidades.

Estoy infinitamente agradecida por la oportunidad que Univision me ofreció. Pero a la vez tengo que ser muy realista, y mencionar que ser la primera no es suficiente. A la primera le tiene que seguir una segunda, o segundo, y una tercera o tercero. Yo llevo dieciocho años siendo la única presentadora de noticias nacionales de descendencia africana en los medios en español en Estados Unidos, y eso no me gusta, porque no soy la única persona afrolatina preparada para ejercer esta profesión. La posibilidad de traer a la mesa los temas que afectan a esta minoría dentro de la gran minoría es invaluable porque en las reuniones editoriales hay voces que abren los ojos y pueden contar la problemática desde lo vivido en carne propia. Como viene ocurriendo con los periodistas hispanos que trabajan en medios en inglés, y que participan en las reuniones editoriales de sus noticieros, y luchan para que la cobertura de temas como la inmigración se lleve a cabo con más veracidad y respeto.

En los medios hispanos, tenemos grandes productores, editores y escritores afrodescendientes, y entre los corresponsales, tenemos verdaderas leyendas del periodismo, como mis queridas Lori Montenegro e Isolda Peguero, y mi compañero Tony Dandrades. También hay excelentes profesionales afrolatinos a nivel local y en otras clases de programas. Pero, en total, son tan poquitos que los puedo contar con los dedos de mis manos. En el caso de los noticieros centrales, presentando a nivel nacional, el conteo comienza conmigo y termina conmigo: una. Por lo tanto, parte de mi misión es asegurarme de que el día que yo me vaya o, mejor aún, antes, llegue alguien más que honre y represente la diversidad de nuestra comunidad.

Que me abran la puerta solo a mí en casi veinte años que llevo en Estados Unidos no significa que hayamos vencido todos nuestros prejuicios.

Cuando Yalitza Aparicio fue nominada como mejor actriz principal en los Premios Oscar, Salma Hayek compartió un *post* en su Instagram, recordando que ella fue la primera mexicana en ser incluida en esta categoría, y que ahora deseaba de todo corazón que la protagonista de la película *Roma* se lo ganara. Hay quienes malinterpretaron tan generosas palabras acusando a Salma de querer robarle a Yalitza su momento de gloria. Otros en cambio, la comprendimos perfectamente. Desde el año 2002, Salma era la primera y la única mexicana en esa privilegiada lista de nominados al máximo reconocimiento para un actor. ¡Por supuesto que Salma se alegra y celebra que ahora llegue una segunda, y pronto lo haga una tercera nominada mexicana, y que algún día dejemos de contar porque ya no será necesario! Esa misma oportunidad tiene que seguir rodando, y pasando de mano en mano.

El cometido de toda persona que llega primero es allanar terreno para el que llega después. Y siento que, celebrando mi nombramiento al principal noticiero en español del país, algo mucho más modesto que un Oscar, por supuesto, podríamos acelerar la llegada de la segunda presentadora nacional afrolatina, o presentador afrolatino, a un medio de difusión importante. Mi historia y mis palabras pueden generar una nueva oportunidad para alguien más. Está claro que quedándome callada no voy a ayudar a los que vienen detrás.

El silencio ya no es una opción en mi vida. Pero, ¡cuidado! Hay silencios y "silencios". Entre ellos, otra clase de silencios que debemos respetar. Unos mucho más dolorosos y delicados que estaban a punto de destaparse en una revolución sin precedentes, y que van a transformar la actualidad y salpicarnos en nuestras vidas privadas.

Desde mi nueva silla de presentadora del Noticiero Univision, tendría que dejar las celebraciones personales a un lado y ponerme a analizar qué significa para mí ser mujer en esta posición, en esta coyuntura, en el mundo de hoy. Y la pregunta clave sería: ¿Yo también… o *me too*?

18.

Silencios que sanan y silencios que matan

Y que inclina las frentes
hacia el suelo.

Federico García Lorca

Todo empezó con una columna escrita por una valiente colega y amiga periodista, en la que mencionaba el respeto al silencio. Y, sin pedirlo ni desearlo, mi nombre quedaría atrapado en medio de la tormenta que se iba a desatar.

Estábamos a principios de 2018. La onda expansiva de las primeras denuncias por acoso y abuso sexual contra el famoso productor de Hollywood Harvey Weinstein había despertado algo inesperado y sin precedentes: el movimiento #metoo. Desde que la actriz Alyssa Milano lanzara su primer tuit con esa etiqueta, cada día más mujeres sacaban a la luz nuevos casos.

Primero fueron las grandes celebridades de Hollywood las que alzaron su voz: desde Gwyneth Paltrow a Uma Thurman, a nuestra querida Salma Hayek. Todas ellas salieron y contaron sus experiencias de acoso sexual en un tono rotundo. Luego les siguieron las desgarradoras confesiones de estudiantes en diferentes universidades; después, las denuncias aparecieron en el mundo de las finanzas, en la política y hasta en el Pentágono. Prestigiosos y legendarios congresistas tuvieron que renunciar a sus puestos públicos, profesores y académicos fueron suspendidos y, como era de esperar, esta revolución sin precedentes sacudió también al mundo del periodismo y de los medios de comunicación. Uno de los primeros casos fue el del famoso presentador Matt Lauer, de la cadena NBC, tras fuertes acusaciones de conducta inapropiada con varias empleadas.

¿Y en el mundo hispano? Nada. Estábamos en *shock*, presenciando el derrumbe del poderío del macho en las altas esferas, y no dábamos crédito. Pero pronto comenzarían a surgir nuestros propios casos, muchos de ellos en nuestros países de origen. Y así fue como el 19 de enero de 2018, recién estrenada mi aventura al frente del Noticiero Univision, leí las palabras que publicó Claudia Morales y lloré.

Claudia es un gran ser humano, gran periodista, amiga y colega colombiana, comprometida con el buen ejercicio de la profesión. Cuando yo llegué a Bogotá, ella fue una de las compañeras que se ofreció para guiarme, y me trató con mucho cariño. En esos años Claudia era la corresponsal que cubría las notas referentes a la presidencia del país para *CM&*, mi nueva empresa. En las reuniones editoriales yo la escuchaba muy atenta, lista para aprender de una de las mejores.

Con los años y mi mudanza a Miami perdimos contacto, pero el cariño permaneció intacto. La volví a ver en uno de mis viajes de trabajo a Colombia para entrevistar al presidente Álvaro Uribe en su primer aniversario en el poder. Claudia trabajaba en aquel entonces en la oficina de prensa del nuevo mandatario, y fue ella quien me ayudó a tramitar la cita. En las pocas horas que nos vimos, me trató con el mismo cariño de siempre y la vi con el mismo sentido de responsabilidad.

Casi quince años después, mis ojos se llenaban de lágrimas al leer su columna en *El Espectador*, titulada "Una defensa del silencio". Claudia confesaba por primera vez que fue violada por un jefe, y que ella optó por callar, sanar en privado y pasar esa página en su vida.

Claudia no reveló la identidad de su atacante, y sus razones son perfectamente entendibles: miedo por su seguridad y la de su familia. El nombre de ese individuo significa hasta la fecha "alta peligrosidad". Claudia nos pide que respetemos las decisiones de las personas que han sido abusadas y que, como ella, prefieren no mencionar al abusador. Nos quiere hacer entender que unos hablarán en cuanto les sucede, otros callarán durante años o décadas, o tal vez para siempre. Pero que no se debe juzgar ni cuestionar los tiempos y los términos de la denuncia. Al hacerlo, solo lograremos que más personas callen por miedo al rechazo, a ser tildados de mentirosos o de provocadores. En pocas palabras, el mensaje de su columna era: cada persona conoce sus razones y sus miedos, respetémoslos.

¡Miedo! Esa palabra me estremeció. Conociendo a Claudia, debió sentir verdadero pánico para quedarse callada tantos años. Y más aterrada quedé yo pensando que esta desgracia tan atroz le pasó a una mujer fuerte de carácter. La sociedad siempre tiende a dibujar a la persona abusada como alguien débil, frágil, que no tiene a quien acudir para pedir ayuda. ¡Y no hay nada más lejos de la verdad! Dicen que los abusadores solo eligen a las que no se pueden defender, a las tímidas, a las más jovencitas, fáciles de amedrentar, ¡y esto no siempre es así! Atacan a todas, para ver a cuál pueden acorralar más rápido, bien sea por el factor sorpresa, por las necesidades económicas y familiares o por cualquier otra crisis que la persona esté pasando y la convierta en una presa vulnerable.

Y me dolió igualmente la respuesta que le dieron algunos colombianos a Claudia, cuando publicó su valiente columna. Entre mucha solidaridad y comprensión, se manifestó también el desagradable fenómeno del "por qué ahora", "por qué no dice su nombre", y de las intrigas morbosas que desvirtúan el propósito y el mensaje de un intento tan valioso. En vez de concentrarse en las sabias palabras de Claudia, que nos pedía que respetáramos el silencio de quien opta por callar, algunos empezaron a apuntar dedos, a señalar, a barajar nombres y a preguntarse sin descanso: ¿quién fue?, mientras comparaban sus fechas de sus puestos de trabajo.

A mí, en cambio, tras leer a Claudia, me preocupaba más otra cuestión: ¿y si me hubiera topado yo a solas con un individuo como ese? ¿Qué suerte hubiera corrido? Me considero una mujer directa, con recursos e independiente, como Claudia. ¿Qué me hace pensar que yo hubiera reaccionado de diferente manera cuando el hombre se le metió en la habitación del hotel, haciendo alarde de su poder, y la empujó sobre la cama? No me puedo poner en esos delicados zapatos y decir: "Oh, yo hubiera gritado, yo le hubiera dado una patada, yo hubiera echado a correr". No sé si el terror me hubiera paralizado, o el mismo factor sorpresa me hubiera dejado helada. No sé de qué sirve una patada o un grito cuando el agresor con su mirada y su lenguaje corporal te hace entender que él tiene todo el poder, dentro y fuera de ese cuarto, y que tú tienes todas las de perder. A mí solo me consta que mi deber es escuchar a quienes, como Claudia, quieran contar hasta donde quieran contar, y no juzgar más allá, porque en vez de juzgar al depredador, terminamos cuestionando a quien denuncia.

Sin ir más lejos, a Salma Hayek, después de que publicó su impresionante columna de opinión en el *New York Times*, se la comieron viva: "¿Por qué calló tantos años? Seguro lo hizo por interés. Porque le convenía para seguir ascendiendo en su carrera. Porque seguro que le tocó abrir las piernas en más de una ocasión para lograr llegar donde ha llegado". Y me van a perdonar, pero el machismo en nuestra sociedad nos hace más crueles, y desconfiar de la mujer es lo primero a lo que recurrimos para salvaguardar la figura del hombre, del patriarca intocable. ¿Y luego se preguntan por qué estas mujeres no hablaron antes? ¡Precisamente por esto! ¡Por el escarnio, por la duda, por el estigma con el que el público las iba a recibir!

Con mi hermana Lizbeth, sentadas en el portal de la papelería de mi abuelito Carlos, 1976 (*Betty Chamat*)

Con todos mis amigos de infancia sentados en las escaleras de un hogar para ancianos llamado "Jesús Pobre". En esas mismas escaleras pasábamos horas jugando. Istmina, El Chocó, 1978. (*Betty Chamat*)

El día de mis quince años en Medellín, 1987. Una fiesta que no quería y de la que me escapé. Me fui a otra fiesta simple de amigos. Nunca me ha gustado ser celebrada. (*Betty Chamat*)

Fiesta de quinceañera de mi hermana Lizbeth, en medio del abuelo Carlos y mi mamá. Yo estoy en la esquina en amarillo, y mi hermana menor, Beatriz, está a mi lado. Istmina, El Chocó, 1989. (*Betty Chamat*)

En la portada de la revista *Aló*. A mi derecha está Inés "Ine" María Zabaraín; debajo de ella están María Cristina "Tata" Uribe y María Helena Doering. Bogotá, hacia el año 1998 o 1999. (Revista *Aló*)

Portada de la revista *Viernes*, junto a Pilar Vélez. Gracias a que ella dijo que faltaba yo en el *casting* al que no me habían invitado, logré el trabajo en CM&, hacia el año 1998 o 1999. (Revista *Viernes*)

Con Carlos Alberto "El Pibe" Valderrama, entregando balones
a los niños de un vecindario de Johannesburgo
durante la Copa Mundial, 2010 (*Yvanna Jijena*)

Visitando una colina en Johannesburgo donde grupos religiosos
llegan a orar, 2010 (*Yvanna Jijena*)

Visitando el Museo del Apartheid con mi productora Yvanna Jijena
durante nuestra cobertura de la Copa Mundial, 2010 (*Yvanna Jijena*)

Una de las fotos que más me impactó en el Museo del Apartheid,
de los castigos y las humillaciones a que era sometida
la población negra en Sudáfrica, 2010 (*Yvanna Jijena*)

El día que le cumplí el sueño a mi mamá de conocer NYC, 2010 (*Eugene Jang*)

El día en que me convertí ciudadana de Estados Unidos, Miami, 2011

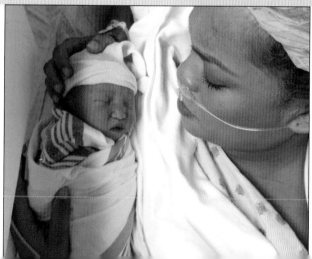

El día más feliz de mi vida. Anna nació el 26 de octubre de 2012. (*Eugene Jang*)

Con mi esposo Eugene en San Miguel de Allende, México, en la boda de mi compañero Enrique Acevedo a Florentina Romo, noviembre de 2014

Mi familia, ARRIBA, IZQUIERDA A DERECHA: Juan Carlos Patiño, esposo de mi hermana Beatriz (a su lado); Luis Guillermo "Memo" Quintana, esposo de mi hermana Lizbeth (a su lado); mi mamá, Betty Chamat; yo y mi esposo, Eugene Jang. ABAJO, IZQUIERDA A DERECHA: Luciana, la hija de Liz y Memo; Samuel, el hijo de Beatriz y Juan; Valeria, la hija de Liz y Memo; y mi Anna, 2014. (*Cortesía de Betty Chamat*)

Trato de traer a Anna a mi trabajo de vez en cuando para que sepa lo que hago y a dónde voy cuando salgo de casa. Aquí está con mi compañero Enrique Acevedo, 2016.

En la cobertura de la Convención Nacional Demócrata, junto a Jorge Ramos y María Elena Salinas, Filadelfia, julio de 2016 (*Evelyn Baker*)

El día que conocí a Génesis, una jovencita de dieciocho años quién se embarcó en la caravana migratoria con su bebé César, quién tenía solo un mes y medio de nacido, Puebla, México, 2018 (*Paola Byron*)

Mi primer día conduciendo el *Noticiero Univision* al lado de Jorge Ramos, 11 de diciembre de 2017 (David Maris, *Univision Noticias*)

En la cobertura del terremoto que sacudió a la Ciudad de México
junto a Enrique Acevedo, septiembre de 2017

Me impactó mucho encontrar fortaleza y esperanza en los niños de la caravana migrante. A pesar de los días caminando, durmiendo en la calle, sus espíritus y sus sueños de un futuro mejor eran más grandes que los padecimientos, 2018. (*Evelyn Baker*)

Gene, Anna y yo al frente de la torre Eiffel en París, octubre de 2019

Nuestra sociedad tan patriarcal nos cala hasta el alma, y aun hoy a muchos les cuesta sacudírsela. Si en nuestras familias crecemos con la idea de que para que un hombre sea "hombre" tiene que acosar a muchachas en la fiesta, y de que si te arrincona en el bar es porque te pretende, estamos mal. Muy mal. Es en nuestro círculo familiar donde crecen esos varoncitos que un día podrían convertirse en abusadores de cantina o de oficina, y perpetuar esta rueda de dolor e injusticias si no cortamos el ciclo ya mismo nosotros en casa.

Precisamente sería otra mujer, Paola Ochoa, la encargada de cuestionar a Claudia y su defensa al silencio. Lo haría con otra columna, titulada "Rompiendo el silencio". ¡La vida no puede resultar más irónica! Pareciera que la realidad la escribieran los mejores guionistas de Hollywood. Y en este complicado guión es donde me iban a arrastrar a mí.

Paola escribió sus retadoras palabras en el diario *El Tiempo* y, aunque quiero pensar que sus intenciones de denuncia fueron buenas, arrastró a varias personas al cuestionar abiertamente dónde estaban los testimonios de otras periodistas colombianas conocidas, como Claudia Gurisatti, Ángela Patricia Janiot, María Elvira Arango, Adriana Vargas y yo, Ilia Calderón. Se preguntó si nosotras habíamos sido acosadas alguna vez y simplemente callábamos. Entiendo que ella hubiera querido motivar a más mujeres para que hablaran y denunciaran, y así detener a los abusadores. Pero esa, repito, a mi juicio, no era la manera.

Tras leer sus líneas, gran parte del público solo retuvo el mensaje del morbo. Los lectores se quedaron con ganas de saber quién fue el atacante de Claudia, y se enfocaron en la intriga sobre las demás periodistas: si a Claudia le pasó, a Ángela Patricia, a la otra Claudia, a María Elvira y a mí también nos pudo haber pasado y solo estábamos callando. Y si a mí, Ilia Calderón, me hubiera sucedido, el tirano tenía que haber sido alguno de mis superiores. Como yo he tenido pocos jefes en mi carrera, ¿cuál fue? ¿Mengano, Zutano o Perengano? ¡Qué terrible! Paola, con sus ansias de abrir un espacio a la denuncia, pasó por encima de la persona clave de esta historia, que es Claudia, y por encima de esos otros profesionales que nada tenían que ver con el escándalo.

Y yo, con mi recién estrenada actitud de no callar, aunque respeto mucho a quienes lo hacen, recurrí a Twitter. Para entonces, mi teléfono estaba que explotaba, y no dejaban de llegarme correos electrónicos de todas partes pidiéndome que contara si alguna vez alguien abusó de mí, y que cómo, cuándo y dónde. Así que publiqué en mi red: "Mi apoyo a las víctimas de abuso y/o acoso. Mi condena a los responsables. Pero no puedo permitir ni un manto de dudas (en mi caso) sobre quienes han sido mis jefes, de quienes he recibido apoyo y respeto".

En mis veinticinco años de carrera nunca fui abusada ni obligada a mantener ninguna relación que no deseé a cambio de ascender en mi carrera ni a cambio de nada. Nadie me acosó ni me atacó sexualmente. Nadie me encerró en una oficina para decirme cosas inapropiadas, y nadie me hizo sentir incómoda. ¿Nunca? Bueno, de pronto me acordé de la única vez en la que me sentí vulnerable, y lo voy a contar aquí. No pasó de ser un horrible momento pero pudo haber sido un episodio de acoso.

Un hombre muy importante del mundo político de Colombia le dijo a mi amiga que iba a organizar una cena en su casa. Mi amiga me invitó, asegurándome que "va a llegar un grupo de compañeros de los medios". Como yo ya trabajaba en noticias y como el hombre en cuestión vivía muy cerca de mi apartamento, decidí asistir. Seguro que vería rostros conocidos y colegas en esa cena. Cuando entré al apartamento, su asistente me recibió muy amablemente. Una vez adentro, me llamó mi amiga y me dijo que no podría llegar. Eso ya no me gustó y se encendieron en mi cerebro las señales de alerta.

Al pasar a la sala, veo que yo soy la primera invitada en llegar, y que el hombre es el único presente. "Será que vienen todos tarde", dice, al ver mi cara de sorpresa, quizás para que no me preocupara. El hombre, tratando de portarse encantador, educadísimo, me ofrece una copa de vino. Le digo que no. Él me insiste: "Tomemos un vinito". Yo, firme, le repito que no. Su asistente lo sirve y yo lo recibo amablemente y lo pongo en la mesa. En ese momento, como si todo estuviera calculado, su asistente sale de la sala y cierra la puerta tras de sí y el hombre se desliza hábilmente desde la esquina del sofá donde estaba sentado hasta mi esquina, y queda pegado a mí. Sin rastro de la galantería con la que me recibió, pasa su brazo por encima de mis hombros, me aprieta con fuerza el hombro izquierdo y me dice con desesperación: "Tú sabes que me gustas mucho, ¿lo sabes?". Yo, muerta de miedo, respondo: "Pues tú a mí no". Y me levanto como un resorte. "No, siéntate, que ya llegan los demás", me insiste, recuperando la compostura, al darse cuenta de que las cosas no le estaban saliendo como había planeado. "No, ¿sabe?, gracias, hasta luego, me voy", le alcanzo a decir desde la puerta, mientras agarro mi abrigo y mi cartera y salgo temblando del apartamento, tomo el ascensor, paso por el vigilante que me abre la puerta, bajo unos cuantos escalones y me meto en mi carro que había estacionado justo al frente. Aseguro la puerta, respiro profundo y manejo lo más rápido que puedo esos cuatro bloques que separan su edificio del mío.

Nunca supe si llegaron los demás invitados o si se trató de una vil encerrona. Tampoco supe qué habría pasado si, por miedo, por vergüenza o por presión si hubiera sido mi jefe, me hubiera quedado sentada en ese peligroso sofá cinco minutos más. El miedo crecía por momentos en mi pecho que todavía palpita al recordar el episodio, y ese miedo es el que te confunde, te nubla la mente y te hace perder la claridad. El hombre no trabajaba en mi industria, pero era lo suficientemente poderoso en otros campos como para haber arruinado mi carrera si así lo hubiera querido. Por cierto, volví a encontrármelo en un evento público pocos meses después, y luego en una boda. En ambas ocasiones me saludó muy normal, y hasta se mostró feliz de verme. Por su conducta, deduje que la molesta escena no significó nada para él, y seguro que ya tenía los ojos puestos en otros objetivos.

¿Estuve expuesta a que algo horrible pudiera haber sucedido esa noche en aquel apartamento? Lo admito. Caí en la boca del lobo y salí ilesa por los pelos. Por eso no tengo derecho a juzgar jamás a ninguna persona que haya corrido con peor suerte que yo.

Claudia, la mujer inteligente y criada de manera impecable, una mujer que no se tuerce, de convicciones firmes y de total claridad de pensamiento, ¡no lo pudo evitar! Esa puerta se cerró tras su jefe y nadie vio nada, nadie oyó nada, como si no hubiera pasado nada. Simplemente silencio.

Silencio que debemos respetar. Pero luego está esa otra clase de silencio que mata. Literalmente mata. Y mi trabajo me iba a llevar a presenciarlo en primera fila. En uno de mis viajes iba a estrechar la mano que posiblemente estranguló una vida, mientras ese otro silencio dañino lo protegía.

19

El alto precio del silencio

feminicidio: *Del lat. femĭna "mujer" y -cidio; cf. ingl. feminicide.*
1. m. Asesinato de una mujer a manos de un hombre por
machismo o misoginia.
(Tres décadas después de que se acuñara el término en ingles,
la Real Academia Española decidió aceptarlo oficialmente en
su diccionario a finales de 2014)

—Ilia, tenemos que contar la historia de esta muerte. El Salvador tiene una de las tasas más altas de feminicidios —me dijo Evelyn Baker, mi nueva productora, mientras me mostraba el rostro de una joven en la portada de varios periódicos.

Era la noticia que nos había traído hasta El Salvador: el asesinato de Karla Turcios, una joven periodista.

Su cuerpo había aparecido hacía pocos días en una carretera de las afueras de San Salvador, estrangulada, con la cabeza envuelta en bolsas de plástico. Mi corazón se congeló por un instante, pensando en lo vulnerables que podemos ser.

—Conseguí una entrevista para esta misma tarde con su padre, su hermano y con su esposo —me informó Evelyn después de hacer un par de llamadas—. Los vamos a entrevistar en tu habitación del hotel, pero primero vamos a las oficinas del diario donde ella trabajaba.

De camino, leí un poco más sobre la evolución de las pesquisas en este caso que tenía conmocionado al pequeño país centroamericano.

Karla tenía treinta y tres años y trabajaba como reportera para

La Prensa Gráfica. Tenía un niño de seis años con su pareja, Mario Huezo. Los tres vivían con el padre de Karla. Mario no trabajaba. Aunque decía que planeaba abrir un cibercafé próximamente, era Karla la encargada de poner el pan en la mesa.

La noche del viernes 13 de abril de 2018, Karla acudió a su trabajo para actualizar la página de internet. A la salida, lanzó un beso a las cámaras de seguridad del edificio, juguetona, feliz de que ya se iba a casa. Luego se subió al auto con Mario, quien había pasado a buscarla. Al día siguiente, Mario llamó a la policía para denunciar su desaparición. Según la versión que dio, él se fue con el niño al parque al mediodía del sábado y luego a hacer unas compras. Dijo que cuando regresó, Karla ya no estaba en la casa. Ese mismo día, un transeúnte descubrió el cuerpo de una mujer a la orilla de una carretera. Veinticuatro horas después, la policía llamó a Mario para que acudiera a reconocerlo. En un principio, Mario evitó ir pero al final accedió y, efectivamente, confirmó que se trataba de su pareja.

Cuando llegamos a la redacción de *La Prensa Gráfica*, nos encontramos con el escritorio de Karla todavía intacto, con sus flores, fotos de su familia, sus papeles y su computadora. Sus compañeros nos esperaban ansiosos, con ganas de contar y compartir lo maravillosa que era Karla: excelente periodista, seria y comprometida con su trabajo y a la vez muy cálida, cariñosa y bromista como colega. Todos coincidían en que Karla lucía una bella y contagiosa sonrisa a todas horas que la hacía destacar entre los demás. Al terminar la visita, hicimos una llamada a las autoridades para confirmar una entrevista con el fiscal general, quien nos hablaría sobre el caso. Luego, nuestro contacto nos advirtió: "En las próximas horas se va a producir un desarrollo en la historia".

—Van a arrestar al marido —le dije a Evelyn una vez que nos subimos al auto, en dirección a nuestro hotel—. Vamos a mover la entrevista para hoy.

—Mi productora tenía la misma corazonada que yo—. Mira lo

que dicen en las redes sociales: nadie forzó la puerta, Karla no tenía amante. Además, dicen que Mario no trabajaba, que se la pasaba en los chats del celular.

En la antigua cábala, a este fenómeno lo llaman el pan de la vergüenza. Es cuando una persona te da todo, te salva y te trata mejor de lo que te mereces. Poco a poco, te consume el hecho de no poder estar a la altura. También te tortura la idea de que el otro ser tenga más poder de decisión y acción por ser el proveedor. En lugar de agradecerle todo lo que hace por ti, acabas resintiéndolo y odiándolo.

Con una sola llamada, mi productora convenció al padre de Karla y a Mario para que vinieran cuanto antes, y no esperaran al día siguiente. De repente, y de forma un tanto misteriosa, el hermano de la difunta periodista se negó a reunirse con nosotros. Sin embargo, el padre y su yerno accedieron a vernos un par de horas más tarde, e incluso dijeron que vendrían juntos.

Cuando entramos al hotel, sentí que había gente que nos miraba y observé movimientos raros.

—Aquí está pasando algo; veo policía secreta y uniformada —le compartí mis sospechas a Evelyn.

—Ilia, deja la bobada, ya, deja el temor. —Mi compañera, que conoce bien mi lado desconfiado, no me prestó atención, y subió a la habitación a preparar las cámaras.

A los pocos minutos, aparecieron nuestros invitados. Mario fue el primero en pasar a la habitación y sentarse frente a mí. Se veía demacrado, con los ojos rojos, y nervioso. Pronto comenzó a llorar, mientras me mostraba fotos de Karla, donde lucía sonriendo, feliz, llena de vida. Me insistió, sin tener que preguntarle, que nunca la maltrató, que nunca le hizo daño y que nunca le puso un dedo encima. No importaba la pregunta que yo le hiciera, Mario solo se defendía: "Ella nunca me puso una denuncia, nunca se quejó a su familia de que yo la maltratara. Nadie la vio moreteada. Pero claro, como yo soy un don nadie, la gente me señala. Sé que me están siguiendo". El hombre no dejó de llorar ni un momento, pero sentí que era un llanto más de desesperación que de luto. Todo el tiempo repetía que la gente lo señalaba y lo cuestionaba.

Cuando se calmó un poco, nuestro invitado comenzó a dirigir la atención hacia otros puntos. Nos contó que Karla se quejaba del supuesto *bullying* de sus compañeros por su peso. Y cada tanto, durante nuestra conversación, volvía a repetir la frase: "Yo nunca le haría daño". Sus ojos buscaban compasión y solidaridad. "Yo quería ahorrar para llevarla a París; era su sueño", nos dijo entre suspiros.

Al dar por terminada la entrevista, extendí la mano para estrechar la suya. Su mano, la mano que tantas veces acarició a Karla en nombre del amor. Aunque dicen que del amor al odio solo hay un paso…

Luego entró don Demetrio Antonio Turcios, el padre de Karla, muy consternado. Sus lágrimas eran auténticas. Me partió el corazón. El abogado, de edad avanzada y casi retirado, se sentía muy culpable porque la desaparición de su hija sucedió durante las horas en las que él salió a hacer unas compras, y si se hubiera quedado en la casa, me repetía sin cesar, tal vez la desgracia nunca hubiera sucedido.

—Mario es un hombre bueno; la gente es muy injusta con él. Yo vivía con ellos y nunca vi nada raro. Es un buen papá, buen esposo.
—Don Demetrio, un hombre dulce y sensible, se empeñaba en ver lo bueno.

Durante toda la entrevista me agobiaba un nudo en la garganta, ¡unas ganas de romper en llanto! Sus últimas palabras en cámara fueron para pedir justicia, para que lo ayudaran a dar con el asesino, y hasta quería que trajeran al FBI, algo muy improbable, pero don Demetrio no se daba por vencido.

Nos despedimos con un abrazo que me recordó a mi querido abuelo don Carlos Chamat. Ambos hombres dignos, educados, amorosos, que han cuidado de sus hijas y nietos toda la vida. ¡Qué injusticia verlo así, derrumbado!

Una vez en el *lobby*, Evelyn acompañó a nuestros dos invitados hasta la puerta del hotel, se dio la vuelta y, en ese preciso momento, cruzando la calle hacia su auto en el estacionamiento, Mario Huezo fue arrestado por agentes de la Policía Nacional Civil. Ni Evelyn ni yo alcanzamos a ver nada.

Temprano en la mañana, nos llamaron los compañeros de *La Prensa Gráfica*:

—¿Ya saben qué pasó? ¡Lo arrestaron! Y ustedes tienen la última entrevista en libertad de Mario, sus últimas palabras.

Me dio verdadera indignación que aquel que presume de amarte más, de quererte llevar a París y comprarte flores y un anillo, sea el principal sospechoso de arrebatarte la vida.

A la mañana siguiente, editamos la entrevista y salió al aire en nuestros informativos de todo Estados Unidos. ¡Gran exclusiva! Y yo seguía con ese sentimiento de desasosiego. Por muchos años que lleve en esta profesión, hay cosas a las que nunca me acostumbraré. Y no quiero acostumbrarme. Me niego. Por muchas desgracias e injusticias que tenga que cubrir, jamás puedo perder la sensibilidad y la compasión. Hay historias que me afectan, que me tocan el corazón, y eso es perfectamente aceptable. Somos periodistas, pero ante todo, somos seres humanos.

Al día siguiente, nuestros teléfonos sonaban y sonaban. Como suele suceder en algunos casos, la historia detrás de la historia era más grande de lo que se creía. Los amigos de Karla sabían que estaba cansada de la relación, y de que Mario no trabajara. También nos contaron que Karla amenazó con dejarlo, y que Mario se negaba a terminar la relación.

En el transcurso de las próximas horas nos enteramos de los detalles que la Policía Nacional Civil había guardado en secreto para no poner en peligro el arresto. Detalles clave, como una nota anónima que apareció en el garaje de la casa, que decía: "Adiós a su hija lic p-rro," insinuando que se trató de un ajuste de cuentas por parte de algún individuo disgustado con algún trabajo de don Demetrio. Y luego, la aparición de una segunda nota, casi idéntica, que se le cayó del bolsillo a Mario en las dependencias del forense, el día que fue a identificar el cuerpo. A partir de ese instante, la fiscalía lo puso bajo vigilancia sin decir nada. Y, por último, la evidencia de los GPS de los teléfonos. Tanto el móvil de Mario como el de Karla triangulaban señal en la misma carretera donde fue descubierto el cuerpo y a la misma hora. Eso significaba que Mario estuvo ahí y se fue, posiblemente llevándose el celular de Karla, que luego pudo arrojar en otro lugar. Más tarde, una persona lo encontró y lo encendió. Esta persona le cambió la tarjeta pero quedó con el chip, con el cual pudo ser localizado por las autoridades y pudieron trazar los movimientos de las últimas horas en detalle.

Lo más escalofriante del caso fue que, según la Fiscalía, en las cámaras de varias gasolineras situadas en tramos de la vía que conduce al lugar donde encontraron el cuerpo de Karla, se ve al hijo de ambos en el carro con Mario. Los amigos de la joven madre nos contaron que, durante el velorio, el pequeño solo repetía estas palabras: "Todo va a estar bien, todo va a estar bien. Algo terrible pasó. Todo va a estar bien". El niño está en el espectro de autismo y solo repite frases que escucha. No podía contar lo que vio, pero su reacción era claramente de estrés.

Finalmente, hallaron sangre en la casa, prueba final que vino a corroborar lo que la policía se temía: Karla fue golpeada y estrangulada en su habitación, y luego el sospechoso le amarró dos bolsas de plástico a la cabeza, sujetando las asas con una prenda femenina íntima. La firma final de un feminicida orgulloso de su hazaña. El detalle espeluznante que delata la tensión sexual, de posesión o de control absoluto.

De regreso a Miami, no me podía borrar de la mente el rostro de Karla sonriendo. En Estados Unidos, el movimiento #metoo continuaba revolucionando titulares, y en mi cabeza todo se juntaba: acoso, silencio, abuso, agresión y, como máxima expresión del sometimiento y discriminación de la mujer, el feminicidio. Un mal del que no se está a salvo en ningún lugar. Si eres mujer, no existe ningún Chocó, ninguna Istmina ni ninguna casa del río donde aislarse de los golpes. No existe un país en el mundo que se salve de la violencia de género y en el que las mujeres no terminen muertas a manos de sus parejas o exparejas.

En honor a Karla y a todas las mujeres que han perdido la vida en iguales circunstancias, seguí leyendo e indagando. Así me enteré de que en El Salvador las leyes que castigan crímenes contra la mujer son mucho más duras y más avanzadas que las que tenemos en Estados Unidos. De manera irónica, en uno de los países donde más mujeres mueren a manos de hombres en proporción de población, existe una ley que reconoce y penaliza incluso el suicidio feminicida o suicidio por inducción, una modalidad en la que el abusador acorrala a su víctima psicológica y físicamente hasta que esta se quita la vida para poner punto final al maltrato y al calvario al que está sometida.

En Colombia, por ejemplo, el caso de la violación y asesinato de Rosa Elvira Cely movió a las instituciones y provocó la aprobación de una nueva ley con su mismo nombre: Ley de Rosa Elvira Cely. Desde 2015, esta nueva ley tipifica el delito de feminicidio y endurece las penas. El caso de otro aberrante asesinato, el de la niña Yuliana Samboní, sacudió con intensidad los cimientos de la sociedad colombiana, y la movilizó hasta lo mas profundo. Pero ni con estas sonadas e indignantes historias ni con leyes más duras se le pone freno a este mal. Las mujeres continúan siendo asesinadas por todo el mundo por el hecho de ser mujeres.

Leyes, estadísticas y esa foto de Karla sonriendo. Quise regresar y retomar el caso de la periodista porque no hay que dejar de hablar de esta situación. Hay que abrir espacios para que el tema pase de las conversaciones en los pasillos a los escritorios de los legisladores, y empujar para que más leyes se endurezcan. Hay que contar cada una de estas historias, visibilizarlas. Tanto las historias de quienes sobreviven como las de las heroínas que llevaron esa pena por dentro, que lucharon internamente contra los prejuicios enseñados y absorbidos en nuestras sociedades machistas, que no les permitieron denunciar a tiempo y perdieron sus vidas a manos de quienes dijeron amarlas. Hay que reivindicar sus derechos. Cuando contamos uno de estos relatos, miles de mujeres se ven reflejadas y saben que no están solas y que alguien las puede escuchar, y eso les puede dar el impulso para denunciar.

—Evelyn, tenemos que volver y dar seguimiento al caso de Karla. Es nuestro deber continuar trabajando este tema —le propuse a mi incansable compañera de andanzas.

—Sí, perfecto, nos aprobaron el especial sobre feminicidios para *Aquí y Ahora*, así que regresaremos a El Salvador, donde vamos a trabajar en otros casos y hablaremos con una sobreviviente, y luego iremos a México a por otras entrevistas. —Evelyn tampoco quería dejar que todos estos sucesos pasaran sin pena ni gloria.

A nuestra llegada a San Salvador, en este segundo viaje, descubrimos que la maquinaria legal se movía lenta en algunos casos. Habían transcurrido nueve meses desde la aprehensión de Mario Huezo, y continuaban los juicios, las apelaciones, las comparecencias ante el juez y demás trámites burocráticos. Hasta la fecha, mayo 2020, fue hallado culpable de feminicidio, y condenado a cincuenta años en prisión, pena máxima por ese delito. Si las evidencias no son suficientes, podría salir en libertad.

En esta nueva visita, lo primero que pedimos fue conocer al hijo de Karla. Tuve la oportunidad de pasar tiempo con él, de abrazarlo, de comprobar lo amoroso que es. Su carita es idéntica a la de Mario, y sus ojos son como los de la periodista, dulces, y siempre parecen sonreír. Unos ojos que, al mirarlos, no pude evitar pensar qué tanto vieron aquel sábado de abril en el que su vida cambió para siempre. Resulta difícil saber hasta qué punto es consciente de lo que le pasó a su mamá, pero no cabe duda de que el pequeño la extraña, y ahora también extraña a su papá. El abuelo, don Demetrio, y la abuela, doña Dolores de Turcios, son su nueva estructura familiar.

A don Demetrio lo encontré hundido, moralmente destrozado. Todavía no puede hacerse a la idea de que había defendido a Mario desde un principio, y ahora es el principal sospechoso.

Una vez que terminamos las nuevas entrevistas con la familia de Karla, nos dirigimos a otra parte de la ciudad para realizar nuestro segundo reportaje, que presentaríamos en nuestro programa especial.

En este caso, el nombre de nuestra heroína es Rosa María Bonilla, otra mujer profesional con carrera y estudios. Doctora en medicina, estaba divorciada del papá de su hijo, era cristiana, muy creyente y contaba con un entorno unido que la quería. Hacía unos años, había conocido a Denys Suárez Mejía y comenzaron una relación. Como el hombre no se llevaba bien con el resto de su familia, Rosa María prefirió mudarse a Santa Ana, a dos horas de San Salvador, y tratar de evitar roces familiares. Al igual que Mario Huezo, Denys tampoco trabajaba, y el patrón se repetía: mujeres independientes, con el control financiero, atrapadas en jaulas psicológicas de abuso por hombres con menos preparación y menos éxito laboral que ellas.

Con el tiempo, y con un préstamo de parte de la familia de Rosa María, Denys abrió un lugar de jugos, cuyos ingresos controlaba completamente, al igual que controlaba y administraba el sueldo íntegro que Rosa María cobraba en el centro médico donde laboraba. Con ese dinero, Denys pagaba la manutención de otros hijos que él tuvo anteriormente en otra relación y tan solo le daba una pequeña asignación diaria a la doctora para que cubriera sus gastos personales.

La historia continuaba con más similitudes a la de Karla: Denys está acusado de agredir a Rosa María a golpes, y luego estrangularla. En esta ocasión, el hijo de Rosa, de dieciséis años, también estaba presente en la casa, pero dice que no escuchó nada, porque sucedió a altas horas de la madrugada.

Cuando me senté a entrevistarlo, en esa tarde de recuerdos y tristezas, rompió su largo silencio por primera vez.

—No, no escuché nada, porque Dios me salvó y así lo quiso, porque podríamos haber estado los dos muertos —me dijo con los ojos llenos de lágrimas, y con mezcla de coraje y de dolor.

La coartada que intentó usar Denys fue que Rosa María resbaló y se cayó por las escaleras al salir mojada de la ducha. La versión de la fiscalía es totalmente diferente: la doctora despertó temprano para bañarse e ir al trabajo, y él la atacó; luego, ya estrangulada, la arrastró hasta las escaleras y la dejó caer, para fingir otro tipo de escenario.

El hijo de Rosa María salió de la casa gritando a pedir la ayuda de los vecinos, quienes llegaron de inmediato y ayudaron a Denys a cargar a la mujer ensangrentada en su auto y trasladarla al hospital. Todavía llegó con vida, pero falleció a los pocos minutos. A los doctores que la atendieron les quedó claro que la historia no encajaba. Las marcas en el cuello de Rosa María contaban lo que verdaderamente había sucedido en esa casa, y las contusiones que presentaba su cuerpo no coincidían con las de una caída por las escaleras. Para colmo, los brazos y el cuello de Denys estaban llenos de arañazos, indicando que Rosa María había luchado hasta el último segundo por su vida.

Denys fue arrestado a las pocas horas, y un año después fue hallado culpable y sentenciado a la pena máxima por feminicidio en El Salvador: cincuenta años de cárcel.

Después de compartir horas y experiencias muy emotivas con la familia de Rosa María, regresamos a nuestro hotel con una enorme sensación de impotencia. Impotencia porque ni las leyes salvadoreñas, tan progresistas, alcanzaban a desanimar a los feminicidas. ¿Por qué? La respuesta está en la sociedad, en la implementación de esas leyes y en el silencio atroz que rodea a estos crímenes y a sus víctimas.

Si la misma sociedad, en la vida diaria, no habla, no protesta y condona actos de abusos contra la mujer, no cambia la mentalidad colectiva. Si no cambia la mentalidad colectiva sobre la mujer, su rol y su valor como ser humano, los abusadores se siguen atreviendo a agredir y delinquir. Luego, si las leyes tan severas que existen no se aplican debidamente, de nada sirven. Es un círculo sin fin donde el silencio impera a todos los niveles: familia, sociedad e instituciones legales.

Según el Instituto Salvadoreño para el Desarrollo de la Mujer (ISDEMU), de los 1.519 casos de mujeres asesinadas que se registraron de 2015 a 2017 en El Salvador, solo 258 terminaron catalogados como feminicidios, y con condenas firmes a los culpables.

Está visto que las leyes no los van a detener. Solo la educación lo logrará. Educarlos desde niños para que aprendan a darle verdadero valor a la mujer. Si no se rompe el ciclo desde el principio y se les da voz a las víctimas, estos casos se van a repetir.

Nuestra tercera protagonista está viva. Viva para contarlo. No queríamos terminar nuestro viaje sin darle espacio a la esperanza y mostrar que se puede salir victorioso hasta de las peores desgracias.

Brenda Vásquez nos esperaba en uno de los suburbios de San Salvador, y nos contó su odisea con sinceridad. Sufrió abuso físico desde temprana edad a manos de su padre, quien la golpeaba constantemente. Su madre la despreciaba y la culpaba de todos los males que les sucedían, sometiéndola constantemente a abusos psicológicos. Luego Brenda se casó, y fue el esposo quien tomó el relevo y la siguió torturando. Al nacer su primera hija, le daba palizas, alegando que no quería niñas. Cuando nació el niño, Brenda aprendió a sacar a la calle a la niña más grande con el bebé en brazos cada vez que el hombre llegaba borracho. Así evitaba que los golpeara a ellos. La niña, con su hermanito envuelto en una cobijita, llamaba a las casas de los vecinos para encontrar donde dormir.

Brenda sabía que lo que sucedía en su hogar no estaba bien, que no se lo merecía, que no era justo, pero no encontraba la puerta para huir de ese martirio. El miedo la paralizaba de pies a cabeza y la sumía en el más terrible silencio cada vez que el hombre la amenazaba con cortarla en pedazos. Cuando, de vez en cuando, Brenda se armaba de valor y acudía a la delegación a poner una denuncia, los agentes le decían: "Pórtese bien, y verá que nada le va hacer; si llega borracho, no lo confronte y verá que se le pasa". Por su parte, las vecinas le repetían: "Tranquila, que a todas nos pasa; lleve la fiesta en paz, no lo haga enojar más".

Un día, Brenda se hartó de "portarse bien" y de permanecer callada, y tras imaginarse muerta, pidió ayuda a una organización de mujeres. Guiada por expertas y trabajadoras sociales, logró salir de ese infierno y obtuvo el divorcio. Hoy, esta valiente mamá trabaja en la costura y es económicamente independiente. Y, lo más importante, está aquí para contarnos su historia.

En sus pocos ratos libres, esta orgullosa campesina fuerte y astuta, a quien le encanta leer y aprender sobre salud y leyes, se dedica a compartir lo que vivió desde niña con otras mujeres, y a ayudar a otras salvadoreñas del campo a abrir esa puerta de la libertad que a ella le tomó treinta y tres años desatrancar. La puerta de la oportunidad de seguir con vida.

Con todas estas y otras historias que grabamos en El Salvador, y otras en México, el especial sobre feminicidios para nuestro espacio semanal, *Aquí y Ahora*, ya estaba completo. Comprendo que todo un programa dedicado a este tema pueda sonar doloroso, pero en realidad es un canto de esperanza. Al menos, con esa intención lo produjimos y lo editamos. Y esperamos que este programa no sea el único. Nos quedan otros países por visitar, como mi tierra, Colombia, el resto de Sudamérica, Centroamérica y España, donde desafortunadamente nos siguen matando, y por todas ellas también hay que alzar la voz.

En plena revolución de lo que significa ser mujer, tenemos que contar estas historias más que nunca para transformar a las mal llamadas víctimas en heroínas, a pesar de que perdieran su última batalla. Tenemos que honrar a las Karlas y a las Rosa Marías, e incluir a las Brendas, a las que quedaron con vida, para cambiar el enfoque y rebautizarlas como sobrevivientes.

Quiero que estas entrevistas que resultan dolorosas e incómodas, sean mi contribución a esta problemática que nos desborda mundialmente. Quisiera poder cambiar el final de estos relatos que llenan los tabloides y las crónicas rojas, y darles un desenlace diferente, un final de lucha y reivindicación.

Adentrándome en las vidas de estas mujeres, quiero generar la oportunidad en nuestra sociedad del diálogo y la denuncia, porque lo que nos mata es el silencio, es esa vergüenza de hablar y reportar el abuso, por el qué dirán, porque precisamente no quieren que las miremos como víctimas, porque es más digno obviar o ignorar lo sucedido, y así hacerlo pequeño y meterlo en el fondo de un cajón, como yo hacía de jovencita ante cualquier afrenta.

Con estas entrevistas y especiales, quiero darles voz a las que siguen con vida y las que se nos fueron, y propiciar, de alguna manera, un cambio, porque eso es lo que necesitamos: cambiar, reeducar a la generación actual y educar a las que nos siguen. Si logramos cambiar la visión a nivel global de lo que representa ser hombre y lo que representa ser mujer, veremos descender esas estadísticas velozmente. Solo arrancando de raíz el concepto de que la mujer es inferior al hombre podremos erradicar esta lacra.

Lastre que acarreamos desde siempre, desde que fuimos consideradas un pedazo del hombre, una costilla, una prolongación, y no el centro, la base, el útero, que es lo que biológicamente somos, sin añadir ninguna connotación de superioridad con esta metáfora de vida. Simplemente somos el origen, fisiológicamente hablando. Por eso, a todos aquellos que con sus manos le han arrebatado el último aliento a una mujer, les diría: tú eres un pedazo de la carne y sangre de una mujer, tu madre. Tu cabello, tus uñas, tu piel, tus huesos, los produjo ella, con sus fluidos, sus moléculas, sus órganos trabajando en la más perfecta coreografía jamás imaginada. Tú vienes de las entrañas de una mujer, y fue un corazón de mujer el que bombeó sangre y oxígeno por primera vez a tus venas. Fue una mujer la que te dio tu primera gran oportunidad en esta vida: la de nacer, la de estar vivo.

En tiempos en los que todos gritan *"Black lives matter,"* "Sí se puede", *"Je suis Paris"* o *"We are Charlie"*, ¿por qué no gritar "Ni una más"? Después de todo, el feminicidio ya ha sido declarado por las Naciones Unidas como pandemia mundial, por las altas cifras que superan a muchos otros índices de muertes violentas.

Si hoy me preguntan qué me hace más vulnerable ante el mundo, la respuesta no es ser inmigrante, no es mi piel negra, ni mi religión, ni mi inclinación política. Lo que más me expone a que me violen, a que me maten, me roben en una calle desierta, a que me exploten en el trabajo, a que me nieguen un ascenso en muchas profesiones, a que me paguen menos, a que me insulten en un bar o a que me humillen por mis *looks* en Instagram, y a tener que demostrar todos los días de qué soy capaz, es el hecho de ser mujer. Como si ese fuera nuestro destino desde el momento de nacer.

Y sería ahora el propio destino que me llevaría a conocer a otra clase de héroes, líderes y sobrevivientes, cuyas historias son igualmente dignas y merecen ser contadas. Héroes y heroínas con voces que se suman para terminar con el mutismo dañino que tanto nos sofoca en muchos aspectos de nuestras vidas. Bien dicen que de las mayores desgracias nacen nuestros mejores maestros, y yo iba a conocer a algunos de estos valientes seres quienes no le dieron ni espacio ni tregua al silencio.

20

Hasta el último aliento

La desdicha es el vínculo más estrecho de los corazones.

Jean de La Fontaine, escritor y poeta francés

Dicen que tras la tormenta viene la calma. Yo añadiría que tras la furia de la Madre Naturaleza, siempre viva y alerta, surge lo mejor de cada uno de nosotros. De los grandes desastres y de las verdaderas desgracias nacen grandes héroes y heroínas que florecen y brillan fuerte, elevando sus firmes voces muy alto. Voces incansables de las que quiero hablar ahora y de las que aprendí lecciones de vida. Y serían dos coberturas periodísticas de gran intensidad las que me iban a recordar que, mientras hay aliento, no hay espacio para el silencio.

—Llegamos a Phoenix, entrevistas a los Dreamers para nuestro especial, de ahí vuelas a Nueva York para tu desayuno con Malala Yousafzai. —Mi productora, Bea Guerra, me leía mi itinerario, sentadas en el aeropuerto, esperando nuestro avión con destino a Arizona—. Y luego vas a Los Ángeles para participar en una conferencia liderada por la actriz y activista America Ferrera.

Mientras el avión carreteaba para despegar, y yo hacía un recuento en mi cabeza de las vueltas que le daría al país en tres días, me entró una alerta en mi Twitter: acababa de temblar México. ¡Un terremoto de 7.1!

El avión despegó inevitablemente. En la mitad del vuelo, Bea logró conectarse a la internet y entró a su correo, lleno de mensajes de nuestros jefes.

—Olvídate de Nueva York y Los Ángeles —me dijo en tono de urgencia cuando se acercó a mi asiento—. Me acaban de comunicar que nos vamos para Ciudad de México.

Atterizamos en Phoenix, tomamos un vuelo de regreso a Miami, y finalmente logramos llegar a Ciudad de México, donde reinaban el caos y la incertidumbre.

La información que me llegaba por correos electrónicos y redes sociales era desalentadora: decenas de muertos que pronto podrían convertirse en centenares.

Estábamos todavía en las primeras veinticuatro horas de confusión. Mi compañero, Jorge Ramos, llegó al mismo tiempo que yo, y allá ya se encontraban reportando desde temprano, junto con nuestros compañeros del buró de México, María Elena Salinas, Enrique Acevedo y María Antonieta Collins y un nutrido equipo de reporteros que habían salido desde otros puntos de Estados Unidos.

Desde el vehículo que nos desplazaba por las calles de la capital, mis ojos se perdían entre los escombros de cientos de fachadas caídas. Al bajarnos del auto, frente a uno de los edificios derrumbados donde los equipos de rescate trabajaban arduamente, me quedé unos minutos observando la escena.

Mujeres llegaban con botellas de agua y con ropa limpia para los voluntarios. Otros hombres improvisaban un puesto de comida en la esquina y de las cajuelas de sus autos sacaban ollas enormes de tamales para dar de comer a los bomberos y vecinos. Un grupo de amigos en una camioneta remolcaba un pedazo de muro de cemento fuera de la vía pública para dar paso a unas ambulancias. ¡Nadie estaba parado! Y lo más sorprendente de todo: nadie daba órdenes, nadie dirigía a la muchedumbre ansiosa por ayudar. Todos se sincronizaban sin necesidad de explicar mucho, y pensé en las hormigas que veo cuando llevo a Anna al parque, todas trabajando juntas para arrastrar un pedazo de pan al hormiguero.

Dicen que estos insectos tienen una identidad y una inteligencia colectiva que los hace actuar así, como si fueran un solo ser. Se cree erróneamente que la hormiga reina es la que da órdenes y gobierna, pero lo cierto es que en un hormiguero, donde pueden convivir más de medio millón de insectos, no hay jefe ni jerarquía. La reina es simplemente la que pone los huevos para seguir reproduciéndose, y el resto de las hormigas, llamadas obreras, ya saben lo que tienen que hacer. No necesitan jefe, ni mánager, ni guía, ni policía, solo "maestros" y saber cumplir sus funciones. Unidas por ese instinto de "todas somos una", son capaces de crear puentes con sus mismos cuerpos entrelazados para pasar por encima de un pequeño torrente de agua, o formar una balsa en la que todas floten, una encima de la otra, en caso de inundación.

Y ahí estaba toda esa gente maravillosa, formando una sola colonia, precisamente en la colonia Roma, sabiendo qué hacer y dónde ir en todo momento, sin apenas cruzar palabra. Cientos de personas corriendo de aquí para allá, y por encima de todo ese caos organizado, resonaba la voz de Karina, incansable, llamando a su hermano Erick Gaona, a través de un megáfono.

—¡Resiste, aguanta, tú puedes, Erick! —Sin parar a tomar aliento ni quitar el dedo del botón, Karina le hablaba a la montaña de escombros en la esquina de las calles Medellín y San Luis Potosí—. Te amo, aquí está tu familia, y no nos vamos a mover hasta tenerte con nosotros.

Cada una de estas palabras le daban la vuelta al mundo en videos que se reproducían en la internet, compartiendo la historia de Erick.

La mañana del sismo, el joven empleado había escapado del bloque de oficinas a tiempo, y una vez que pasaron los remezones, y todo parecía haberse calmado, volvió a entrar para recoger sus pertenencias del tercer piso. Fue entonces cuando todo se vino abajo. Erick no alcanzó a salir.

Doce horas después, Karina no se daba por vencida, insistiendo que las palabras de aliento podrían mantenerlo con esperanzas hasta que los rescatistas lo encontraran. Karina no se separaba del megáfono, ese elemento que nos da voz cuando sentimos que no nos oyen, y que perfora el silencio que a veces otros, o la vida misma, nos imponen.

Así, a golpe de parlante, transcurrieron doce horas más, y luego dos noches. La extraña calma de las madrugadas en las que las calles quedaban casi desiertas, solo la interrumpían algunos ladridos, y el sonido de los generadores y de la maquinaria de los equipos de socorristas. De tanto en tanto, los topos mexicanos y los brigadistas que llegaron de otras partes del mundo para ayudar, levantaban los puños al aire, en señal de silencio. Todo el hervidero de gente asistiendo en los alrededores se paralizaba y aguantaba la respiración. Nadie rompía la regla. Ese gesto significaba que habían escuchado posibles señales de vida y necesitaban calma absoluta. Y así, en ese silencio casi sepulcral, Karina vio cómo sacaban en camillas a dos o tres personas malheridas, pero vivas, y sus esperanzas se mantenían.

—Sabes que te amo. No me voy a mover de aquí hasta que salgas. Ten fe, que Dios te cuide —continuaba recitando por el megáfono, con más ímpetu todavía.

A las cincuenta horas exactas, y cuando el cansancio ya había desfigurado el rostro de la joven, los brigadistas alzaron otra vez sus puños. Otro silencio helador recorrió la esquina de la famosa colonia. Y Karina lo supo: era Erick. Y vio cómo lo bajaban cubierto con una sábana de pies a cabeza. Según los reportes forenses, Erick habría muerto en el acto, sepultado por el concreto que se desplomó en el derrumbe. Nadie va a saber nunca con certeza si alcanzó a escuchar alguna de las palabras de amor y aliento que Karina le gritaba con tanta pasión y entrega. Entonces, Karina apagó el megáfono para siempre, y con eso se apagó la luz para toda esa familia unida y maravillosa.

A las pocas horas, viví uno de los momentos más dolorosos en mis años de periodista. No era la primera vez que me sentaba con alguien que acababa de perder a un ser querido, y tristemente no sería la última. Sin embargo, entrevistar a Karina, la hermana, y a Carmen Maravilla, la esposa de Erick, me dolió terriblemente por todas esas horas de angustia vividas entre los escombros en las que siempre mantuvieron firmes la voz y la esperanza.

En la casa de los Gaona, la primera en sentarse conmigo fue la joven viuda, quien me explicó que Erick tenía treinta y cinco años, trabajaba como conductor para una compañía y esa mañana le tocó ir a esa oficina. Me contó que tenían dos niños preciosos, y no pudo más. A partir de ese momento Carmen se vino abajo, nos pedía levantarse, se iba al otro cuarto, regresaba tras tomar un respiro y volvía a encerrarse en el cuarto en medio de gritos desgarrados preguntando: "¿Por qué, por qué, Erick?" Abría la puerta, me miraba y me rogaba continuar, quería hacerlo en honor a su esposo, porque esta entrevista sería su homenaje. Pero el llanto le ganaba de nuevo y pedía levantarse otra vez.

Hay quienes piensan que un periodista no debe involucrarse con las historias, y tiene sentido porque no somos parte de ellas. Pero también es cierto que una de las virtudes de un profesional de la información es la compasión, esa capacidad de identificarse con el dolor del otro. Y a veces es inevitable llorar, y lloré; no lo pude contener. Lloré porque podía sentir su dolor.

—Sigamos, sigamos, no quiero callar, quiero hablar —me rogaba la joven viuda cada vez que parábamos de grabar—. Necesito contarle al mundo quién era Erick, el hombre que yo elegí.

Hablar, no optar por el silencio, aún después de haber perdido toda esperanza y haberlo perdido a él, a su adorado esposo. Esas ansias de decir lo que guardamos en el corazón que me mostró Carmen, las llevo conmigo y no creo que las vaya a olvidar jamás. Cada palabra de dolor mezclada con valentía que pronunció me van a acompañar siempre.

Karina, la valiente hermana, solo pudo sentarse conmigo un par de minutos, agotada y tratando de encontrar un cachito de resignación. Al terminar nuestra corta entrevista, añadió:

—¿Me escuchó cuando le hablaba, me oyó al menos las primeras horas? Quiero creer que sí.

Con el alma hecha añicos, y después de despedirme de la familia Gaona, dejé México. Tras esos cinco difíciles días, también me llevaba conmigo esa estampa de sincronización perfecta, y aquella danza de personas ayudando, y de valientes sobrevivientes en medio de las impactantes imágenes de edificios derrumbados, y de un país dispuesto a levantarse porque sí se puede y siempre han podido. Si pudieron en 1985, iban a poder esta vez. No se iban a rendir, no se iban a callar. El silencio tampoco es una opción cuando se lucha hasta el último aliento.

Y sin aliento quedamos durante esos meses de verano y otoño de 2017. No recuerdo otra etapa en mi carrera como periodista donde tuviera que acudir a tanto desastre natural y tanta destrucción. Tragedia tras tragedia azotaron sin clemencia a nuestras comunidades en Estados Unidos y en varios de nuestros países. Sin ir más allá, la siguiente nos aguardaba al salir de México. Otra asignación que se convertiría en otra gran lección de vida.

—Ilia, llegas a Miami, empacas y te vas directo a San Juan —me informó mi productora desde el centro de operaciones de Univision—. La situación en Puerto Rico por el paso del huracán María es grave, y necesitamos repartir nuestro equipo. Te vas para la isla.

—Cuenta conmigo, deja que llamo a Gene y a Anna para avisarles que solo pasaré por casa para cambiar maleta —. Este es uno de esos casos en los que el trabajo es primero. Nuestra gente necesitaba la presencia de los medios que contaran la realidad.

El 19 de septiembre tembló el suroeste del territorio mexicano, y el huracán María tocó suelo en Puerto Rico el día 20. En mi cabeza recontaba tantos sucesos en el calendario: primero fue Harvey en

Houston y las costas del Golfo; luego le siguió el huracán Irma, que acababa de azotar gran parte del Caribe hacía escasas dos semanas y luego pasó por el sur de la Florida; el huracán José se desvió de las islas más grandes, pero dejó cuantiosas lluvias. Puerto Rico todavía se estaba recuperando de todos estos estragos cuando se empezó a formar María, un fenómeno que alcanzaría la categoría 5.

Pero solo cuando desembarcamos del avión y salimos del Aeropuerto Internacional Luis Muñoz Marín, junto a la capital boricua, comprendí que estábamos frente a lo que pronto sería catalogado como el segundo huracán más mortífero y destructivo de la historia.

De camino al centro de San Juan, me impresionó el paisaje desolado, con temperaturas ardientes y sin fluido eléctrico. Esta isla siempre llena de música y gente por las calles, siempre alegre, ahora lucía casi desierta, y solo veía largas filas de carros tratando de abastecerse de gasolina.

Al llegar al hotel donde nos alojaron, solo algunas habitaciones tenían electricidad, la cual que necesitábamos para editar nuestros reportajes y transmitirlos, y para que el mundo entero conociera la magnitud de la tragedia.

En cuanto dejamos nuestras maletas, salimos a recorrer diferentes rincones de la isla y recoger esas imágenes que cientos de miles de puertorriqueños en Estados Unidos y otros países querían ver. Los teléfonos y la internet funcionaban a media marcha y en ciertas áreas. Nuestros televidentes confiaban más que nunca en nuestros noticieros para ver si el pueblo donde vivían sus padres estaba en pie, o para enviar y recibir mensajes que los reconectaran con sus seres queridos.

Sentí que nuestra presencia era muy necesaria. Pero tras María, nuestras historias, nuestras conexiones con la gente, nuestras cámaras enviando imágenes al mundo exterior se convirtieron en las voces de esperanza para muchos, y en la manera de exigir ayuda y de presionar para que llegara la ayuda necesaria. Ojos que no ven, corazón que no siente, y cartera que no se abre. El que no llora, no mama, y el que no tiene los medios, duramente puede alzar su llanto de desesperación para que el resto del mundo lo oiga. Sin antenas telefónicas ni wifi en el noventa y seis por ciento de la isla, sin acceso a redes sociales ni textos entre familiares, Puerto Rico iba a necesitar de nuestra voz más que nunca. Nuestros reportajes serían el megáfono, como el de Karina en México, para mantener viva la esperanza y dejar saber lo que estaba pasando. Esta vez el apoyo para romper el silencio seríamos nosotros, los periodistas, el canal de comunicación de un pueblo que pedía a gritos que no lo abandonaran.

Al principio, recién llegados a la isla, las autoridades nos hablaban de quince a veinte muertes. Con los meses, la verdad saldría a flote, y se desataría la guerra de cifras más grotesca que jamás he presenciado. Mientras el gobierno de Puerto Rico calculaba sesenta y cuatro víctimas mortales, un estudio de la Universidad de Harvard vino a poner la realidad sobre la mesa, y contabilizó un mínimo de cuatro mil seiscientas muertes, advirtiendo que podrían ser miles más. Los que estuvimos en suelo boricua y presenciamos la destrucción que este huracán causó, ya intuíamos que la isla tendría que llorar a miles de muertos más. Y los primeros que se enfocaron en denunciar el tema fueron los valiosos profesionales del Centro de Periodismo Investigativo de la isla. Entre ellos, conocí a Omaya Sosa Pascual, una colega que ya venía trabajando en verificar reportes de personas enterrando a sus muertos en los patios de sus casas y funerarias de pequeñas poblaciones que no daban abasto, y que no quedaban registrados en las cifras del gobierno. Omaya me lo dijo desde un principio: "Son más, muchos más".

De pueblo en pueblo, mi corazón se encogía ante un paisaje tan desolador. Yo había estado antes en esta preciosa isla caribeña, una vez por trabajo y otra por turismo. Además, a los chocoanos, Puerto Rico siempre nos ha sonado cercano, familiar. En mi querida Istmina, crecí al ritmo de la mejor salsa puertorriqueña. Si pienso en otra cultura, aparte de la colombiana, que influenciara mi infancia y juventud, tengo que nombrar la puertorriqueña. Desde el grupo Menudo hasta El Gran Combo de Puerto Rico o la Sonora Ponceña, todos formaban parte de la banda sonora de mi vida. Sin ir más lejos, mi canción favorita, la que siempre pido para bailar en todas las fiestas, es "Isla del encanto", del gran maestro Gene Hernández, e interpretada por la Orquesta Broadway: "Eres el bello sueño del mejor poeta, que inspirado en ti se murió soñando…".

Ver la isla en estas condiciones, esa isla que sentía tan cercana a mí, y ver a su pueblo sufriendo, me pegó muy duro. ¡Durísimo! Era como si estuviera llegando a mi propio Chocó destruido. Y la guía encargada de llevarme por tan fuertes emociones, pueblos incomunicados y carreteras cortadas iba a ser Lymaris Marrero-Deya, una periodista que estaba trabajando para el Departamento de Asuntos de Veteranos. Su misión era encontrar a cada uno de los veteranos de su lista, comprobar que estaban vivos y proveerles asistencia.

—¡Al revés que yo! —le dije a Lymaris cuando nos presentaron—. Yo estudié trabajo social y ejerzo el periodismo, y tú estudiaste periodismo y ejerces de trabajadora social.

Estas dos profesiones siempre se entrelazan. Informar es educar, es ayudar. Algo muy similar hacen diariamente miles de trabajadores sociales, lejos del *glamour* y la atención de los medios.

En nuestra primera salida, nuestra valiente y comprometida trabajadora social, junto a otra compañera y a una enfermera llegada de Estados Unidos como voluntaria, nos llevó a un edificio afectado por el huracán, y tuvimos que subir dieciséis pisos a pie. Los mismos que tenían que subir los residentes de ese bloque de viviendas sin fluido eléctrico. Al llegar a la planta decimosexta, entramos en un apartamento con los ventanales rotos por los fuertes vientos, donde nos esperaba Doris Valentín, una veterana de edad avanzada, quien padece diabetes y había sufrido un derrame justo después del huracán. Los hijos más jóvenes de los vecinos eran quienes cada mañana y cada tarde le subían agua, alimentos y un poco de hielo para mantener refrigerada la insulina que tenía que inyectarse.

Dentro de la vivienda, los mismos vecinos habían recogido los vidrios rotos por el ciclón, y secado el piso. Ahora el calor pegajoso se colaba por la sala vacía, en la que solo había una silla reclinable donde Doris se sentaba todo el día. Su hija vivía en Estados Unidos, y solo podían hablar cuando uno de los vecinos bajaba y subía los cientos de escalones para cargar una rayita de su teléfono móvil, que a veces se conectaba y recuperaba la señal.

—Estoy bien, no quiero que me lleven al hospital de veteranos. Allá quedan pocas camas y hay gente que está peor que yo —decidió esta veterana tan pequeña y débil por fuera como fuerte y valiente por dentro, cuando le dijeron que podían trasladarla—. Miren, mis paredes están en pie. Mis vecinos me cuidan, voy a estar bien.

¡Me impactó su respuesta! Me la imaginé de joven, como una roca, un roble al que nada podía abatir, y el corazón se me hacía pedazos. A la vez, pensaba en el mal llamado "sexo débil". ¡Cuánto nos han hecho creer que las mujeres servimos solo para esto y que no servimos para lo otro! Pero momentos como este, ante una mujer mayor como Doris, nos demostraban no solo la gran fortaleza de la que goza una mujer valiente, sino el enorme sentido de generosidad y solidaridad del que echamos mano cuando otros lo necesitan.

Ahí estábamos con todo el equipo para rescatarla y llevarla a un centro donde sería atendida por doctores y descansaría con aire acondicionado, luz y comida, y Doris solo pensó en aquellos que estaban peor que ella. Prefería brindarle esa oportunidad a quien más la necesitara.

Después de despedirnos de la valiente Doris, bajé los dieciséis pisos con un pensamiento fijo: sin ventanas, sin muebles, sin donde cargar el teléfono y apenas poquito hielo para conservar su insulina, la decidida veterana sentía que tenía más que otros.

Nuestra siguiente parada fue en Toa Baja, un pueblito a menos de media hora de San Juan. Tuvimos que dejar la camioneta estacionada en medio de la carretera y sortear a pie decenas de árboles caídos con un reducido equipo de cámara y un par de luces que pudimos cargar antes de poder llegar a la casa de William. Sus hijos en Estados Unidos le habían encargado a Lymaris que llegara a socorrerlo, y esperaban recibir noticias de su situación.

Entre troncos y maleza arrancada, la casa que William construyó con sus propias manos para sus años de retiro había quedado medio destruida. Solo el segundo piso parecía habitable. ¡Y el viejito veterano nos recibió cantando al pie de las escaleras! William había sido músico profesional en un bar de Puerto Rico, y esa alma de intérprete de bellos boleros todavía lo acompañaba.

—¡Pero yo me acuerdo de usted! —exclamó Lymaris—. Claro que yo lo vi cantar en aquel lugar.

—Mi espíritu de músico y mi instrucción militar me salvaron y me mantuvieron vivo durante todo el huracán —nos respondió mientras acariciaba a sus dos perros, acostados a sus pies.

William llevaba varios días compartiendo latas de comida con sus mascotas, en ese segundo piso en el que parte del techo también había volado al paso del huracán. Al igual que Doris, este viejito testarudo y fuerte se negó a ir y ocupar una cama en el hospital, y prefería que esa oportunidad la tomaran otros.

De todos modos, el equipo de ayuda le dejó suficientes víveres para una semana y medicamentos y acordaron que regresarían en unos días.

—Por mí no sufran, yo cedo mi cama. Hay gente peor que yo. Me quedo aquí. —Nos despidió agitando la mano, mientras cantaba su bolero favorito de Tito Enríquez:

Es mi turno

Y agradezco al señor me permitiera
haber nacido en esta tierra tan hermosa.

Al día siguiente, nos esperaba otra canción en las voces más tiernas. Una escuela había decidido abrir sus puertas, aunque no estaba equipada para reanudar las clases. Solo querían proveerles a los niños la estabilidad de su rutina, y ofrecerles un plato de comida caliente. Los maestros, con sus viviendas derrumbadas, acudían a atender a sus alumnos. Uno de los chiquitos me contó cómo vio desaparecer el techo de su casa. En medio del llanto, el pequeño se acercó y lo abracé mientras recordaba, entre sollozos, cómo su mundo, su casa, se habían venido abajo. Cuando eres mamá de uno eres mamá de todos.

Con el poco material que les quedaba en los salones, esos nenes, a modo de terapia, dibujaban lo vivido en el papel. Casas caídas, mucha lluvia y viento. Con un lápiz y su corta edad, lo contaban todo. Al despedirnos, los dejamos dando palmas y coreando al ritmo de canciones infantiles llenas de esperanza, convencidos de que su isla bella se iba a levantar.

Nuestro deambular por la isla en busca de imágenes e historias que pudieran ayudar al mundo exterior a comprender y medir la desgracia en su totalidad, nos llevó hasta el Coliseo de Puerto Rico José Miguel Agrelot. A las afueras del popular recinto nos esperaba Carmen Yulín Cruz, la alcaldesa de la capital, rodeada de un puñado de voluntarios y de miembros de su equipo, quienes habían improvisado allí su cuartel de operaciones, desde el que trabajaban veinticuatro horas al día sin descanso.

Me llamó la atención lo decidida que caminaba entre la incertidumbre y la necesidad de su gente, de su pueblo. A pesar de su baja estatura, se movía con gran seguridad. Cuando nos saludó, me percaté de su voz ronca de tanto hablar. Hablar, no callar, para contarle al mundo lo que estaban sufriendo y la carencia de ayuda. Habían pasado diez días desde la catástrofe y los buques con víveres, agua y maquinaria para mover árboles y reconstruir carreteras todavía no llegaban. La alcaldesa, con la poca voz que le quedaba, me explicó sin rodeos que los habían dejado solos. Les recordó a todos que Puerto Rico es parte de Estados Unidos y que la falta de coordinación entre los diferentes departamentos del gobierno estaba cobrando la vida de su gente. A la falta de ayuda, se le sumarían pronto las palabras humillantes con las que el presidente Donald Trump se iba a referir a su tierra, y a la desgracia que estaban viviendo. ¡Lo más doloroso y grave para ella era que el mandatario negaba una y otra vez el número de víctimas! "Mi pueblo se está muriendo por falta de ayuda", me dijo Yulín al terminar nuestra corta pero intensa entrevista.

Al salir de la zona del Coliseo, miré hacia atrás y todavía alcancé a ver la pequeña figura de la alcaldesa, a lo lejos, inquieta, siempre en movimiento, y recordé a Karina en México con su megáfono. Las dos gritando a los cuatro vientos su tristeza, su descontento, hasta el último hilo de voz que les quedara. Las dos combatiendo esos silencios que no hacen ningún bien y que matan toda esperanza.

Las imágenes que noticieros como el nuestro transmitían a todo el mundo en diferentes idiomas comenzaron a despertar un sentido de urgencia entre las capas políticas, y también a nivel de organizaciones no gubernamentales.

Meses después, la voz ya más recuperada de Carmen Yulín sonaba clara y viva. La valiente mujer llevó sus quejas y demandas hasta los niveles más altos, la eligieron Persona del Año en la prestigiosa revista *Time*, y cada vez que la veía protestar en los medios, me quedaba más claro que en esta vida silenciarse ante una injusticia no era ni será nunca la solución si deseamos paz, igualdad y prosperidad. Callar no es ni solución ni una opción cuando la Madre Naturaleza golpea y el vecino no ayuda.

Todavía de cobertura en la isla, y ya de noche, regresamos a nuestro hotel, y aquella sensación de encontrar voces capaces de desafiar al peor de los silencios me volvió a invadir. Después de meses intensos donde la política de Estados Unidos se había llenado de mensajes de odio y ofensas a los inmigrantes y a las minorías, múltiples huracanes seguidos de terremotos estaban devolviéndome la fe en la humanidad, en la solidaridad, en el futuro y en el mundo que le voy a dejar de herencia a Anna. Resulta innegable: en los peores momentos es cuando más fuertes se nos escucha.

Precisamente con sus voces, esta otra clase de sobrevivientes que acababa de conocer entre escombros y árboles caídos me confirmaba también que el ser humano es un ser de amor, de diálogo y conexión, y que el odio, el egoísmo y tantos otros sentimientos mezquinos son derivados del miedo. Que las personas nacemos interconectadas, como las inteligentes hormigas, y no separadas unas de otras. Esa separación, esa teoría de que no somos iguales, y que unos somos más que otros, y que no podemos trabajar al unísono por un bien común, surge cuando el miedo nos vence.

Es el miedo el que te hace creer que para lograr tu pedazo de pan tienes que quitárselo al vecino, que para que tú subas, otro tiene que bajar. Que para que tú llegues a la meta, otro tiene que caer en el camino. Que para que tú vivas, otros tienen que morir. De esa egoísta competencia fomentada por el mezquino miedo se derivan todos los demás males: racismo, sexismo, xenofobia y hasta el feminicidio. Para nadie es un secreto que el miedo es el padre del odio. Y ahora, añadiría que del miedo también nace el silencio que apaga voces y asfixia cualquier esperanza de sobrevivir.

—No hemos comido casi nada en todo el día —dijo Andrés, uno de los camarógrafos de Univision, cuando ya casi rozábamos la medianoche, tras esa larga jornada de entrevistas y reportajes por toda la isla.

Por suerte frente al hotel encontramos una pizzería que, con la ayuda de un generador, había abierto sus puertas para empezar a funcionar de nuevo. Junto a David Romo, nuestro productor, y mi colega Pamela Silva nos sentamos y ordenamos el único platillo que tenían. De pronto, alguien conectó unas bocinas, como hacíamos en Istmina durante las fiestas, y la música inundó todo el ambiente.

—¡Mi canción, mi canción! —grité como niña chiquita, al oír que sonaba "Isla del encanto".

Coreando esos bellos versos, los boricuas parecían gritarle al mundo: "Tenemos que recuperar nuestra isla, ¡y lo vamos a lograr! Aunque nadie nos ayude desde Washington, aunque los barcos no lleguen con los víveres, aunque nos lancen rollos de papel de cocina o ignoren el número de nuestros muertos, aunque no inviertan en levantar nuestra infraestructura y reparar nuestras telecomunicaciones, Puerto Rico volverá a ser Puerto Rico".

Días después, me subí a un avión de regreso a Miami con la canción todavía en mi mente, y con la fe de que este pueblo hermano sabría salir adelante. Y a más de tres años de María, lo que sigue resonando en mi mente es que el racismo del gobierno central y la corrupción a diferentes niveles dejaran a la bella isla tan afectada.

De los 64 muertos iniciales de los que hablaban en un principio, la cifra oficial por parte del mismo gobierno de Puerto Rico ascendió a 2.975. Este número lo basan en un estudio elaborado por la Universidad de Washington. Mientras la Universidad de Harvard, en otro estudio paralelo, arroja una cifra de 4.645 vidas perdidas. Según los registros de la Administración Oceánica y Atmosférica (NOAA, por sus siglos en inglés), María está entre los seis huracanes más mortíferos que han tocado el continente americano desde 1900.

A pesar de tantos seres queridos enterrados y llorados, y a pesar del trato discriminatorio que Puerto Rico sufrió desde Washington, la isla no perdió su magia y, sin haber recibido la cantidad de ayuda federal que recibieron otros lugares afectados por desastres, los boricuas hicieron que su isla volviera a caminar y a funcionar, poquito a poco. A pesar de la indiferencia desde el exterior, y la corrupción que acechaba desde el interior, la gente intentó volver a la normalidad, y los megáfonos de alerta y denuncia se fueron apagando, pero no del todo.

Puerto Rico nos tenía guardada una sorpresa que dejaría al mundo asombrado. Un acontecimiento que me haría regresar a esas calles y plazas para presenciar y escuchar la última palabra. Esa palabra que todavía no había sido pronunciada en esta historia de luchar hasta el último aliento.

21

Caravanas que incomodan

Que larga jornada te espera,
para llegar donde imaginas.

Guilver Salazar, autor guatemalteco

Hay silencios que matan, y silencios que salvan la vida. Silencios que ofenden y silencios dignos. Silencio negro, de nuestra piel y de las injusticias que en su nombre se cometen; silencio rojo de quienes mueren sin voz ni justicia. Hasta aquí, ya me había tocado vivir directamente en mi vida y en mi piel, o indirectamente, a través de mi profesión, los muchos silencios que retumban en nuestro mundo.

Sin embargo, a estos silencios todavía me falta añadir otro más, como el silencio transparente, sin color alguno, con el que se visten los inmigrantes para tratar de volverse invisibles desde que dejan su hogar y emprenden camino a lo incierto. Callados: así conocí a muchos inmigrantes indocumentados cuando me mudé a Estados Unidos. Un silencio que se vio interrumpido por un fenómeno tan polémico como real. Me refiero a las caravanas. A esas procesiones que llegan desde Centroamérica hasta la frontera sur de Estados Unidos, y que han generado titulares y escaramuzas políticas junto a los menores cruzando solos y a la separación de familias, con el inhumano encierro de niños y bebés en frías jaulas y celdas.

Durante largas décadas, los inmigrantes en suelo estadounidense y en sus fronteras caminaron sin hacer ruido, por las sombras, envueltos por el silencio, con extrema humildad, casi sin quejarse y así no ser percibidos como exigentes. A lo largo de la historia de las últimas décadas, algunos grupos de inmigrantes se llenaron de valor y reivindicaron algunos beneficios, pero llenos del miedo que les producía ser descubiertos, arrestados y deportados, muchos no eran capaces de levantar su voz.

Ahora, con este fenómeno que se estaba produciendo en la frontera sur, el silencio se iba a terminar, para bien o para mal, y el mundo entero los iba a escuchar, a seguir en sus odiseas, a entrevistar y a ponerles nombres y apellidos. Ya no iban a ser tan invisibles y eso incomodaría y sorprendería a muchos. Como a mí me sorprendió el saludo de una niña entre la multitud:

—Hola, Ilia —su vocecita era de lo más dulce—. ¿Cómo estás? Mira qué tengo.

Ahí estaba, en el improvisado campamento de migrantes en Tijuana, diminuta, feliz, resplandeciente, mostrándome un muñequito de peluche. Martica, hondureña, de ocho años, y con más experiencias de vida que muchos de nosotros.

—¡Qué alegría verte de nuevo, ven, dame un abrazo! —le dije, mientras saludaba también a su madre, a sus dos hermanos mayores y a su papá.

Martica me sonreía con la misma intensidad de la primera vez que se cruzaron nuestros caminos en Puebla, semanas antes, cuando esta primera caravana de migrantes de 2018 hizo un alto en el trayecto. Desde aquella ocasión, se había mostrado alegre y juguetona mientras la entrevistaba. Me coqueteaba con los ojos y se reía.

—Quiero ir a Estados Unidos —me dijo.

—Ah, ¿sí? ¿Y para qué? —le pregunté, divertida.

—Para lograr cosas grandes, y para aprender inglés. — Su respuesta fue precisa y entusiasta.

Hoy, en Tijuana, tres semanas después, percibo a Martica un poco más firme, más madura, pero con la misma inocencia y dulzura.

Como si esta dura experiencia de treinta y cinco días de odisea desde su natal Honduras, y las miles de millas recorridas a pie y en camiones, no le hubieran podido tocar el alma ni cambiar el espíritu.

Observándola mientras juega con los demás niños de la caravana, veo cómo todos la siguen y le hacen caso. ¡Incluso los niños mayores gravitan en torno a ella! Varios adultos preguntan por la niña, igual que yo hice al llegar, y me doy cuenta de que no soy la única que ha caído en las redes de Martica. Unas redes de amor, honestidad y fortaleza. No hay duda de que algunos líderes nacen y luego las diferentes etapas de la vida los terminan de hacer.

Ante mis ojos, Martica resume a la perfección la intención, la naturaleza y el espíritu de estas manifestaciones migratorias. Fenómenos que llegaron a despojar a miles de caminantes de esas vestimentas de silencio, y los pusieron en medio del ojo público.

—Lo tengo todo preparado, doña Ilia. —La mamá de Martica me mostró una carpeta a la que se aferraban como a su vida—. Los documentos para nuestra petición, certificados de nacimiento, todo. Mañana vamos a entregarnos en el puesto de inmigración, para ver si empiezan a procesarnos la solicitud de refugio.

Refugio, una opción totalmente legal que aparece tanto en las leyes federales de Estados Unidos como en las leyes internacionales que la nación estadounidense respeta y observa. El Acto de Inmigración y Nacionalización, revisado y ampliado con el Acto de Refugiados de 1980, determina que todo extranjero puede solicitar refugio si considera que en su país de origen es sujeto de persecución o de violencia. El gobierno de Estados Unidos se compromete, por dicha ley, a proveer asistencia, asilo y protección a aquellos que puedan demostrar que su caso es creíble.

La familia de Martica, junto a otros miles de migrantes asesorados por la organización no lucrativa Pueblos Sin Fronteras, solo buscaba ejercer un derecho internacional reconocido. Otros, como ocurre con estos fenómenos en otras partes del mundo, se valieron de las circunstancias para usar historias enredadas, tergiversadas y derivadas del oportunismo político de nuestros días. La gente que yo vi caminar en esta caravana en la primavera de 2018 iba en busca de refugio de manera legal.

En estos días que llegué a compartir con la llamada Caravana del Viacrucis, pude escuchar de sus propias voces cómo estos hombres, mujeres y niños lo dejaron todo atrás para alcanzar ese sueño tan anhelado: una tierra segura, sin violencia, con trabajo y educación para sus hijos. Yo, desde estas líneas, y con Martica y su familia en mente, reitero que la inmensa mayoría era gente buena, gente normal, como ustedes y como yo. Son personas cansadas de que los saqueen, los violen, les roben y los maten. Cansados de que sus hijos vivan en barrios sin recursos, entre pandilleros que los acosan constantemente, bajo el yugo de dirigentes corruptos que se roban todas sus oportunidades.

—La tierra no da, señorita, ya no da como antes —me repetían unos y otros cuando les preguntaba por qué dejaron su país y se unieron a la caravana—. Con lo que cultivábamos, antes sobrevivíamos con mi esposa y mis dos hijos. Hoy no me da ni para alimentar a una boca.

Es innegable que el campo, desde México hasta la Patagonia, ha cambiado por el calentamiento global, los tratados internacionales, la deforestación y la falta de conciencia entre nosotros mismos. La mejor frase para describir hoy aquellas microeconomías agrícolas que en el pasado daban de comer a millones de familias es: "la tierra no da".

Pero incluso antes de que el campo cambiara, nuestras comunidades hispanas llevaban décadas emprendiendo este viaje a Estados Unidos. Antiguamente, se hacía en solitario, ya que las rutas no eran tan peligrosas. Se dejaba a los hijos con las abuelas, pues los ranchos o los pueblitos eran pobres pero seguros. Una vez instalados en la tierra prometida, enviaban platica para volarlos sanos y salvos a Chicago,

San Antonio o Los Ángeles. Hoy el panorama es diferente, y debemos aceptarlo. El sueño americano ya no es un sueño, es una pesadilla que comienza el mismo día que emprenden ruta hacia la frontera. Por el camino se les cruzan mafiosos, narcotraficantes e intereses políticos. Estos migrantes de toda la vida, cansados de ser asesinados, ultrajados y asaltados en su viaje, iniciaron estas caravanas de Viacrucis hacia el norte, poco a poco, de manera orgánica y natural. En pequeños grupos de cincuenta o cien, se sentían más seguros. Esperando el buen clima, las emprendían siempre en torno a la primavera, a Semana Santa, y por eso las bautizaron con este nombre.

Las caravanas, repito, no son nada nuevo. Son un fenómeno del que se tiene registro hace más de ocho años. La controversia surgió cuando, por razones geopolíticas y económicas, y ayudados por las redes sociales y su poder de convocatoria, el número de migrantes ascendió y se desbordó. Ante la avalancha, el presidente de los Estados Unidos, experto en la estrategia de "lo que ofende vende", o de infundir el miedo, aprovechó el tirón para alarmar a sus votantes y exigir la construcción de ese muro fronterizo, su muy sonada promesa electoral. Trump empezó a hablar de invasión, y ese término tan engañoso acabó de convencer a más de uno para lograr sus intereses.

De pronto, aparecieron "organizadores" que nunca estuvieron ahí. Se despertaron decenas de teorías conspiratorias. Se infiltraron pandilleros, delincuentes, revoltosos y aprovechados entre la multitud, atraídos por la atención mediática y el oportunismo. También hicieron acto de presencia personajes dudosos que comenzaron a alentar a las masas para que se quejaran, gritaran o rompieran barreras para continuar su camino al próximo país. Un grupo de dos o tres mil personas cansadas y desesperadas es fácil de manipular, y así lograron desvirtuar el mensaje de este fenómeno social que, de cierta manera y ante los enemigos de los movimientos migratorios, reflejaba una realidad: la situación insostenible de toda una región del continente que necesita una solución inmediata, y la urgencia de muchos migrantes de protegerse de la delincuencia una vez que deciden emprender el camino al norte.

La familia de Martica no lo dejó todo y se embarcó en esta odisea por un capricho, exponiendo a la niña y sus dos hermanitos a terribles circunstancias. Las personas que así de rápido juzgan, desconocen los detalles de las historias personales de cada uno de estos padres y madres. Desde el sofá, en nuestras cómodas viviendas, es relativamente fácil criticar y pronunciar la típica frase: "Yo jamás haría eso con mis hijos".

Y, después de sentarme a conversar con una jovencita en la misma caravana y de escuchar su historia, corroboré que nunca debemos decir "nunca jamás".

Ella es Génesis, hondureña, de dieciocho años, otra protagonista de esta odisea a la que seguiríamos con las cámaras durante varios días. Génesis me iba a mostrar la fuerza que otorga cargar un hijo en brazos, y me recordaría que no somos nadie para juzgar las decisiones que toma una madre desesperada por salvar a su hijo.

Génesis me contó que escapó de la miseria de su pueblo de Honduras, tras una infancia marcada por un padre ausente y una madre que la golpeaba y la culpaba de todas sus desgracias. A los catorce años llegó a Tapachula, en el sur de México, donde otro adolescente que me presentó como su primo Wilmer la recibió. Juntos se ganaban unos pesos trabajando en tiendas y negocios, cargando bloques con los albañiles o cocinando quesadillas. Les alcanzaba justo para comer. Génesis, una joven inexperta y que no había recibido amor y cuidados, confió en un muchacho que la hizo sentir amada y protegida, y en menos de lo pensado quedó embarazada. El joven se fue en cuanto supo la noticia. Entonces, cuenta Génesis, apareció un pandillero que se enamoró de ella, y comenzó a pretenderla. Al darse cuenta de que estaba embarazada de otro, le dijo sin rodeos: "Cuando nazca tu hijo me voy a deshacer de él. Si vas a ser mía, no puedes tener hijos de otro".

Génesis, aterrorizada, continuó trabajando hasta el mismo día en el que el pequeño César decidió venir al mundo y comenzaron las contracciones. La mujer para la que trabajaba no le creyó, y la jovencita tuvo que dar a luz en el sanitario del almacén. Luego, tuvo que esperar una hora hasta que llegó un doctor a cortar apropiadamente el cordón umbilical. Su principal preocupación, al ver la carita de su César, su bebé tierno y puro, no fue el baño donde se encontraba, lleno de gérmenes y bacterias. Su miedo era el pandillero, allá afuera, que pronto se enteraría de la noticia. Para colmo, su jefa le dijo que le bajaría el sueldo a partir de ese día, porque con un bebé a cuestas no podría rendir igual en el trabajo.

Con los dolores de postparto todavía presentes y su bebé envuelto en la única cobijita que tenía, la joven madre habló con Wilmer, y los dos decidieron unirse a la caravana que estaba a horas de partir. Es en Tapachula donde migrantes de todos los países de Centroamérica se dan cita, y desde ahí inician su viacrucis.

—Lo que yo quiero es no seguir sufriendo, que mi familia no sufra más, esa es mi inspiración, y poder ayudarlos —me explicaba Wilmer mientras ayudaba a cargar al diminuto bebé de Génesis, de apenas cinco semanas de nacido.

—No somos terroristas —añadía la jovencita—, yo voy para Estados Unidos porque quiero que mi hijo viva y que en el futuro no tenga necesidad de andar pidiendo, no tenga necesidad de andar en estas cosas.

Tras doce horas de autobús, y con el bebito siempre en brazos, Génesis y Wilmer llegaron a una iglesia de acogida en la plaza central de Puebla, donde dormirían en una colchoneta delgada en el suelo. Al día siguiente, retomarían el camino bajo el intenso sol, con el temor de tropezar debido al cansancio y que César se les cayera de las manos.

Sin bloqueador solar, y aunque lo cubrían con la cobija, el bebito ya tenía la frente quemada por el sol.

Tristemente, un año más tarde, en las siguientes caravanas, el fenómeno de viajar con niños se popularizaría entre los caminantes. El rumor llegó a los países centroamericanos: presentarse con un menor de edad a la hora de pedir refugio en la frontera era una especie de pasaporte para que garantizaran su entrada a Estados Unidos. Lo cierto es que no era así en todos los casos y Génesis lo iba a experimentar muy pronto.

A este punto, y con el corazón destrozado por tantas historias de dolor, tuve que regresar a Miami a continuar con otras asignaciones del Noticiero Univision. Al menos contábamos con un número de teléfono móvil que cargaba Génesis para poder contactarlos una vez que llegaran a Tijuana con el resto de la caravana. Quedamos de vernos allá, en su destino final, antes del gran momento: la petición de refugio frente a los agentes fronterizos.

A los diecinueve días exactos volví a México a continuar el seguimiento de la caravana, que ya se encontraba en Tijuana. Aterrizamos en San Diego, California, y manejamos hasta el otro lado de la frontera.

Marcando ese número, conseguí reconectar con la dulce e ingenua mamá, en el improvisado campamento para los migrantes habilitado justo frente a la garita fronteriza.

—¿Cuándo te vas a entregar a los agentes de inmigración? —le pregunté, ansiosa por saber cuál sería su destino.

—No, no puedo. Mi primo ya cruzó. No me dejan porque mi bebé no tiene certificado de nacimiento. —La joven mamá no pudo controlar las lágrimas.

Así son las leyes. César es indocumentado en Estados Unidos, en Honduras e incluso en el mismo país donde vino al mundo, México. El pequeño no nació en un hospital y ella, en su inexperiencia, nunca lo registró ante las autoridades como su hijo. Por lo tanto, no se podía procesar su solicitud de refugio.

—Me vuelvo para Tapachula; aquí en Tijuana no conozco a nadie. Voy a trabajar un poco allá, sacarle el certificado de nacimiento a mi hijo, y luego lo vuelvo a intentar en otra caravana. —nos dijo Génesis, aunque no sonaba muy convencida de su nuevo plan.

Le dije que no perdiera ese teléfono, que quería contactarla otra vez. Tal vez hubiera algún organizador o miembro de Pueblos Sin Fronteras que pudiera aportar otra solución al problema que enfrentaba.

A la mañana siguiente, me dispuse primero a buscar a Martica porque querían que la niña contara su historia en el programa *Al Punto*. Unos conocidos me dijeron que toda la familia se había entregado ya, para pedir oficialmente refugio, a tempranas horas en la garita de San Ysidro. ¡No me pude despedir!

A Génesis la llamé, y logré comunicarme con ella un par de veces, hasta que su teléfono prepago dejó de sonar. Sentí una punzada en el corazón. ¡Génesis es una niña criando a un bebé! Es un alma buena que no sé si sobrevivirá otra vez esta dura travesía, o si se topará de nuevo con aquel pandillero que le juró que mataría a su bebé. No sé si algún día logrará reconciliarse con su madre, a quien sigue amando y extrañando. No sé si la vida le dará una tregua y la dejará dormir sin temores ni carencias.

Génesis no había tenido la oportunidad, la de pedir refugio y paz. No siempre la vida te da dos.

Regresé a Miami, terminadas mis asignaciones en la frontera. A pesar del sentimiento de impotencia, me llevé otras sensaciones de esta polémica caravana que levantó titulares en todo el mundo. A través de historias como las de Génesis, César, Wilmer y Martica, reconfirmé que existe una genuina necesidad entre quienes escapan de la violencia y las persecuciones en sus países. Que organizados, no somos perfectos, pero somos mejores. Que de situaciones como estas emergen y se forjan grandes líderes. Que el poder de una madre o de un padre ante la adversidad es infinito. Y que son más las cosas que nos unen que las que nos separan, aunque algunos, desde el púlpito público, nos sermoneen lo contrario para su beneficio político.

Estas caravanas que muchos ven como actos desesperados de los más necesitados, o actos desesperados de los más interesados, no son más que actos de esperanza. Son una manera más de romper silencios de todos los colores, y gritarle al mundo: ¡miren, este es nuestro viacrucis!

Cinco meses después, recibí un correo electrónico del papá de Martica. Me contaba que estaba todavía en México, que no pudo acogerse a las leyes de refugio, pero que su esposa Ana, Martica y los dos varoncitos ya estaban del otro lado; que al menos a ellos nunca los separaron de la mamá, en contraste con lo que les ocurrió a otras familias; que a Martica y sus hermanitos no los pusieron en frías jaulas, como les estaba sucediendo a cientos de menores, bajo la inhumana política de cero tolerancia del gobierno de Trump. Su esposa y sus hijos tuvieron mucha suerte, y pronto los dejaron ir a Nueva Orleans, donde vive una de las abuelas de los nenes.

Al terminar de leer a este correo lo contesté, solicitando algún número de teléfono. Quería volver a escuchar la voz de Martica.

—¡Hola, sorpresa! ¿Sabes quién soy? —le pregunté cuando su mamá la puso al celular.

—Hola, Ilia, *how are you?* —me contestó con su acostumbrada alegría, y con más decisión y madurez que la última vez que nos vimos—. ¿Ves? Ya estoy aprendiendo a hablar inglés, como te prometí.

Mientras escuchaba las historias sobre su nueva escuela, su abuela y sus hermanitos, me la imaginaba en veinte años, como congresista en Luisiana, o como primera gobernadora latina de ese bello y diverso estado, o como una gran líder que lleva en su voz las de aquellos que temen usarla.

Al colgar, no sin antes prometer que seguiríamos en contacto, no pude evitar pensar en el teléfono de Génesis. Volví a marcarlo, una vez más, sin mucha esperanza. Nadie contestó. Llamada perdida.

A Génesis la volvió a cubrir ese manto de silencio que la hizo de nuevo invisible. Al menos, bajo el sol y las caminatas de la caravana, la pudimos ver, la pudimos escuchar, aunque solo fuera por unas horas. Existió, se hizo realidad. El mundo entero supo de su odisea, y supo su nombre y apellido: Génesis Martínez.

A casi dos años de haber vivido esta aventura, y haber caminado con Génesis, la separación de menores de sus padres y sus madres en la frontera se ha convertido en regla oficial. Ya nadie se salva. Son miles los niños, e incluso bebés que no han sido reunificados con sus padres. Con constantes denuncias de acoso sexual, y sus vidas en jaulas o en centros carentes de los más básicos recursos, me da por pensar que tal vez el bebito César esté mejor allá donde se encuentre, en los brazos de Génesis. Porque el sueño americano de su joven madre ha quedado reducido, hoy por hoy, a una jaula de fríos barrotes.

22

Silencios de ley

Donde hay poca justicia, es un peligro tener la razón.

Francisco de Quevedo

—*Pasando páginas* —me sugirió una amiga mientras buscaba un libro para comprarle a Anna—. Es el nuevo de la jueza Sonia Sotomayor.

—Pero, ¿será para niños? El otro lo escribió para más grandecitos —le pregunté para asegurarme de que Anna, ahora que apenas había cumplido los cinco, lo podría leer y disfrutar.

—Sí, esta vez Sotomayor está publicando un cuento que les va a gustar a los más pequeños —me aclaró—. Cómpraselo a Anna.

Tras esta conversación y esta recomendación, me despedí de mi amiga, y llegué a la oficina donde me esperaba el "cuentico" de otro juez. Solo que este no se lo podré contar a Anna hasta que crezca un poco más y comprenda lo complejo que es el mundo de la justicia terrenal. Para un niño, el bien y el mal son polos opuestos y definidos: tirar la comida al suelo está mal, comerte lo que te pone tu mami en el plato está bien. Para los adultos, lo correcto y lo incorrecto se pinta con muchos y complicados matices, como ocurriría con la nominación y confirmación de este nuevo juez.

Tras más de un año de retraso por juegos políticos, había llegado el momento de llenar la silla que había dejado vacante Anthony Kennedy en la Corte Suprema de los Estados Unidos. Y esta tarea final apuntaba a que no iba a ser nada fácil. En gran parte porque un gran silencio tendría que romperse, con la ayuda de la voz de una mujer.

Estábamos en septiembre de 2018, y en todos los correos electrónicos y en las pantallas de la redacción, el rostro y el nombre de Brett Kavanaugh acaparaba la atención. La polémica llevaba en pie desde agosto, pero ahora entraba en la recta final. En pocos días, el Senado debería ratificar a este juez propuesto por el presidente Donald J. Trump como próximo miembro vitalicio a la máxima corte. Parecía una batalla ganada, y un nombramiento inminente, hasta que una mujer lo acusó de haberla asaltado sexualmente cuando ambos cursaban la secundaria. La acusación iba en serio, de voz de una mujer profesional, de buena reputación, y el Comité Judicial del Senado, después de muchas deliberaciones, la citó para que compareciera y expusiera su versión.

De lunes a viernes montamos guardia frente a los monitores desde donde nos llegaba la transmisión en directo de cada palabra que se decía en esa sala del comité, donde se decidiría sobre la investidura de un nuevo magistrado, y donde el país entero se enfrentaba en un pulso político y de opinión pública. Del resultado dependería que el comité judicial permitiera que la votación sobre Kavanaugh pasara al Senado, donde, por mayoría republicana, sería sin duda aprobado.

La explosión del movimiento #metoo había llegado a sacudir la capa más alta de poder de esta nación. Y, de nuevo, las conversaciones entre amigos en los cafés, en las tiendas y en las redes sociales, se convirtieron en verdaderos torneos de fútbol donde tenías que lucir camiseta: de la doctora Christine Blasey Ford o la del doctor Brett Kavanaugh. Los muros y perfiles de Instagram y Facebook se pintaron con las banderas de "yo le creo" o "yo no le creo".

Quienes seguíamos las audiencias, tomábamos nota de cada gesto y cada frase que venía de los protagonistas de la historia. Desde la voz temblorosa de la psicóloga profesora que recientemente había salido del anonimato en el que vivía en California, hasta las expresiones de furia del magistrado, incapaz de contener su frustración. Al final de esa larga mañana, cuando ambos concluyeron sus declaraciones, y tras exponerse a las preguntas de un bando y del otro, la sensación en la redacción y entre mis colegas era de total confusión. ¿A quién creer?

El viernes llegó el veredicto del comité: no se detendría la postulación de Brett Kavanaugh, y en pocas horas cada senador emitiría su veredicto. Así, envuelto en la sombra de lo incierto, Kavanaugh fue ratificado con tan solo dos votos de margen, y se convirtió en el nuevo juez de la Corte Suprema de los Estados Unidos. Con él, esa duda también fue investida con toga incluida: la duda que la doctora Ford plantó en todas las mentes del país, le creyeran o no.

Con esa misma duda profunda quedé yo, intentando entender el momento histórico que acabábamos de presenciar. Por un lado, la explosión y el oleaje ocasionado por el #metoo, el #yotambién y el Time's Up. Por otro, la doctora Ford regresando a su casa, a esa vida que ya nunca será la misma para ella, mientras entre muchos quedaba la sensación de que, a partir de ahora, nuestros jóvenes creerían que no valía la pena denunciar el acoso, pues no les iban a creer.

El país ya tenía nuevo juez, premiado y coronado, y el país también tenía nueva heroína: una mujer que rompió el silencio y levantó su voz aunque el precio que pagaría terminó siendo muy alto.

Kavanaugh se presentó días después de su nombramiento en la convención anual de la Sociedad Federalista en Washington, y recibió una gran ovación de todos los abogados presentes, puestos en pie. Mientras, Ford continuaba recibiendo amenazas de muerte e insultos muy serios que la forzaron a ocultarse y a cambiar su vida radicalmente.

A las dos semanas de la crisis Kavanaugh-Ford, mientras me concentraba en preparar mi viaje a La Haya, donde había sido invitada a moderar un panel sobre refugiados en el One Young World, mi trabajo me regresaría de nuevo al tema de la Corte Suprema, y a sentarme cara a cara con uno de sus miembros. Solo que esta vez sería en un escenario muy diferente y en un contexto muy especial.

—Ilia —me llamó la productora Claudia Rondón, cuando empacaba mi maleta para viajar a Europa—, conseguimos una entrevista con Sonia Sotomayor. Jorge Ramos quiere que tú la entrevistes en español, y él en inglés.

Quedé en silencio. Ya estoy acostumbrada a los gestos de generosidad de mi compañero, pero esta vez Jorge me estaba brindando la oportunidad de sentarme con la hispana más influyente del país más poderoso de este planeta. ¡Una oportunidad maravillosa! A pocos días de la intensa polémica del nombramiento de Kavanaugh, la magistrada Sotomayor era una de las voces más buscadas. Al igual que los otros miembros de la Corte Suprema, no concede muchas apariciones en los medios, a pesar de que sus posturas y conceptos en los casos que llegan hasta el Tribunal Supremo generan gran expectativa y un sinnúmero de opiniones e interpretaciones.

Me informaron que Sotomayor accedió a reunirse con nosotros con motivo de la publicación de su nuevo libro ilustrado para niños, *Pasando páginas*. ¡El libro! Recordé que todavía no se lo había comprado a Anna.

—Me encantaría entrevistarla, pero justo el viernes salgo para La Haya, no sé si alcance… —le dije directamente a Jorge, agradeciéndole primero su generosidad.

—Por favor, trata de acomodarlo todo antes de tu viaje; esta entrevista es muy importante para ti —Jorge me animaba, como siempre.

Sin pensarlo más, retrasé un día mi salida hacia Europa, hice las maletas y cambié mi ruta a La Haya con escala en Nueva York, donde nos recibiría la magistrada Sonia Sotomayor. Al llegar a la *suite* del hotel que habían elegido para nuestro encuentro, Jorge me volvió a sorprender con otro gesto.

—Ilia, tú vas primero —me indicó cediéndome la silla, antes de que llegara la magistrada.

En este arte de las entrevistas, el que va primero puede robarse más tiempo, y el que va el último corre el riesgo de quedarse corto de minutos. Pero Jorge sabe bien que a él cinco minutos le sobran y le bastan para sacarle el jugo a cualquier situación.

Sentada, me acomodé la chaqueta, me arreglé el pelo una vez más y de pronto entró ella. Una mujer sencilla, bajita, con poco maquillaje y una enorme sonrisa. Su vestido negro con flores amarillas, su bolso, todo era normal. Su voz al saludar era normal. Su manera de dar la mano era normal. Podría haberse tratado de cualquiera de las miles de señoras con las que nos cruzamos a diario en la tienda, en la escuela, en la oficina del médico o en la fila del banco. Me puse en pie para recibirla y la invité a sentarse frente a mí.

—¿Quiere que le retoquen el maquillaje? —le ofrecí antes de iniciar.

—No, solo el cabello, pero que no me vayan a alisar mis crespos, por favor. —La magistrada se mostraba orgullosa de su herencia caribeña.

De pronto, una vez que la mujer normal, con ropa normal, actitud normal y se sentó, observé el cambio y la transformación más poderosa. La señora bajita y sencilla de sonrisa agradable se convirtió en la gran magistrada de la Corte Suprema: fuerte, brillante, poderosa. No fue su mirada, ni necesitó cambiar el tono de voz o su actitud hacia mí. Fue algo invisible. Es una energía que solo la gente acostumbrada a manejar el poder a grandes niveles sabe proyectar. Sonia Sotomayor creció ante mis ojos y se hizo enorme. Admito que estaba un poco nerviosa, y no me molesta reconocerlo. Más bien lo siento como una muestra del respeto inmenso que me inspira. Y ella, como hace la gente que no duda de su preparación ni de sus capacidades, me dejó saber con esa misma sonrisa amable que todo estaba bien.

Otros seres con poder, o que creen que lo tienen, se aprovechan de esos instantes, de las fuertes impresiones que causan en los demás, y por unos segundos recordé a Barker, cómo me recibió en su casa de Carolina del Norte, y cómo había usado esa energía de control para tratar de intimidarme, para hacerme sentir inferior por el color de mi piel. Los seres dañinos quieren infundir inferioridad. Los seres positivos infunden seguridad. Y Sonia Sotomayor, lo puedo atestiguar, pone el poder y la inteligencia que posee al servicio y beneficio de quienes la rodean. Un extraño arte que esta mujer criada en las calles del Bronx maneja a la perfección.

—Bueno, ¿cómo han sido los primeros días en la Corte con la llegada del nuevo miembro de la familia, el juez Brett Kavanaugh? —me atreví a preguntarle sin más rodeos.

—Entre colegas siempre hay una bienvenida, es un miembro nuevo de nuestra Corte —me respondió sin abandonar su rol de juez, haciendo pequeñas pausas—. Tenemos que trabajar con él de manera amistosa. Todos le dimos la bienvenida.

Su respuesta fue tan política que no me convenció. Me cuesta creer que, al entrar Kavanaugh en su primer día de trabajo al salón de jueces en el número uno al noreste de la calle Primera en Washington, donde lo esperaban los otros ocho miembros de este club tan selecto, ninguno levantara una ceja, tosiera sin ganas o cruzara miradas furtivas.

¡Tanto por decir, tan pocos minutos y tan poca libertad! De la jueza Sotomayor se espera que se ciña a las evidencias e interprete su libro favorito: la Constitución de los Estados Unidos, un librito que carga consigo allá donde va. Mi rol es reportar, comunicar, cuestionar, y guardarme mi opinión. Al fin y al cabo, represento a todo un equipo y a una comunidad que confía en nosotros. Cruzar esas líneas sería peligroso para ambas, pero Sonia, para mi sorpresa, decidió hacerlo cuando pasé a mi siguiente pregunta.

—Después del azote del huracán María, ¿le parece justo el trato que ha recibido Puerto Rico?

—No estoy supuesta a hablar de política, pero esa pregunta te la contesto: no, Puerto Rico todavía necesita mucha ayuda. Lo triste es que tenemos que reconstruir la belleza de la isla. Y para eso necesitamos mucha ayuda y no se está recibiendo. Para mí, eso es algo que siento mucho.

Sonia Sotomayor constató lo que millones de otros puertorriqueños dentro y fuera de la isla opinan: la administración actual y el resto de las autoridades no están ayudando al nivel que este territorio estadounidense, cuna de sus padres y de sus abuelos, necesita y merece. La magistrada se quitó la toga de juez por unos segundos para expresar su pesar, y no la culpo. Lo mismo me sucedería a mí si me preguntaran por mi Chocó, o mi Colombia. De nada sirven títulos ni reglas cuando es tu gente la que sufre.

Pronto, la diminuta y amable mujer regresó a su papel de juez que mide lo que dice, y decidí preguntarle precisamente al respecto: ¿cómo conlleva diariamente la difícil tarea del manejo y del peso de tanto poder en sus manos? ¡Es una responsabilidad enorme!

—Lo difícil de ser juez es que cada vez que tomo una decisión hay una parte que ha ganado, y eso significa que hay otra parte que ha perdido —concluyó, y me dedicó otro de sus breves pero profundos silencios.

Pensativa por todo lo que me dijo, pero más por lo que calló, le hice dos preguntas más sobre su libro y nos despedimos amistosamente. Jorge esperaba para ocupar mi silla e iniciar su entrevista.

Después de este encuentro, visité el Bronx y el complejo de apartamentos donde Sonia pasó su infancia. Caminando por esas calles que la vieron crecer, sus últimas palabras resonaban en mi cabeza: "Siempre hay otra parte que pierde". En este mundo donde todos queremos tener la razón, no nos damos cuenta de que para ganar, otros tienen que perder. Siempre salen unos afectados, aunque hagamos lo correcto y luchemos por lo que es justo.

Esa noche, sentada en el avión que me llevaría hasta La Haya a tiempo para mi presentación en una conferencia con jóvenes de diferentes continentes, llamé a Gene y compartí con él mis preocupaciones.

—No hablamos mucho de Kavanaugh, me respondió demasiado diplomáticamente y es lo que la gente quería saber. Me quedé con tantas preguntas sin hacer…

—*Babe*, vete tranquila —Gene ya está acostumbrado a mis duras autocríticas—. A veces las cosas salen como quieres y otras veces no. Así es la vida. Enfócate ahora en tu viaje y tu presentación en La Haya. Anna y yo te vamos a esperar con los brazos abiertos.

—Gracias, mi amor —y de pronto me acordé del libro otra vez—. ¡Asegúrate de comprarle el libro de Sotomayor a Anna! Muéstrale la foto y dile que mamá la entrevistó. A mi regreso yo misma le contaré más.

Al volver de mi largo viaje, le contaría a mi hija más cuentos de jueces, justicia, leyes y cómo unos pierden para que otros ganen, y que tal vez por eso no nos deberíamos de alegrar inmediatamente tras una victoria sin conocer la historia de aquellos que salen derrotados.

Solo espero que el juez Kavanaugh tenga siempre presente que, para que le creyeran a él, tuvieron que dejar de creerle a ella. Que para lograr su tan deseado nombramiento, la doctora Christine Blasey Ford tuvo que experimentar cuestionamientos crueles y un gran rechazo, y que su vida y la de su familia nunca más serán las mismas. Que él seguirá hablando y haciendo valer su voz y sus opiniones desde esa silla de juez tan poderosa, mientras que ella regresa al silencio que la acompañó tantos años. A ese silencio que asfixia.

23.

La última palabra

Orgullo tengo de ustedes,
mi gente siempre responde.

Johnny Pacheco, "Mi Gente"

—¡Me ahogo, me ahogo! —intenté gritar, pero nada salía de mi boca. Era de noche y el ruido en la calle resultaba ensordecedor. Me sentía mal. Muy mal. Me faltaba el oxígeno, me ardían los ojos. ¡No podía respirar! Caí de rodillas al suelo y busqué de donde agarrarme. ¿Qué hago, Dios mío, qué hago? era mi única preocupación. Con mis labios cada vez más hinchados, la garganta irritada, me costaba pasar aire por las fosas nasales y, cuando creí no poder más, comencé a toser fuertemente y un poquito de oxígeno se coló en mis pulmones.

Evelyn y Juan Carlos no paraban de toser cerca de mí, nos miramos y supimos que íbamos a salir de esta, aunque por unos minutos hubiéramos sido presa de la impotencia que causa no poder respirar. Como la impotencia que deben sentir quienes no pueden hablar, denunciar abusos, injusticias y crueldades. El sofoco, el ahogo del grito de auxilio que muere en la garganta. Y Puerto Rico, entre bombas lacrimógenas y manifestaciones solo comparadas con las que forzaron la salida de la marina estadounidense de la isla de Vieques, estaba a punto de toser fuerte y dejarse oír en todo el planeta.

—Toma, enjuágate con esto. —Uno de los dos jóvenes que vivía en el apartamento desde cuyo balcón nos disponíamos a transmitir en vivo para le edición nocturna del *Noticiero Univision* comenzó a rociarme la cara con una mezcla de agua con jabón de platos y aceite vegetal.

El joven y su novia se preparaban todos los días desde que empezaron las protestas con una receta casera, y equipándose con máscaras que ellos sí habían alcanzado a ponerse cuando estalló la bomba de gas lacrimógeno en el balcón.

Todavía aturdidos, y sin poder abrir los ojos completamente, Evelyn alcanzó el celular y marcó a la sala desde donde se controlan las producciones en Miami. Segundos antes de empezar mi informe en vivo, en ese antiguo balcón de una calle aledaña a la plaza donde se levanta la Fortaleza, nos había alcanzado una de las bombas lacrimógenas que la policía lanzaba a la muchedumbre. No podemos afirmar que el pequeño artefacto estuvo dirigido hacia nosotros, pero cayó a nuestros pies, en un segundo piso, muy por arriba de la manifestación. Nuestro productor, David, siempre inalterable y de inteligencia práctica, reaccionó desde Miami con una velocidad y un aplomo que nos dio seguridad y tranquilidad, y en cuanto me vio desaparecer de cuadro, segundos antes de mi intervención al aire, ordenó que siguieran grabando en la sala de control lo que transmitía la cámara que Juan Carlos había dejado en el piso encendida, y me dirigió a la línea telefónica: "Habla, Ilia, habla, como puedas, te escuchamos, si no se puede por la pantalla lo haces por el teléfono".

Así, con voz entrecortada por los nervios y la tos que todavía regresaba a mi garganta, me escucharon nuestros televidentes, de costa a costa, en toda la Unión americana. Y yo, todavía de rodillas, dentro del apartamento en el que nos metimos para refugiarnos del gas, no reconocía ni mi propia voz. Una voz ronca, áspera, como si me hubiera tragado un enorme tarro de pimienta negra. Seguí hablando como pude: "El pueblo puertorriqueño está harto, no se da por vencido, nadie abandona las calles hasta que logren la renuncia de su gobernador, Ricardo Rosselló. Las fuerzas policiales llegaron con megáfonos para dispersar a la multitud que se manifiesta pacíficamente en un movimiento histórico sin precedentes".

En cuanto terminé la transmisión telefónica con nuestro noticiero, tuve tiempo de limpiarme mejor la cara del agua y el jabón que todavía goteaban por mi cuello y, mirando a mi alrededor en el apartamento en el que nos encontrábamos, entendí dos cosas que ya sabía, inconscientemente. Una, que mi equipo, Juan Carlos Guzmán, camarógrafo experimentado, y Evelyn Baker, productora entregada y valiente, ambos con los ojos rojos y los labios inflamados como yo, eran mi familia en ese momento, no solo mis colegas. Hay experiencias que te unen más allá de lo laboral, y no me cabía la menor duda al respecto. La otra fue que Puerto Rico estaba a punto de hacer historia. El pueblo boricua, desde la calle, iba a lograr derrocar a su gobernador.

Dos años atrás, después del huracán María, yo había visto esa isla sumida en la necesidad, en el abandono institucional y la corrupción, pero la dejé entonando un canto de esperanza al ritmo de la música que tanto me gusta. Hoy los puertorriqueños, acompañados de ese mismo ritmo, iban a reivindicar todo aquello por lo que sufrieron. La música no iba a parar. Estábamos a punto de escuchar la última palabra en todo esto. Porque, aunque pase el tiempo y todo parezca perdido, la última palabra todavía estaba por decirse.

Esta odisea comenzó para nosotros el mismo día en el que nos cayó el gas lacrimógeno. Era lunes, y apenas habíamos llegado a San Juan para iniciar nuestra nueva asignación. "Te vas para Puerto Rico y ahí te quedas hasta ver qué pasa", me dijeron los jefes en Miami. El número de manifestantes frente a la legendaria Fortaleza, la casa de gobierno en el Viejo San Juan, aumentaba con el paso de las horas, y aunque ya teníamos corresponsales presentes desde el primer día, la noticia y el movimiento popular subían como la espuma.

El origen de tanto descontento había sido el contenido de unos mensajes del gobernador Rosselló que se filtraron a los medios y que eran objeto de seguimiento por parte del Centro de Periodismo Investigativo de Puerto Rico. En los mensajes filtrados, el dirigente insultaba sin rodeos a su adversaria política Carmen Yulín Cruz, aquella misma mujer que conocí al mando de la alcaldía de San Juan en mi cobertura tras la destrucción de María, y que hacía unos meses había presentado su candidatura a la gobernación para las elecciones de 2020. ¡Roselló se refería a esta adversaria como "hijaeputa"! También insultaba al artista Ricky Martin, tachándolo de machista patriarcal, y arremetía contra su orientación sexual. Pero lo más horrendo y cruel: se burlaba de los fallecidos a causa del huracán. Los llamados "Rickyleaks" o "Telegramgate" dejaron en evidencia algo mucho más grave: toda una extensa red de corrupción y malversación de fondos destinados a salud y educación pública, por nombrar algunas de las trasgresiones listadas en esa larga cadena de textos entre él y sus colaboradores.

Estas filtraciones fueron la gota que colmó la taza, la mecha sobre el polvorín de corrupción e impunidad que se había acumulado entre las dependencias del gobierno desde antes incluso del paso del huracán. E iban a ser la chispa que haría estallar el hartazgo generalizado de todo un pueblo. Este fenómeno no era producto de una causa política de este ni del otro bando. Así lo percibí en cuanto bajamos del avión y nos perdimos por las calles de San Juan en busca de un balcón donde poner nuestra cámara y transmitir. Un movimiento de cientos de miles de almas se manifestaba frente a nosotros, por las aceras y las avenidas, cantando, bailando, coreando y aporreando cazuelas y tambores, sin ningún sello ideológico específico. Las multitudes no estaban siendo organizadas por ningún sindicato ni líder público. Era un acontecimiento que yo jamás había presenciado. Los ciudadanos salían de sus casas y negocios de manera orgánica, y se sumaban a la marea de gente sin importar raza, religión o estatus económico. La necesidad apremiante de denunciar los abusos que había sufrido la isla era mucho más fuerte que cualquier división social. Luego, rostros de famosos aparecieron para apoyar, como los de los propios Ricky Martin, Olga Tañón, Bad Bunny y Karla Monroig, entre otros. Pero el movimiento comenzó de manera orgánica y popular: primero con decenas de personas que se unieron para protestar frente a las puertas de Fortaleza, y cuando estos pocos se dieron cuenta, había más de medio millón de compatriotas detrás de ellos, pidiendo lo mismo: "¡Ricky, renuncia!".

En cuanto llegamos a la plaza, mis ojos se pasearon por la multitud: abuelos, niños, adolescentes. ¡Tampoco había edad que quedara excluida! Lógicamente, los que ganaban en número eran los jóvenes, como aquellos estudiantes que capitanearon el Youth Uprising en Soweto. Siempre son los jóvenes los encargados de alzar la voz y luchar por el cambio. Cientos de miles de jóvenes en un baile perfecto en el que no iban a permitir ni siquiera a Carmen Yulín, una de las principales ofendidas del repudiado Roselló, beneficiarse políticamente del momento. ¡Esto no era una batalla partidista! Era un "ya basta" desde el corazón del pueblo.

Y, para sorpresa de muchos que vieron las imágenes de miles de cuerpos bailando, ondeando banderas e improvisando ambientes festivos en cada esquina, tampoco se trataba de una celebración, ni de un grupo de aprovechados en un *party*, porque hasta noche de perreo hubo para protestar.

Lo que al mundo le costaba entender era el idioma de protesta de toda una isla que vive, ríe, llora y lucha con el lenguaje que mejor conoce: la música. A mí no me sorprendió, ni dudé de que se trataba de una manifestación en regla que terminaría con serios resultados. Solo me bastó viajar en mi memoria, dos años atrás, para recordar al veterano sobreviviente de María, cantándonos en su casa casi destruida, o la música con la que nos despidieron la última noche con un generador en aquel pequeño restaurante. Ahora era toda la isla la que cantaba y bailaba.

Los sonidos y los ritmos me transportaron de inmediato a mi Chocó. En mi corazón se volvía a unir mi tierra con esta isla. Recordé que el 26 de mayo de 1987, cuando yo era adolescente, se desató en mi región una revuelta popular parecida a esta, con un paro que duró dos días. A mí no me dejaron participar porque era muy niña, pero miles de chocoanos salieron a las calles, cansados de tanto abuso institucional y de tanto abandono. Y lo hicieron con actos culturales, danzas, chirimía, poesía, sin olvidar las arengas. Igual que a Puerto Rico, nos llovieron las críticas, y hasta la entonces gobernadora, Eva Álvarez de Collazos, tildó las manifestaciones de "una revuelta de negros con tinte folclórico". Estas palabras enardecieron más los ánimos, y la protesta escaló a enfrentamientos con la policía que, desafortunadamente, terminaron con la muerte de un joven de veintitrés años.

Mi prima Flor, mayor que yo, se unió a esas manifestaciones en mi tierra, y a pesar de que nada se cumplió del pliego de acuerdos que firmaron las autoridades, ella se sentía victoriosa porque, aunque nada cambió (ni ha cambiado en estos más de treinta años), por lo menos lo intentaron con todo su corazón, con todas las fuerzas que empujaban el hartazgo de miles de jóvenes sin partido que exigían un cambio al grito de: "Ni por el más, ni por el menos, ni por el putas retrocedemos". ¡Cuánto me hubiera gustado que algo así, como lo que ahora estaba viendo con mis propios ojos por las calles del país boricua, se repitiera en mi olvidado y necesitado Chocó!

De vuelta a las calles del Viejo San Juan, y al presente del pueblo puertorriqueño, tuvimos que apresurarnos para continuar con nuestro trabajo. Preguntando a unos y a otros, dimos con una joven, Lisandra Montañez, que rentaba junto con su novio un pequeño estudio en una calle a varios metros de la plaza principal, y les pedimos que nos dejaran usar su balcón para trabajar. Desde allá arriba, lejos de las ruidosas banquetas, podríamos apreciar la magnitud de la protesta. Ese balcón sería nuestro centro de operaciones durante las siguientes cuarenta y ocho horas decisivas.

Fue entonces, de repente, cuando pasó un helicóptero, barriendo a la multitud de la calle con un potente reflector, a la vez que, desde tierra, oficiales con un altoparlante les pedían que desalojaran, que se dispersaran, porque era ilegal estar congregados. Sin tiempo a reaccionar, y dando el conteo para salir al aire, vi la bomba lacrimógena en cuestión caer justo a los pies de Juan Carlos, quien estaba concentrado en el lente de la cámara. De nada sirvió correr hacia adentro del apartamento y cerrar los ventanales y las puertas. El gas ya nos había alcanzado, y además se coló por las rendijas del sistema de ventilación natural que esas antiguas casonas del siglo XVIII tienen sobre el marco de las puertas. ¡Y las máscaras para protegernos del gas que Univision nos había entregado se nos habían quedado en el carro! Las olvidamos en el afán de encontrar un lugar desde donde trasmitir.

Esta no sería la única ocasión en la que los gases nos alcanzarían. Esa misma noche, contamos más de diez bombas en la estrecha callejuela, y cada vez, el gas llegaba hasta nuestro balcón. Casi a las tres de la madrugada, aprovechando que el grupo de jóvenes que se enfrentaba a la policía se había replegado un poco, decidimos salir del apartamento y regresar a nuestro hotel, arrastrando varias maletas de equipos de luces y cables. Y ahí, en el medio de la calle, volvimos a sufrir las ráfagas de gas pimienta que el viento arrastraba hacia nosotros.

Al día siguiente, cuando las fuerzas antidisturbios se calmaron un poco al ver que el pueblo no cedía, logré caminar toda la plaza y llegar hasta la barricada, junto a la casa del gobierno. En el camino, conocí a personajes únicos, como el joven Bryan Hernández, casi un adolescente, quien cada mañana, puntual, llegaba, se trepaba en la barricada y ondeaba una enorme bandera puertorriqueña durante horas sin descanso. El pueblo llevaba once días de protesta y Bryan once días agitando la bandera. Ese fue el papel que decidió asumir con el apoyo de sus padres, y se lo tomaba muy en serio. "Lo hago por mi mamá y mi papá, que están en casa y no pueden venir. Mi papá está en diálisis, es paciente renal y sufrió mucho con la corrupción después de María", nos explicaba emocionado. "Y de aquí no me voy hasta que se vaya Roselló".

En otro rincón de la plaza, apareció en un balcón un señor mayor, de unos ochenta años, vestido de manera impecable. Desde su segundo piso alzaba una copa de vino y brindaba con el pueblo, animándolos a seguir protestando.

Cuantos más protagonistas conocía, más fuerte se tornaba mi corazonada: lo iban a lograr. El gobernador iba a dimitir de su cargo, y la voz de la ciudadanía, por primera vez en la historia de Puerto Rico, y tal vez de muchos de los países vecinos, iba a ser más rotunda y efectiva incluso que una elección oficial, y que los votos en las urnas. ¡Me lo decían las sonrisas con las que me saludaban miles de extraños a cada paso! Me lo repetían cada coro y cada cántico que escuchaba en cada esquina. Mientras gran parte del mundo pensaba que esto era simplemente otro cacerolazo estilo Caribe, sin final efectivo ni repercusión, yo no lo dudaba: ese aire festivo era el preludio de la victoria. ¡Celebraban ya, inconscientemente, el éxito que estaba por llegar! Por eso no se cansaban. Por eso no veía a nadie sentado en la acera, recuperando fuerzas. Todos rebosaban en la firmeza que te da saber que estás del lado del equipo ganador.

Miércoles 24 de julio, por la mañana; Puerto Rico daba inicio a su decimotercer día de protestas y los mensajes confusos comenzaron a llegar. A la Fortaleza habían dejado entrar a un grupo de periodistas, ante el anuncio inminente de un comunicado que el gobernador

Roselló estaba preparando. Luego, movieron a todos mis colegas de la sala de prensa hacia el exterior, sin comunicado ni explicaciones, y con las manos vacías. Afuera, la muchedumbre no bajaba la intensidad de sus demandas.

Para mí, ese era el día de dejar el balcón y transmitir el noticiero y los informes desde la misma protesta, en medio de la gente. De pronto, mientras yo permanecía trepada a una de nuestras maletas de equipo para tener mejor visibilidad de toda la plaza, bajaron la bandera de la Fortaleza y miles de ciudadanos dejaron de cantar y se sentaron en el suelo, expectantes. Todo era tan surreal y tan nuevo, que nadie podía anticipar lo que iba a suceder, ni lo que significaba cada gesto o señal que provenía del equipo de gobierno. "Eso solo pasa cuando va a hablar el gobernador", me dijeron un par de jóvenes a mi lado. El murmullo comenzó a correr como la pólvora, pero el balcón oficial no se abría, y nadie se asomaba a dar explicaciones a todo un pueblo en ascuas. Poco a poco, los presentes se levantaron y retomaron sus protestas, incluso con más fuerza. Cada señal extraña era un aliciente, un preludio de que dentro del edificio azul, desde el que se había decidido la historia de Puerto Rico durante siglos, andaban perdidos, sin saber cómo remar ni hacia dónde. La voz del pueblo los tenía acorralados.

Al caer la noche, el rumor de que Roselló en efecto había preparado el comunicado que todos esperaban, se hizo más fuerte. Nosotros terminamos la última intervención de nuestro noticiero para la costa oeste y nos sentamos a esperar en el restaurante del hotel, que ya estaba cerrando su servicio. De pronto, vimos aparecer la imagen congelada con la cara del gobernador en todas las pantallas de televisión, como señal de que era un video pregrabado que estaban a punto de transmitir. Sin cruzar palabra, corrimos a la calle y Juan Carlos, con una habilidad impresionante, posicionó su cámara y una luz, mientras Evelyn llamaba a la sala de control para conectarnos con

Miami. Como mi celular estaba ocupado con la conexión a Univision, una amable señora me prestó su teléfono para dar seguimiento a las palabras del gobernador que estaban siendo transmitidas a través de varias cuentas de Facebook.

De repente, como en una película de Hollywood, antes del momento clave, o del fin del mundo, no sé, se fue el sonido de todo a mi alrededor. Era surreal. La gente, los carros, los megáfonos, los tambores y miles de voces, las hojas de los árboles y hasta el viento. Todo se detuvo y todo quedó en silencio. "Hoy les anuncio que estaré renunciando al puesto de gobernador efectivo el dos de agosto de 2019 a las cinco de la tarde". Tras estas palabras que hicieron eco en miles de televisores, teléfonos y aparatos de radio, el silencio de película se prolongó por dos o tres segundos más, y entonces estalló. Lo que Puerto Rico esperaba, sucedió: Ricardo Rosselló se iba, y la explosión de felicidad que esto detonó fue tan ruidosa y poderosa como el mismísimo huracán María. La gente lloraba de dicha y satisfacción, se abrazaba en medio de un estruendo descomunal. Todo retomó sonido: la música, el viento, los aplausos, los tambores. Todo regresó como una avalancha de emociones imparables.

Cuando los ánimos empezaron a calmarse, llegó Carolina Rosario, nuestra corresponsal, y mientras compartíamos anécdotas y experiencias, la fiesta tocaba a su fin, y los manifestantes se iban retirando lentamente hacia sus casas. Esta sería la primera noche en la que dormirían a pierna suelta en casi dos semanas, y con la satisfacción de haberlo logrado.

Carolina nos dijo: "¿Por qué no vamos a la playa a ver el amanecer?". Y todos estuvimos de acuerdo con el plan, porque con tantas emociones se nos había espantado el sueño. Una vez sentados en la arena, y acompañados por el ruido de las olas, recapacitamos sobre lo vivido.

Puerto Rico había hablado. Puerto Rico no calló. Puerto Rico rompió el silencio y dio su última palabra en una historia de corrupción que hacía la vida insostenible en la pequeña isla desde los estragos de María. La voz fue el arma del pueblo, y el silencio dejó de ser la opción de un pueblo cansado. Puerto Rico, esa isla cuya soberanía es siempre tema de debate, y que algunos cuestionan o miran con cierta pena o condescendencia, acababa de dar la más grande lección de los últimos años a potencias y países donde se asientan las grandes democracias.

Puerto Rico, un territorio por el que pocos apostaban, fue el maestro y le enseñó al resto del planeta cómo se ejecuta una protesta sin segar una vida, y cómo se logra derrocar a un gobernante electo sin tener que sufrir largos meses de juegos políticos y referéndums.

La llamada Isla del Encanto demostró con hechos que no importa qué tan pequeño seas, cuán abandonado te tengan o cuánta corrupción enfrentes, cuando alzas la voz en unidad, se puede lograr.

Para mí, esta segunda visita de trabajo a la tierra de la música con la que crecí venía a consolidar mi teoría de toda una vida, que poco a poco se iba matizando más y más en mi mente: los colores del silencio son muchos, con sus matices, pero cuando este se termina, la vida vuelve a fluir. Quién sabe en qué dirección o hasta cuándo, pero la vida resurge, florece y se llena de esa energía que nos otorga el valor de haber hablado. Porque la voz es la única herramienta para iniciar el cambio.

Para los millones de boricuas que esa noche dormían agotados de tantas emociones, este nuevo amanecer que yo estaba presenciando con mis compañeros les traería nuevos aires, nuevos retos y consecuencias de este gran cambio. Porque no todo acababa con esos primeros rayos de sol. ¡Al contrario! Todo comenzaba con el nuevo día. Ahora todos habían escuchado su voz, esa misma voz que se había perdido tiempo atrás, y tendrían que ponerla a trabajar. Ya habían demostrado al resto del planeta que también bailando y cantando se tumban gobernantes. El siguiente paso sería demostrar que eran capaces de continuar con este cambio, sin desviarse ni perderse en nuevas redes y nuevos caminos de corrupción.

Y hablando de desafíos, otro suceso iba a sacudir al mundo, y a romper el silencio, pero esta vez con el llanto más desgarrador. Porque hay ocasiones en las que el ruido de las balas y el dolor pareciera ser más fuerte que el de la justicia y la verdad. Mas no por eso deberíamos de dejar de decir la última palabra.

24

De regreso al queroseno

De donde vengo yo
La cosa no es fácil pero siempre igual sobrevivimos
   ChocQuibTown, "De donde vengo yo"

—¿Oíste lo que pasó? ¿Dónde estás? ¿Estás disponible? —me llamó uno de los productores ejecutivos del departamento de noticias con voz más seria de lo normal.

—No sé, estoy sola en casa con Anna… —dudé, mirando a mi hija jugar con unas cajas en la cocina.

Hacía poco que había regresado de nuestra cobertura en Puerto Rico, e intentaba recuperar cada minuto perdido con ella, alejada de la televisión y los celulares, para enfocarme en ser su mamá.

—Hubo un tiroteo en una tienda Walmart en El Paso, Texas. Los muertos podrían ser más de veinte. Es terrible. Cambio de planes. Quédate pendiente de los *emails* con instrucciones.

¿El Paso? Rápido en mi cabeza intenté buscarle alguna lógica a este acto barbárico. El Paso es una ciudad con más del ochenta por ciento de población hispana.

A medida que transcurrieron las horas, se confirmó lo que tanto temíamos: los apellidos hispanos inundaban las listas de personas muertas, heridas y desaparecidas. Y sin tardar mucho, se encontró en la internet el posible manifiesto del hombre señalado de ser el autor de la masacre, que decía, entre otras cosas: "Este ataque es una respuesta a la invasión hispana de Texas".

Es mi turno

Como en *Crónica de una muerte anunciada*, título de la legendaria novela del gran Gabriel García Márquez que tantas veces citamos en diferentes situaciones, esta era "crónica de una desgracia anunciada", y motivada por los discursos de odio que se pronuncian desde los más altos niveles del poder.

Porque las consecuencias de las palabras son reales, y nunca se hacen esperar. Y la palabra "invasión", utilizada una y otra vez por el mismo presidente Donald J. Trump para referirse a los inmigrantes indocumentados en la frontera sur en los últimos meses, era la misma utilizada por el confeso atacante.

Un hombre blanco, armado, disparó a una multitud en su mayoría hispana, en un lugar en el que él sabía que las balas alcanzarían precisamente a mexicanos, en un día en el que compraban todo lo necesario para el regreso de los pequeños al colegio. Con este acto, los inmigrantes, específicamente los hispanos, ya nos habíamos convertido oficialmente en un blanco, en un *"target"*.

Lo más triste de ese 3 de agosto de 2019, que ya quedó para siempre marcado en la historia, y en el que veintidós seres humanos fueron masacrados en solo minutos, fue que recibimos varias banderas rojas de alerta mucho antes de que sucediera. Primero empezaron a aparecer con más frecuencia los videos de gente insultando a hispanos, exigiéndoles que hablaran inglés en las tiendas, y que siempre terminaban gritándoles, "¡Regrésate a México!", sin saber siquiera su verdadera nacionalidad o su estatus migratorio. Luego surgieron las amenazas, las redadas, los calificativos despectivos en algunos medios de comunicación. Poco a poco, la desgracia se iba anunciando, iba tomando forma y lo vimos venir, y no pudimos impedir que sucediera. El 3 de agosto de 2019, Patrick Crusius fue quien confesó apretar el gatillo de la AK-47 que compró legalmente por la internet. Él mismo se entregó a la policía y dijo: "Soy el que disparó". Pero detrás de este joven hubo toda una parte del país que contribuyó con su silencio.

Un silencio que se mueve rampante dentro del mismo partido en el poder para respaldar a su líder principal, sin importar lo ofensivas que sean sus declaraciones o el lenguaje que utilice. Silencio de los legisladores que reciben aportes de la Asociación Nacional del Rifle y no promueven o no aprueban medidas más estrictas para la compra de armas.

¿Qué país les estamos dejando a las nuevas generaciones? O mejor dicho, ¿qué sociedad les vamos a entregar? ¿Una en la que se trasgreden los derechos fundamentales y nadie dice nada?

Es imposible olvidar los videos que publicaban los sobrevivientes corriendo desesperados, mientras con el celular grababan sus recorridos intentando escapar de las balas, las respiraciones casi ahogadas, los gritos de "¡Dios mío!", "¡Ayuda!", "*Help!*". Me invadió una sensación de impotencia, de dolor, de frustración al ver a nuestra comunidad, a nuestros televidentes, atacados. Nosotros hemos sido parte de su vida, entramos a sus casas todos los días para contarles lo que está pasando en el mundo. Somos parte de esa familia que se reúne a la mesa después de trabajar o del colegio a ver Univision. ¿Cómo no nos va a doler? Estamos presentes en sus vidas y ellos en la nuestra.

Cuando, con el paso de las horas, nos llegaron los detalles del sospechoso apresado y de ese manifiesto también anunciado, mi estado de indignación creció: "El gran número de hispanos en Texas nos convertirá en plaza fuerte de demócratas... inmigrantes están quitando trabajos a los nativos...". Las mismas frases que repiten los extremistas y nacionalistas, la base electoral del presidente que acude a sus actos públicos.

Este 3 de agosto le tocó a El Paso, mañana puede ser en cualquier otra comunidad donde vivimos los hispanos.

Siento que como país hemos avanzado, pero como sociedad hemos dado pasos hacia atrás.

Ahora yo sentía que se condenaban las diferencias en vez de celebrarlas y respetarlas. No ser de raza blanca te puede convertir en el objetivo de las mentes alimentadas por discursos y retóricas de odio, y cada vez se habla más de rechazar que de acoger. No se habla de la riqueza de las diferencias, sino de inferioridad y superioridad. El país que un día recibió a inmigrantes que entraron por Ellis Island, hoy los rechaza en la frontera con México. Hasta el director interino del Servicio de Inmigración, Ken Cuccinelli, sugirió cambiar el poema que se encuentra grabado en la base de la Estatua de la Libertad que reza, "Dadme a los cansados y a los pobres… ", agregándole algo digno de la cosecha del actual gobierno: "…que pueden valerse por sí mismos y que no se convertirán en una carga pública".

Hay días en los que siento que romper el silencio es también arma de doble filo. Durante muchas décadas los inmigrantes en este país caminaron de puntitas, tratando de pasar desapercibidos para no llamar la atención y poco se quejaban o reclamaban los derechos que les correspondían.

Recordando, pensé en aquella vez que Lori Montenegro me llevó al capitolio a conocer a los legisladores hispanos. Yo acababa de iniciar mi carrera en Estados Unidos, y me llamó la atención que nuestra comunidad hispana tuviera tan poca representación en el Congreso.

Dieciocho años después, seguimos con pocos hispanos en el poder legislativo. Pero ahora la voz de nuestra comunidad hace más ruido en los medios de comunicación, en foros y hasta en debates electorales y en las urnas. Sin embargo, el acoso que viene desde el más alto nivel del poder también ha aumentado, porque romper el silencio nos ha hecho indudablemente más visibles y a la vez más vulnerables.

Durante los cinco o seis días siguientes a la tragedia de El Paso, las escenas de dolor continuaron siendo la prioridad en nuestros noticieros. Al ver los rostros de desconfianza de los ciudadanos de El Paso, comprendí: *Así es como se sienten los jóvenes de color cuando caminan por la noche y ven las luces de los carros-patrulla. Señalados, marginados,* con una placa en la frente para ser el centro de todo ataque, discriminación y odio.

Y yo también me sentí vulnerable. A pesar de estar en medio de una sala de noticias, a miles de millas de Texas, todo había cambiado para los hispanos; a partir de este terrible acontecimiento quedábamos a merced de un miedo creado hacia nosotros. Cuando ya eres vulnerable por el color de tu piel para que te miren de cierta manera al entrar a una tienda, cuando lo eres también por ser mujer y caminar por ciertos lugares a ciertas horas, ¡ahora deberíamos agregarle el factor de los papeles, apellidos o de nacionalidad!

Ahora fuimos los hispanos el centro de tanto odio, y lo siento profundamente. Somos tan vulnerables a los ataques como lo son millones de ciudadanos, seres humanos en este país, el país que yo elegí para echar raíces. País que admiro y quiero profundamente, pero en el que, por instantes, nos veo naufragar en la impotencia y en ocasiones en el silencio.

El que no se queda callado es, como dije anteriormente, el presidente Donald Trump. Seguramente es consciente de que hablar como él habla equivale a prender un cerillo en un lugar lleno de botes con gasolina. Es tentar al fuego. Y hasta un niño sabe que jugar con fuego es peligroso. Pero él, el máximo líder de la nación, ni se calla ni se mide.

Botes de gasolina, palabras incendiarias, amenazas directas, el silencio que impone el miedo y esa sensación de vulnerabilidad que me invadía… Con todo este equipaje emocional, regresé inevitablemente en mis recuerdos hasta Chris Barker, el líder de los Leales caballeros blancos del actual Ku Klux Klan; regresé a aquella noche calurosa y pegajosa en pleno bosque de Carolina del Norte. Me acordé de la frialdad con la que me observaba Barker al principio de nuestra entrevista, y cómo yo me debatía entre callar ante su amenaza y continuar con mis preguntas, retarlo, contradecirlo y hacerle entender lo equivocado que estaba. Callar o hablar… ignorar o protestar.

"Te vamos a quemar". Sus palabras retumbaron de nuevo en mis oídos con el mismo odio que hoy enfrentamos todos aquellos sobre los que se ha creado un halo de miedo.

Con cruces o antorchas, es hora de contar cómo salí de aquel bosque, y cómo terminé aquella entrevista en la que hablar era asunto de vida o... tal vez de muerte. Porque todo empieza con simples palabras, y amenazas, hasta que alguien se las toma literalmente.

Dicen que las palabras se las lleva el viento. Bueno, pues no siempre. Algunas calan tan profundo que terminan convertidas en una trágica realidad. Y yo no tenía manera de saber si Barker me quería quemar viva sólo en su imaginación para amedrentarme o si, era su deseo de verdad. En un momento como ese, cualquier insinuación se puede tomar literalmente.

Ya narré al principio cómo llegué a sentarme frente a Barker, y ahora es momento de terminar de contar cómo salí de aquella extraña y aterradora situación en la que yo también era blanco fácil del odio.

—Muchas gracias por habernos recibido. —Recuerdo que así fue como quise dar por concluida nuestra entrevista con el líder del Ku Klux Klan.

Ya lo había retado preguntándole cómo pensaba quemarme, y cómo pensaba deshacerse de millones de seres que él consideraba indeseados, y le había argumentado que éramos tan humanos y tan dignos de respeto como su gente. Pero al ver que él sólo iba a escuchar sus propias palabras, terminé la entrevista. Era caso perdido esperar otro tipo de diálogo esa noche. Por lo menos lo intenté, no me quedé callada, y dije lo que le tenía que decir. Ante todo, yo había llegado allí en calidad de periodista a hacer un trabajo, no como Ilia, la mujer afrohispana.

Cuando Chris Barker se puso de pie, con su esposa a un lado, le extendí la mano y, como acto de reflejo, él retiró la suya. Amanda lo miró con desaprobación y el hombre alargó el brazo con cierto disgusto, hasta que su mano rozó la punta de mis dedos. No llegó a juntar su palma con la mía. *Tibieza* fue la palabra que vino a mi mente. Barker me dio la mano con tibieza.

En los próximos minutos, Martín y Scott grabaron la siniestra ceremonia de la cruz en llamas, mientras en mi cabeza retumbaban las palabras de Barker: "Te vamos a quemar". Todavía no estábamos fuera de ahí, sanos y salvos. Yo seguía siendo una negra a pocos metros de seis miembros encapuchados del Ku Klux Klan.

Cruces, capuchas blancas, antorchas y cánticos que alababan su nación, su raza y el Klan. El ritual transcurrió envuelto en un halo de surrealismo, en el que me tenía que recordar constantemente que estábamos en el siglo XXI, en Estados Unidos, y que yo era una periodista de color, rodeada de adeptos cuyo cabecilla me dijo que me iba a prender fuego. Toda la escena parecía sacada de una película de aquellas que mostraban imágenes de los horrores vividos por afroamericanos. Se asemejaba a un grotesco sueño del que no sabía si podría despertar, pero que en algún momento de nuestro pasado fue realidad. Cuando se apagaron las últimas antorchas, respiré con cierta tranquilidad.

—¿Podemos entrar en la casa para grabar unas últimas imágenes? —les pidió María, una vez que recogieron los palos y los galones que quedaron después de la ceremonia.

No quería que nos fuéramos sin todos los elementos necesarios para contarle al mundo esta historia, incluidas algunas escenas de los Barker en su entorno familiar.

—Sí, pasen —le respondió Barker, cuando llegamos de regreso frente a la diminuta vivienda, después de manejar por el camino lleno de árboles hasta la entrada de la propiedad.

La actitud de nuestro anfitrión había cambiado un poco.

—Pero… ¿puede entrar Ilia? —preguntó María.

—No debería, pero ya que esta aquí, que pase —accedió Barker,

quizás para tratar de hacerme sentir todavía más incómoda, lleván-
dome al interior de su mundo, entre las cuatro paredes de su guarida.

Al entrar a la sala principal de la vivienda, vi que era más pequeña de lo que imaginé por fuera. La estancia estaba decorada con
muebles viejos, infinidad de fotos del Klan enmarcadas y un viejo
televisor. Entre una montaña de revistas, papeles y botellas vacías
esparcidas por la única mesa, lo que más me llamó la atención fue
un cenicero con forma de cabeza de un esclavo negro con una soga al
cuello. En el grotesco objeto no cabía una colilla más, y toda la habitación olía a cigarrillo.

Por lo que alcancé a ver, la casa no tendría más de dos habitaciones donde dormían las dos parejas y los dos jovencitos, todos
amontonados. En vez de puertas, colgaban cortinas y otra vez el
Chocó regresó a mis pensamientos: muebles desvencijados, cortinas
de telas baratas. Al final, la pobreza es la pobreza, y es lo único que
no discrimina.

Y en medio de ese mundo de escasez, estaban los dos adolescentes, hijos de Amanda y Chris Barker. Durante la entrevista habían
permanecido callados, observando todo. Luego participaron en la
ceremonia del fuego, repitiendo frases y rituales como buenos alumnos. Ahora escuchaban con atención la charla de los mayores. Ver,
oír, callar y repetir, esa era su escuela de adoctrinamiento, aunque su
madre insistiera que a ellos les daban total libertad de creer en lo que
quisieran.

"Nosotros permitimos a nuestros hijos que se junten con los negros. Tuvieron un amiguito negro cuando estaban en la escuela", nos
había dicho Amanda durante la entrevista. Luego, siguió explicando,
dejaron de juntarse con los niños de color porque uno les robó su pa-
tineta. Según Amanda, ellos solos llegaron a las mismas conclusiones
y creencias que comparten ella y su esposo, sin necesidad de recibir
adoctrinamiento.

Pero ahora, observándolos en medio de esa sala llena de fotos del Klan, y con ese cenicero abominable en la mesa, yo me preguntaba: ¿cuánta libertad tenían esos jovencitos de decidir a quién amar y a quién odiar?

—¿Saben? En el trabajo tengo un amigo argentino que también habla español —Barker continuaba con sus intentos de conversar casualmente.

Me llamó la atención que recurriera al viejo argumento de "Yo no soy racista; tengo un amigo negro, o hispano, o asiático". Algunos creen que si trabajan con alguien de otra raza quiere decir que no son racistas. Pero denigran a otras razas y pisotean sus derechos, y jamás permitirían que uno de sus hijos se casara con una latina o una negra.

Así, entre comentarios racistas, porque en presencia de una negra no había otra cosa que saliera de su boca, el mago imperial del KKK parecía no tener prisa en que nos fuéramos, pero el reloj ya casi marcaba las diez y decidimos retirarnos a tiempo. Queríamos llegar a nuestro hotel cuanto antes y evitar finales lamentables.

Solo Amanda y Wendy, la esposa del otro miembro del Klan, salieron a despedirnos. La noche era oscura y las dos mujeres quedaron momentáneamente iluminadas por los faros de nuestros vehículos, y en diez segundos estábamos sobre la carretera, fuera de la propiedad y en ruta hacia la ciudad. En cuanto nuestros teléfonos recuperaron señal, llamé a Gene.

—Estamos todos bien, la entrevista salió bien —intenté calmar a mi esposo, que sonaba angustiado después de cinco horas sin saber de mí—. Mañana cuando llegue a la casa te cuento los detalles.

Una vez en nuestro hotel, no pude pegar ojo, y lloré hasta el cansancio, pensando en el país en el que va a vivir mi hija. Un país que parecía cerrarse cada vez más a la diversidad, mientras otros países la celebraban. Las imágenes de la cruz ardiendo, los mosquitos, el queroseno y el *whisky* que tomaban regresaban a mi cabeza. Tampoco podía olvidarme de la casa tan pobre y pequeña, y los dos hijos adolescentes de los Barker ahí plantados, de pie, escuchando los chistes y las conversaciones de sus padres y de los otros amigos del Klan. No pude evitar comparar esa escena con la de mi abuelo, presidiendo la enorme mesa de la cocina, en el segundo piso de la casa de los enormes guayacanes clavados en el río. Me acordé de todas nosotras, rodeando a don Carlos Chamat, atentas, escuchando cada palabra de las largas charlas con él, mientras el olor a café se mezclaba con el del queroseno de la estufa. Afuera, el calor y los mosquitos nos agobiaban, al igual que la pobreza que reinaba por todas las calles de mi querida Istmina.

En esas calles, en esa mesa, junto a la quebrada, yo aprendí a ser quien soy. Aprendí sobre la lealtad y la humildad, sobre la generosidad y la solidaridad, sobre la compasión y la paciencia. Lecciones de vida que reafirmo todos los días. Somos, innegablemente, producto de lo que se nos enseña allá de donde venimos. Como lo son los hijos de los Barker, recibiendo información en la sala repleta de odio y olor a cigarrillo, absorbiendo discursos y frases que son concebidos a partir del miedo. Frases de desigualdad racial, de rechazo a los que no son como ellos y de menosprecio a los que vienen de otros lugares. Enseñanzas completamente opuestas a las que mi madre y mi abuelo nos impartían. Comprensión, igualdad, equidad, solidaridad y generosidad, esos eran los mensajes que se repetían en esa enorme cocina-comedor de los Chamat. Y a esa lista, la vida misma le añadió dos ingredientes básicos más: educación y oportunidad. Dos herramientas que pueden cambiar y afectar el curso de la humanidad mucho más que las guerras, la política, las enfermedades o la tecnología.

Educación y oportunidades, dos elementos con los que tuve la fortuna de contar en mi vida, y que también busqué dentro de mi pequeño mundo: mi escuela, mi abuelo, mi mamá y aquel primer trabajo en Teleantioquia, en Medellín. Sin esa educación inicial y esas primeras oportunidades, y aquellas otras que yo sola tuve que buscar cuando se me negaron, yo no hubiera llegado a Bogotá, ni a Miami, ni a sentarme con la jueza Sonia Sotomayor en Nueva York, ni a ser invitada a presentar un evento de One Young World en La Haya, ni a la silla de presentadora nacional de noticias.

Igualmente, la educación y las oportunidades que me abrieron la puerta del periodismo me habían llevado hasta el interior de la casa de Barker, hasta su mundo, para mirar al odio directamente a los ojos y entender que no iba a quedarme callada nunca más.

Porque, cuando alguien te dice a la cara que te va a quemar, y sales viva de eso, callar ya no es opción.

Cuando los disparos retumban en un Walmart lleno de niños y familias cuyo único delito es llamarse Rodríguez o Fernández, callar ya no es opción.

Alguna vez, todos hemos tenidos razones para callar, pero el silencio no funciona para siempre. Quienes hemos recurrido al silencio por uno u otro motivo (todos respetables) sentimos en algún momento de nuestra existencia la necesidad de romperlo, y de hablar.

Cuando miro hacia atrás, a todo lo que he narrado en estas páginas, y miro hacia delante, a nuestro futuro, la única palabra que vislumbro es "voz".

La voz nos puede dotar de un poder contundente y transformador. Puede cambiar un país dividido y una sociedad quebrantada, y unirlos. Nos puede permitir ser parte de la evolución global, y acercarnos a un país más justo en el que no haya espacio para el miedo y el odio.

La voz no es solo tu primer instrumento desde que naces y rompes en llanto, sino el más poderoso a lo largo del resto de tu vida. Por supuesto, desde niños nos enseñaron a hablar, pero cada uno de nosotros debe aprender a usar su propia voz una vez que crecemos. Y me refiero a nuestra verdadera voz, esa que solo llega con las experiencias vividas. Una voz que, aunque haya estado apagada o a bajo volumen, pueda surgir fuerte, nítida, clara y precisa entre los constantes ruidos que nos quieren acallar.

Esta voz que es mía, o nuestra, y que sale de nuestras entrañas para convertirse en la voz de alguien más, de unos cuantos, quizás de miles, ojalá de millones. Este instrumento que ya no me pertenece solo a mí. La misma voz que es tu voz, y que le dice adiós al silencio.

American Girl

Yo que he nacido en América y no veo
Por qué no he de ser americano
   Los Tigres del Norte, "Somos más americanos"

—Gene, ayúdame. Necesito trabajar y avanzar en el libro. Desde que regresé de mi último viaje no he tenido tiempo —le rogué un sábado en la mañana al mejor padre del mundo.

—OK, no te preocupes, yo me llevo a Anna a pasear. Te vemos más tarde, a la hora del almuerzo. —Y así de sencillo, como todo lo que él hace, mi esposo me dejó a solas durante unas horas.

En los últimos tiempos, todo se había acelerado a mi alrededor. Se cumplía un año de mi nombramiento como presentadora del principal noticiero, las noticias políticas se sucedían a velocidades vertiginosas y Anna estaba creciendo todavía más rápido. Mi hija, curiosa, inquieta y rebelde, requería permanente atención. Si yo, desde pequeña, fui preguntona, inconforme y curiosa, Anna me estaba haciendo pagar por todas las situaciones incómodas que le hice pasar a mi madre. ¡Así es la vida! Quien la hace, la paga. ¡Y la que me espera cuando esta niña alcance la pubertad! Su enorme corazón es tan tierno y generoso como independiente y retador.

Horas después, Gene y Anna regresaron a casa con una enorme bolsa de papel.

—Fuimos a la tienda American Girl —me contó Gene cuando

Anna se fue a jugar a su cuarto—. Le dije que podía elegir su primera muñeca de esta marca, y tuvimos una pequeña crisis.

Gene me explicó que nuestra hija no encontraba muñeca que se pareciera a ella. De eso se trata esta famosa marca en la que tienen modelos de todos los colores y razas para que las niñas compren la que más se les parece, y hasta se vistan y peinen igual, niña y muñeca, como si fueran hermanitas gemelas.

Anna se paseó frente a todas las estanterías y no se decidía por ninguna, así que Gene le sugirió: "Mira, la hawaiana, ¿qué te parece?". Nuestra hija puso cara de disgusto y contestó: "No, yo no me visto así, y sus ojos no son como los míos". Anna, con sus ojos claramente rasgados, su cabello negro largo rizado y su piel de tono diferente no encajaba en ninguna categoría. Gene se quedó callado y la dejó merodear libremente por la tienda hasta que ella solita decidiera qué hacer. Finalmente nuestra hija agarró una de las cientos de muñecas perfectamente ordenadas en las impecables estanterías, y dijo: "Esta, papi".

—¿Y? —le pregunté a Gene, intrigada.

—¡Anna! —mi esposo llamó a la niña, para que viniera a la sala—. Muéstrale a mami tu American Girl.

Anna entró y me presumió la nueva muñeca que ya había sacado de la caja, orgullosa y feliz. ¡Era negra! Nuestra hija, sola y sin darse cuenta del gran momento que esto representaba, había elegido la muñeca de piel oscura y cabello rizado, y yo me di la vuelta para que no viera mis ojos llenarse de lágrimas. Eran lágrimas de orgullo: mi hija, heredera de cinco etnias diferentes y bellas, se acababa de identificar con aquella que más representaba a mi madre, mi abuela, mis hermanas y a mi Chocó. Anna podía haber elegido ser lo que quisiera ser, y a sus seis añitos, decidió que era negra, sin que esto signifique que vaya a rechazar sus otras raíces, que siempre llevará con orgullo en su ser. Tampoco significa que, en un futuro, no pueda identificarse con su parte asiática, o con cualquiera de sus otras raíces.

Me sentí inmensamente dichosa y, no lo niego, un poco preocupada. Con la herencia negra, y siendo mujer, llegan experiencias maravillosas y otras, quieras o no, un tanto dolorosas. Y a los pocos días, como si el universo estuviera esperando este momento de identidad personal en Anna, una de esas situaciones complicadas iba a suceder. Sería la primera para ella, y muy similar a la que sus primitos experimentaron unos años antes. Alguien le iba a explotar su burbuja de muñecas rubias, morenas, pelonas, hawaianas o africanas.

—Mami, unas niñas me dijeron *blackface*. —Mi hija me lo contó con tanta candidez que me conmovió.

—A ver, ¿y cómo te lo dijeron? —le pregunté, intentando ganar tiempo para preparar mis respuestas.

Lo que nosotros, como padres, les respondemos en esas primeras ocasiones, será lo que los marque para siempre. Supondrá el guion con el que van a actuar cada vez que se repita la escena en sus vidas. ¡Ser padres no es fácil!

—Las niñas me lo dijeron mal, *like "mean"*, como burlándose de mí —me explicó Anna, sin disimular que esas palabras le habían afectado.

—Y tú, ¿qué quieres hacer? —continué, cautelosa, antes de iniciar la verdadera conversación, de corazón a corazón.

—Nada, quiero seguir jugando con ellas. —Sus ojitos no dudaban de su decisión.

—¿Quieres seguir jugando con ellas? —le pregunté.

—Sí, mamá, es que yo creo que puedo volverlas buenas.

Su respuesta me impresionó y me dio una gran lección de vida. Así que, con todo el cuidado del mundo, me senté junto a ella y, aunque no había planeado hacerlo tan temprano en su vida, me vi obligada a tener esa conversación sobre razas, colores y diferencias físicas:

—Anna, tú amas a mamá. ¿Y de qué color es tu mamá? Tú amas

a Abi, ¿y de qué color es tu abuelita Betty? Tú quieres mucho a tu prima Luciana, ¿y de qué color es tu prima?

Anna respondía a cada una de mis preguntas reafirmando que sí, que nos quería tal y como éramos.

—¿Y tú ves alguna diferencia con tu primito de Nueva York, el sobrino de tu papá? —la seguí guiando con preguntas que ella misma tuviera que responder.

—No, ninguna mamá, son todos iguales.

—Entonces, no dejes que otras personas te hagan creer que somos diferentes. Todos reímos, lloramos, tenemos buenos y malos momentos. Somos exactamente iguales.

Como mi mamá me enseñó a mí, intenté explicarle que nunca debería sentirse víctima. Pero ahora, como los tiempos han cambiado y yo también he evolucionado con mi larga odisea por los difíciles caminos del silencio y sus efectos, le añadí otra parte importante a este consejo crucial: que no debería quedarse callada ante las injusticias y las ofensas. Que puede y debe responder a ellas con educación, si decide hacerlo. Que no le dé miedo alzar su voz. Y que tenga presente que cada vez que hable, lo estará haciendo por aquellos que no pueden. Que el silencio, aunque es respetable en muchos casos y así lo debemos comprender, no siempre, y para todos, es la mejor opción, porque a veces te queda la sensación de frustración de lo que no hiciste en ese momento.

En los ojos de Anna vi que me entendió; comprendió muy bien lo que le decía. Pero a las pocas semanas, el problema regresaría y con más fuerza. Esta vez Anna me confesó que no quería ser *brown*, lo mismo que dijo mi sobrino en Nueva Zelanda tiempo atrás. No siempre es lo que te dicen, sino también cómo te hacen sentir. Ahora la explicación era en torno a que "lo que está mal" no reside en ella, sino en la percepción de algunas personas.

Hablé con ella, pero me quedé consternada. No todos reaccionamos de igual manera ante la adversidad. No podemos juzgar a una mujer por su reacción ante el abuso o el acoso, y tampoco podemos juzgar a nadie por su manera de responder a la discriminación. Yo, por ejemplo, fui la niña que ignoraba este tipo de *bullying*, lo minimizaba y lo enterraba en lo más profundo de mi corazón. Siempre tuve carácter fuerte. Sin embargo, Anna es mucho más sensible que yo; se parece mucho a Gene. Los dos son increíblemente empáticos pero reservados, y a veces guardan lo que sienten y cómo los hacen sentir. Esto los puede convertir en objetivo fácil para quienes causan dolor en otros por puro placer.

Como apenas hemos iniciado aprendizajes y lecciones de vida con Anna, este tema me inquieta. Gene y yo queremos ser los padres que ella necesita, respetando su personalidad sensible. Desde pequeña, le hemos enseñado a quererse tal y como es, a apreciar su verdadera belleza y a crecer fuerte en la tolerancia y el amor.

Por cierto, la familia de una de las niñas que le dijeron esas palabras tan desacertadas a Anna se disculpó con nosotros. Son personas buenas, que se quedaron heladas y avergonzadísimas de lo sucedido. Seguro que la niña lo escuchó en casa de algún otro vecino o familiar, o en el fútbol, en la televisión, en la internet o de boca de las otras compañeritas de escuela.

"Negro drogadicto". "Indio zarrapastroso". "Hindú apestoso". "Mexicano mojado". "Tenía que ser mujer… qué mal manejan", "seguro lo provocó con las minifaldas", "algo habrá hecho para que él le pegara". No nos hagamos los de oídos sordos. Esas y otras frases las escuchamos a diario. ¿Qué nos hace pensar que nuestros hijos, en el asiento de atrás del auto o en la reunión familiar, no las oyen también? Luego, cuando lo repiten, no pongamos cara de sorpresa, porque todos tenemos un tío, un abuelo, vecino o amigo, que se dedica a repetir y perpetuar lo que a su vez ellos escucharon de pequeños, y así la rueda del odio sigue girando, pero ahora, en un mundo que va cambiando y que cada vez está menos dispuesto a permitir la intolerancia.

Aquel México de las novelas en las que la protagonista era de rostro totalmente caucásico va quedando atrás en las exigencias del televidente. Aquella Colombia donde las pasiones de los galanes en televisión solo las despertaban niñas de distinguidos apellidos y tez clara está evolucionando. Ahora, Alfonso Cuarón llega y pone en el pedestal más alto a Yalitza Aparicio con sus rasgos mixtecos y triquis. Hoy, entro en Netflix, aunque ya no tantas horas como cuando estaba soltera y sin Anna, y me encuentro con que las caribeñoamericanas Dascha Polanco y Selenis Leyva se roban el protagonismo en *Orange Is the New Black*. Hoy, paseo mis ojos por los palcos del Congreso de los Estados Unidos y veo más mujeres sentadas, representando a sus votantes. Algunas blancas, otras de piel oscura, unas mayores, otras jóvenes y algunas luciendo hiyab. Y es positivo verlo, aunque aún estamos lejos de que la representación sea equitativa.

Los números no mienten, y los colores tampoco. El mundo está cambiando. El perfil del típico estadounidense está en constante evolución, como en su día lo estuvo el del romano en Roma, o el español en la península Ibérica. Éxodos, migraciones, movilizaciones, colonizaciones. Ningún país ni imperio ha permanecido intacto o aislado, genéticamente hablando. Desde Egipto a Mesopotamia pasando por los inca y los maya, todas estas civilizaciones se entremezclaron con el recién llegado o incluso con el "conquistado", y fueron cambiando sus rasgos y apariencias. Lo mismo le está sucediendo a este gran país, y a este gran continente, aunque no les agrade al señor Chris Barker y a quienes piensan como él. Quien no se monte en el bus de la ya imparable globalización se va a quedar atrás porque, en este país, como en muchos otros, las Anna son las nuevas American Girls.

Esta noche mi Anna duerme abrazada a su muñeca, a la cual todavía no sabe cómo va a llamar. No parece tener prisa en elegirle nombre. Es simplemente su American Girl. Y así es precisamente Anna: libre de toda etiqueta.

Esta noche, mi American Girl decidió que es negra. Negra como su abuela doña Betty y su bisabuela Ilia, y afrocolombiana como las mazamorreras de nuestra querida Istmina. Y ojalá decida elevar su voz, rompiendo el silencio como lo hacían ellas, cantándole sus historias a la vida sin temor, en las calurosas tardes del trópico junto a las aguas del río San Juan.

Carta a Anna

Miami, 2019

Amada Anna:

Sé que vengo de dedicarte el último capítulo de este libro, y que a lo largo de estas páginas te he dedicado otro, y múltiples menciones. Pero no puedo enviar este manuscrito a mi editor sin antes hablarte a ti directamente, en una carta que en unos años leerás y comprenderás. Así que, aquí va.

Hace años, cuando escribí la primera carta dirigida a ti y la publiqué en Twitter, motivada por los ecos de discriminación que había visto en el mundo, y particularmente en tu país, Estados Unidos, intuía y anticipé que un día te sucedería a ti, como ya les había tocado vivir anteriormente a tus primos en Colombia y Nueva Zelanda. Y no me equivoqué. Me da coraje confirmar que yo tenía razón: te iba a pasar a ti también.

El corazón de mamá se me hizo trizas y sentí unas ganas inmensas de estallar, de llorar y de gritarle al mundo lo injusto que era, cuando me contaste ese episodio en el que unas niñas te llamaron blackface. *¡Y tú con apenas cuatro añitos recién cumplidos!*

La honestidad y candidez con la que me contaste que te sentiste agredida me dieron las fuerzas para mantener el control porque sabía que del manejo que le diera a la situación dependería cómo responderías tú a ataques posteriores en tu vida.

Siento mucho no haber podido evitar que vivieras ese momento tan desagradable, siento mucho no haber podido hacer algo para que tus oídos no escucharan esas palabras y tus ojos no tuvieran que mirar a esos ojos mientras trataban de ofenderte usando el color de tu piel. Me duele que te haya llegado este momento cuando apenas tu entorno empezaba a abrirse a nuevos grupos sociales. Me duele que en esa entrada a un nuevo mundo, en tus primeros días de escuela, lejos de tu casa y de tu familia, hayas encontrado algo de hostilidad de parte de alguien tan pequeño como tú.

En solo segundos reviví paso a paso lo difícil que te tocó desde siempre, desde mi vientre. La pelea que libraste por sobrevivir, por aferrarte a la vida, por pegarte a mis fibras internas para poder empezar a crecer a pesar de que perdimos a quien hubiera podido ser tu hermana o hermano gemelo. Fuiste una guerrera desde que empezaste a ser una vida, y te mantuviste aferrada a mi y yo a ti, y a los medicamentos que permitían que así sucediera.

Yo no había experimentado un momento de más ansiedad que cuando estabas a punto de nacer. Sentía mi corazón a punto de estallar en papelitos de mil colores; cerraba los ojos y te imaginaba, y me imaginaba cargándote, pegada a mi pecho. Tu papi, a mi lado, nunca me soltó la mano. Nos mirábamos, llorábamos y reíamos a la vez mientras secaba mis lagrimas y yo las de él.

Las treinta y ocho semanas de espera estaban a punto de culminar con el acontecimiento más hermoso que sin duda sellaría nuestro amor y nuestra familia para siempre. Tenerte en mis brazos fue indescriptible; esos primeros minutos abrazada

a ti, dándote mi calor, soñando con el día en que me llamaras
mamá. Gene abrazándonos a las dos, y el Dr. Spiegelman,
nuestro aliado en la lucha por convertirnos en padres,
contemplando la escena con una sonrisa de satisfacción. Fue un
momento perfecto.

Luego vendrían tus años de bebé, seguidos por tus primeros
pasos y, pronto, tu papi y yo empezamos a descubrir esos visos de
rebeldía en ti. Que esto sí lo quiero, y aquello no, que por qué
te tengo que decir lo que te pones y lo que comes. ¡Desde que
comenzaste a hablar te crees lo suficientemente grande como
para tomar tus propias decisiones!

¡Ay, mi Anna! Veo tanto de mí en ti que solo espero que
haberme conocido a mí misma un poco mejor, en estos últimos
años de mi vida, me sirva para comprenderte más.

¡De papá tienes tanto! Sus ojos, que me enamoraron, y
su sentido del humor, so silly, como tú dices. Eres, al igual
que él, reservada, analítica y observadora. A veces resultas tan
callada que quisiera tener una caña de pescar para sacarte los
pensamientos… ¡y los sentimientos! Pero así eres tú: la perfecta
combinación de dos seres y de muchas razas. De diferentes
culturas, y de dos personalidades tan diferentes, pero tan
compatibles a la vez.

Ahora comprendo por qué seguías queriendo jugar con
aquellas niñas que trataron de ofenderte: "es que yo creo que
puedo volverlas buenas". Es que tú siempre has creído que las
cosas que no están bien se pueden cambiar y eso me llena de una
inmensa satisfacción y de esperanza. Saber que a tus seis años
eres capaz de imaginar todo de una mejor manera, o distinta, me
reafirma que dentro de esa personita que se forma hay un gran
ser humano, una gran mujer que está creciendo y que siempre
va a ver las dificultades desde una perspectiva diferente.

En ocasiones te frustras con el mundo que te rodea, y como padres nos preocupamos por tratar de calmar tu afán de entender a los otros, por entenderte a ti misma. Desde estas líneas te quiero decir: no tan deprisa mi amor, no tan de prisa. Aun así, con tu impaciencia y tu ímpetu incontrolable, me fascina tu manera de ver el mundo, y tu mente creativa me llena de gozo. Observarte mientras juegas y creas historias es uno de mis pequeños placeres. Simplemente me divierto y disfruto cada vez que te disfrazas de policía o de princesa, de doctora o de chef, porque le das rienda suelta a tantos sueños que guardas en tu cabecita.

Crecer en una familia multiracial y multicultural es la mejor base para formarte como una persona tolerante, solidaria y generosa. Al igual que me enseñaron a mí, tú ya aprendiste que realmente no hay diferencias físicas que nos puedan separar de otro ser humano. Y, cuando enfrentes obstáculos y se te niegue alguna oportunidad que a otros les brindan, estoy segura de que vas a tener los recursos en tu cabeza y en tu corazón para salir airosa de la situación.

¡Verte bailar frente al espejo a ritmo de las canciones de ChocQuib Town y del "bunde" de los coros que entonamos en comparsas y verbenas en el Chocó no tiene precio! Verte disfrutar la comida coreana que te prepara tu abuela o repetir los números en coreano al ritmo de una canción con tu tía Sue es un privilegio del que pocos gozan, y nos aseguramos de que así lo entiendas.

Tu cajita de cartón en la que pones ropa y juguetes para enviar a los niños del Chocó, que sabes que poco tienen, me hace recordar a la Ilia que sacaba la comida de la alacena para entregársela a quienes venían a pedir limosna, o a mis amigos del barrio San Agustín, al otro lado de la quebrada.

Casi para terminar, mi florecita, me gustaría preguntarte qué vas a ser cuando seas grande, aunque sé que me vas a dar muchas respuestas. ¡Quieres ser tantas cosas que es difícil atinarle todavía! Elijas lo que elijas, queremos que seas feliz, que lo hagas con pasión y responsabilidad, con compromiso y con rigor. Elijas lo que elijas, te vas a equivocar durante el aprendizaje, y sé que eso te preocupa, pero quiero que cada desatino lo veas como una oportunidad de empezar de nuevo, de corregir los errores y de triunfar. Queremos que no te rindas nunca porque quizás el siguiente intento es el que te va a funcionar.

Quiero que sepas que tu papá y tu mamá no son perfectos, y que hemos cometido muchas equivocaciones o desaciertos. Nadie nos enseñó cómo se hace esto de ser padres. Pero lo vamos aprendiendo día a día, motivados siempre por nuestro profundo amor por ti y por el deseo de formar un ser humano excepcional. No queremos ser los padres perfectos, solo queremos ser los papás que tú necesitas.

Mi dulce Anna: solo quiero que cuando alguien te pregunte por qué perdonas de esta manera tan desinteresada, por qué luchas incansablemente por cambiar las cosas y por qué vuelves a darles otra oportunidad a quienes no te trataron bien, le contestes como me contestaste hoy a mí, cuando te pregunté sobre esas niñas que te ofendieron, y le digas: "Porque los puedo cambiar y volverlos buenos".

El mundo es tuyo, mi amor, es de la gente que se ve como tú y siente como tú: genuinos, únicos, diferentes. No tengas miedo. Recuerda que todo lo puedes cambiar... para mejor. ¡Ese es tu superpoder!

Agradecimientos

Gracias Betty (mamá). Nuestras vidas no hubieran sido nada sin tu resiliencia, tu disciplina, tu guía y tu infinito amor.

Liz y Titi, mis hermanas, somos una sola.

Abuelito Carlos… ¡Este libro te hubiera hecho tan feliz! Seguirás siendo todo en mi vida.